원어민처럼
영작하기

영어문법 이론에 근거한 정확한 영작문

원어민처럼 영작하기: 영어문법 이론에 근거한 정확한 영작문

© 윤만근, 2020

1판 1쇄 발행＿2020년 03월 31일
1판 2쇄 발행＿2024년 09월 30일

지은이＿윤만근
펴낸이＿홍정표
펴낸곳＿글로벌콘텐츠
　　　　등록＿제2018-000059호

공급처＿(주)글로벌콘텐츠출판그룹
　　　　대표＿홍정표 **이사**＿김미미 **편집**＿임세원 강민욱 남혜인 홍명지 권군오　**기획·마케팅**＿이종훈 홍민지
　　　　주소＿서울특별시 강동구 풍성로 87-6 **전화**＿02-488-3280 **팩스**＿02-488-3281
　　　　홈페이지＿www.gcbook.co.kr **메일**＿edit@gcbook.co.kr

값 30,000원
ISBN 979-11-5852-263-6 93740

원어민처럼 영작하기

영어문법 이론에 근거한 정확한 영작문

윤만근 지음

글로벌콘텐츠

목차

제3부
문법편

머리말

① 영어작문은 곧 영어회화입니다.

이 말은 논리적으로 정확한 표현입니다. 영작문은 글로 쓰지만, 쓰여진 글을 말로 표현하면, 영어회화가 되기 때문입니다. 우리는 지금 국제화 시대에 살고 있습니다. 우리말만을 쓰면서 살 수 있는 시대는 이미 지났습니다. TV와 컴퓨터는 세계의 사람들을 모두 함께 연결시켜주고, 하나의 공동체를 만들어 가고 있습니다.

이 지구 공동체의 사회에서 의사소통에 쓰일 수 있는 언어 중의 하나가 영어라는 것은 누구도 부인할 수 없습니다. 가까운 중국이 거대한 강국으로 부상한 것도 사실입니다. 중국어도 필요합니다. 그러나 우리나라가 처해 있는 국제적인 여건을 보면, 현재 우리는 영어의 영향력을 받고 있는 것이 사실입니다.

그래서 우리는 오랫동안 학교에서 영어교육을 하고 있습니다. 초, 중, 고, 대학에 이르기까지 약 16년 정도 영어교육을 하고 있지만, 표현력을 강조하는 영어회화 및 영작문에 능통하지 못한 것도 사실입니다. 주로 읽기, 듣기, 독해를 주로 하는 대학입학 시험에 큰 비중을 두고 있기 때문에, 표현을 주로 하는 "영어회화"나, "영어작문"은 아직까지 정상적인 교육단계에 이르지 못하고 있는 것도 사실입니다. 필리핀과 같은 경우는 그들의 모국어 Tagalog를 버리고, 영어를 공식용어로 제정하였지만, 우리는 세종대왕님께서 만들어주신 한글을 모국어로 지켜야 하고, 영어는 외국어로 가르쳐야 하기 때문에, 영어를 공식용어로 사용할 수는 없습니다.

이런 이유 때문에, **"영작문 교육"**이 더욱 필요하다고 생각되어 이 책을 발간하고자 했습니다. 영작문은 영어문법 이론에 의존하지 않고, 영작문을 할 수는 없습니다. 그러면 어떤 영어문법 내용에 근거를 두고, 영작문을 해야 할 것인가 하는 점이 중요합니다.

② 우리나라의 영어교육의 문제점

우리의 영어교육은 우리가 알고 있는 문의 5형식에 크게 의존하고 있는 것이 사실입니다. 그러면 우리가 알고 있는 문의 5형식은, 각 형식마다 몇 개의 동사유형이 있는지 잘 모르면서, 우리가 알고 있는 범위 내에서, 5형식을 적당히 만들어 쓰고 있는 것이 사실입니다. 이것이 잘못된 것입니다.

Hornby(1975)는 동사유형을 25형식 80개 유형으로 제시했습니다. 그의 유형을 자세히 분석해 보면, Onions(문의 5형식을 제시한 문법학자)의 문의 5형식과 동일합니다. 필자는 Hornby(1975)의 25형식, 80개 동사유형을 우리의 문의 5형식으로 재분류해서 영어문법 책을 출판했습니다. 그것이 바로 **"정확한 영문법, 완벽한 5형식(2015)"**입니다. 이 책에서, 현재 우리가 잘못 가르치고 있는 5가지 문제점을 지적하고, 이것들을 수정한 영어문법 책입니다.

그 5가지 문제점을 지적하면 다음과 같습니다.

⑴ 부사보어를 인정하지 않거나, 무시하는 문제

⑵ 'be + to-infinitive 구조'는 명사보문 구조인데, 이것을 형용사구로 잘못 가르치고 있는 문제

⑶ 형용사 유형을 제시하지 못하고 있는 문제: 특히 Chomsky(1957)과 Hornby(1975: 139-147)에서 '목적어가 주어위치에' 나타나는 형용사 유형은 다른 책에서는 찾아볼 수 없습니다.

⑷ Subjunctive Mood를 '가정법'으로 잘못 가르치고 있는 문제: 즉, Subjunctive Mood는 가정법이 아니라, '기원법'이라는 사실은 다른 책에서는 전혀 찾아볼 수 없습니다.

⑸ 마지막으로 앞에서 잠깐 논의한 동사유형을, 우리가 알고 있는 범위 내에서, 적당히 만들어 쓰는 문제 등이라 지적할 수 있습니다.

필자가 제시한 **"정확한 영문법, 완벽한 5형식(2015)"**에서는 **전체 80개 유형을 제시했습니다**, 그러나 이 책에서는 **전체 72개 유형을 제시합니다:** 즉, 1형식 4개 유형, 2형식 27개 유형, 3 형식 10개 유형, 4 형식 9개 유형, 5 형식에 22개 유형, 전체 72개 유형을 제시합니다. Hornby(1975)의 전체 유형에 비교하면, 8개의 유형이 축소된 것으로, 2형식에 5개, 5형식에서 3개 유형을 축소된 것입니다. 이 축소된 문형들은 이론적으로 복잡한 것이거나, 다른 문법이론과 중복되는 유형입니다. 어떤 유형이 제외되었나 하는 것을 확인하고자 하는 분은, 필자의 **"정확한 영문법, 완벽한 5형식(2015)"**의 동사유형, 2형식에서, ㉖, ㉗, ㉘, ㉟, ㊱을 참조하시고, 5형식에서는 ㉒, ㉓, ㉕를 참조하시기 바랍니다. 이 7개 유형을 영작문에 쓰지 않았습니다.

그리고 이 책의 모든 문장은 철저하게 원어민의 수정을 거친 문장임을 밝혀둡니다.

③ **영어작문도 영문법 지식의 바탕 위에서 시작됩니다.**
각 영역에서 영어작문으로 들어가기 전에, 그 영역에 필요한 문법이론을 제시한 후에, 영작문이 소개되어야 하기 때문에, 필자의 영문법책, **"정확한 영문법, 완벽한 5형식(2015)"**에 제시된 이론이, 먼저 제시되고 있습니다. 그러나 충분하게, 길게 설명할 수가 없습니다. 충분하게 문법이론을 제시하고 영작문을 제시하려면, 책이 너무 커지기 때문입니다. 그래서 때로는 **"정확한 영문법, 완벽한 5형식(2015)"**의 어느 곳을 참조하라는 예도 있습니다. 따라서 이 **"정확한 영문법, 완벽한 5형식(2015)"**과 함께 영어작문을 공부하는 것이 대단히 효과가 있을 것으로 확신합니다. 왜냐하면 영어작문 책에서는 문법이론을 완벽하게 길게 제시하기보다, 기본 이론만 제시하고 바로 영작문으로 들어가야 하기 때문입니다.

④ **영어의 대부분의 표현들은 하나 이상의 답이 있을 수 있습니다.**
예컨대, "그는 친절하게도 나에게 길을 가르쳐 주었다"의 예를 들겠습니다. 이 표현에서 적어도 4개의 예문을 제시할 수 있기 때문입니다.

   (1) **He was kind enough to show me the way.**
   (2) **He was so kind as to show me the way.**
   (3) **He kindly showed me the way.**
   (4) **He had the kindness to show me the way.**

그러므로 어떤 문장에 대한 영작의 답을 여러 가지로 제시하면, 학습자로 본다면, 좀 혼란을 줄 우려가 있습니다. 따라서 가장 좋은 하나의 답을 선택할 수도 있습니다. 이런 이유 때문에 '정답'이라는 표현은 쓰지 않겠습니다.

⑤ **되도록, 원어민들의 표현을 따라가는 것이 좋습니다.**
예컨대, 우리들은 호텔이나, 여관에 투숙할 때, 우리말로, "방 있습니까?" 또는 "빈 방 있습니까?"라고 흔히 표현합니다. 이 말을 영어로 그대로 번역하면 다음과 같이 말할 수 있습니다.

a. Do you have **any empty rooms?**
b. **Are there any** empty rooms?

위 a, b의 표현은 영어의 문장으로는, 정문이지만, 원어민들은 위와 같은 경우에, 위 a, b와 같이 표현하지 않고, 다음 c, d와 같이 표현합니다.

c. Do you have any rooms available?

d. Are there any rooms available?

이 표현에서 **available은 '이용할 수 있는 / 활용할 수 있는'**의 의미로 씁니다. 다음 e, f의 예문도 함께 봅시다.

e. I may not be **available** this afternoon.
   (나는 오늘 오후에는 여러분들이 나를 **'이용 / 활용할 / 만나서 이야기'** 할 수 없습니다)

f. He is not **available** for the job.
   (그는 그 일에 이용할 수가 없다)

이와 같은 예를 본다면, 우리의 표현방법과 영어의 표현방법이 전혀 다른 점이 많다는 것을 알게 됩니다. 마지막으로 이 영작문 책은 우리나라에서 발간된 어떤 영작문 책보다, 보다 문법적으로, 다양하고, 정확하고, 완벽한, 책이라는 것을 저자는 확신하면서 이 책을 출판합니다.

2020. 1.

제1부
동사 유형편

제1형식의 4개 유형

1-1

Spring has come.
(봄이 왔습니다)

작문에 필요한 문법 및 어휘

A. "봄 (spring)이 왔습니다 (has come)."는 완료형으로 표현하는 것이 정문이다. "봄이 왔다/왔습니다."라는 우리말의 표현에서 원어민들은 "Spring has come."으로 표현하지, "Spring came." 이라 하지 않는다. **"Spring came."은** 다음 B, C와 같이 장소를 나타내는 **부사보어**나, **부사수식어**가 첨가되어야 정문이 된다.

이것이 바로 앞 **서론**에서 언급한 **부사보어**의 문제이다.

B. 1. **?/X** Spring <u>came</u>.
   2. **O** Spring came 'here' 'again, as usual.'
       (봄은   왔다   여기에   다시   다름없이)

위에서 장소를 나타내는 'here'는 '부사보어', 'again'과 'as usual'은 부사수식어가 첨가되어야 정문이 된다.

C. <u>When spring came</u> <u>last year</u>, we <u>went on a picnic</u> <u>almost</u> <u>every weekend</u>.
       봄이 왔을 때,   지난 해 우리는   소풍을 갔다   거의   매 주말에

D. '완전 자동사'는 **breathe, shine, rise, arise, rain, do** (그것이면 좋다), **care** (염려하다 / 상관하다), **follow, fit, start, come, enter, develop** (발전하다). **matter** (중요하다 / 문제가 되다), **remain, seem, happen, chance** (우연히 …하다) 등등이다. **eat, drink, read, write**는 자동사도 되고, 타동사로도 쓰인다.

그러나 **go/come**은 완료형으로, "Spring **has come**."이나, "The good old days **have gone**, never to return."과 같은 경우에만, '완전자동사'로 쓰인다. 그런데, 현재형이나, 과거형은 완전자동사가 되지 못하는 경우도 있다. 예컨대, "She **goes to school**."이나, "He **came home**." 등은 **부사보어**나, **부사수식어**를 반드시 갖기 때문에, 1형식 문장이 아니라, **2형식 문장**이 된다.

아래에서 원어민인 Hornby(1975: 22)의 1형식 완전자동사 유형을 먼저 보기로 한다. 다음 **1**번이 기본 예문인데, 이 **1**번에, 유도부사 **there**가 주어위치에 나타난 변형된 구조가 **2**번 유형이다. 이 때, 주어가 모호하거나 길 때, 유도부사 there를 쓴다고 했다. 다음 14쪽, **2**의 5번에서, There entered a strange little man.은 정상적인 표현인데, 이 표현은 일종의 특별한 문체적 스타일(literary style)이라고 했다.

그 다음 **가주어 It**와 **진주어**로, **It--when, whether, to-부정사 구조**나, **It--for--to-부정사구조**로 변형된 구조가 **3**번 유형이다. 마지막 **4**번 유형에서는 **It--that** 구조로 변형된 문장에, **seem, appear, happen, chance, follow** 등의 '완전자동사'들이 나타나는 유형이다. 그러나 **be 동사는 이 완전자동사에 포함되지 않는다.**

우리나라에서, 영문법 책이나, 영작문 책을 출판한 학자들 중에서, be 동사를 문의 1형식 동사인 완전자동사에 포함시키는 학자들이 많이 있는데, 이것은 크게 잘못된 것이다. be 동사는 보어를 갖는 2형식 동사이지, 1형식 동사가 아님을 여기에서 강조해 둔다.

다음 4가지 **완전 자동사** 유형을 잠시 보기로 하자.

1

Subject +	vi	(adverb)
1. We all	**breathe, drink** and **eat**	(everyday).
2. The sun	was **shining** (most)	(midday/at noon).
3. The moon	**rose**	(silently).
4. It	was **raining** / **snows**	(heavily).
5. That	will **do**.	
6. Who	**cares**?	
7. A period of political unrest	**followed**.	
8. Everything	**fits**.	

| 9. The car | won't **start**. |
| 10. Whether we start now or later | doesn't **matter**. |

---

1. 우리는 (매일) 숨쉬고, 먹고, 마신다.
2. 해가 (가장 / 한낮에 / 정오에) 빛나고 있다.
3. 달이 (조용히) 떠올랐다.
4. 비가 (심하게) 오고 있었다.
5. 그것이면 좋습니다.
6. 누가 상관하니?
7. 정치적인 불안의 시기가 따라 왔다.
8. 모든 일이 잘 들어맞는다.
9. 차(승용차)가 시동이 걸리지 않는다.
10. 우리는 지금 떠나든 또는 후에 떠나든 상관없다.

2

There + vi +	Subject (긴 주어)
1. **There followed**	a long period of peace and prosperity.
2. At a later stage **there arose**	new problems that seemed insoluble.
3. **There comes**	a time when we feel we must make a protest.
4. Later **there developed**	a demand for new and improved methods.
5. **There entered**	a strange little man.

---

rise와 arise의 차이점은, arise는 주어가 **추상명사**일 때 쓰인다.

1. 평화와 번영의 긴 시대가 왔다.
2. 그 다음 단계에서 해결할 수 없을 것 같은 새로운 문제가 생겼다.
3. 우리들이 항의해야 한다고 느끼는 때가 온다.
4. 후에 새롭고 개선된 방법에 대한 요구가 나타났다.
5. 이상한 작은 남자가 들어왔다.

3

It + vi +	subject (clause or to-infinitive phrase)
1. Does **it matter**	**when** we start?
2. **It** does not **matter**	**whether** we start it now **or** later.
3. **It** only **remains**	**to** wish you both happiness.
4. **It** only **remains**	**for** me **to** thank all those who have helped me.
5. **It** wouldn't have done	**to** turn down his request.

1. 우리가 언제 떠나야 한다는 것이 문제가 되는가?
2. 우리들이 지금 그것을 시작하든 또는 후에 하든 문제가 되지 않는다.
3. 두 분에게 행복을 비는 것만이 남아있을 뿐이다.
4. 나를 도와준 모든 사람들에게 감사를 드리는 일만 남아있다.
5. 그의 요구를 거절하는 것은 잘하는 일이 아니었을 것이다.

4

It + vi	subject (that – clause)
1. **It** would **seem**	**(that)** the rumours have some truth in them.
2. **It seemed**	**(that)** the day would never end.
3. **It seems**	**(that)** the socialists will be elected.
4. **It appears**	**(that)** the airplane did not land at Rome.
5. **It seems** (to be)	**(that)** you're not really interested.
6. **It** (so) **happened**	**that** I was not in London at that time.
7. **It** (so) **chanced**	**that** we weren't in when she called.
8. **It** doesn't **follow**	**that** he's to blame.

1. 그 소문은 (그 속에) 어떤 사실이나 / 진실을 가지고 있는 것 같다.
2. 그 날이 결코 끝나지 않을 것 같았다.
3. 사회당원들이 선출될 것 같다.
4. 그 비행기는 로마에 착륙하지 않은 것 같다.
5. 너는 정말로 흥미가 없는 것 같이 보인다.

6. 그때 나는 우연히 런던에 있지 않았던 것 같다.

7. 그녀가 방문했을 때, 우리는 우연히 집에 없었다.

8. 그가 나쁘다고는 할 수 없다.

위의 동사들은 '부사 수식어' 는 둘 수 있지만, '보어' 를 갖지 않는다.

주의

1. 앞의 4가지 완전 자동사들 중에서 **be 동사**는 포함되어 있지 않다.

2. 문의 1형식에 유도부사 there가 쓰이는 경우에, 일반 자동사, follow, arise, come, develop, enter 등과 함께 쓰이지만, be 동사는 1형식에 전혀 나타나지 않는다.

기본 예문 1

위 1형식 4개 유형에 대한 영작문을 하기로 한다.

1. 새해의 첫 날이 시작되었다.

　　_____

2. 새 학기가 시작되었다.

　　_____

3. 지구상의 모든 생명체는 매일 숨을 쉬고 있다.

　　_____

4. 달은 조용히 동쪽 산 위에 떠올랐다.

　　_____

5. 비는 온종일 심하게 오고 있다.

　　_____

6. 우리는 지금 또는 좀 늦게 출발해도 상관이 없다.

　　_____

7. 우리가 행복하다고 느낄 때가 온다.

　　_____

8. 당신들 두 분에게 행복을 비는 것만이 남아 있다.

9. 그 행복한 날이 결코 끝나지 않을 것 같았다.

10. 그녀가 방문했을 때, 나는 우연히 집에 있지 않았다.

기본 예문 1의 영작

1. The first day of a new year **has begun.**
   = The first day **has begun** in a new year.

2. A new semester / A new term **has begun.**

3. All living things on the earth **breathe** everyday.

4. The moon **has** silently **risen** over the east mountain.

5. It **has been raining** heavily all day long.

6. Whether we start now or later **doesn't matter** at all.

7. There **comes <u>a time when we feel happy</u>.** (긴 주어)

8. It only **remains** to wish you both happiness.

9. It **seemed** that the happy day would never end.

10. It **chanced** that I was not at home / in, when she called on.

○보충예문의 작문에 필요한 문법 및 어휘

- 1번의 70년의 긴: a 70 year long **period**로 **명사**를 수식할 때는 **단수**로 표현
  The confrontation between South and North Korea has been
  70 **years long**으로 **형용사**를 수식할 때는 **복수**로 한다.

- 1번의 군사적 대치: military confrontation
- 3번의 for the time being: 당분간

---

1. 1945년 이래로 남한과 북한은 오랫동안 군사적으로 대치해 오고 있다.
   _____

2. 그 차는 아무리해도 시동이 걸리지 않는다.
   _____

3. 당분간 그 정도의 돈이면 족할 것이다.
   _____

4. 그가 당연히 나쁘다고는 할 수 없다.
   _____

5. 여당 의원들이 다시 당선될 것 같다.
   _____

6. 지금은 열심히 공부하는 것만이(일만이) 남아있다.
   _____

7. 우리가 아무리 오래 여기에 있을지라도, 아무도 상관하지 않는다.
   _____

8. 현재로서는 우리는 이것이면 된다.
   _____

9. 그는 부자인 것 같다.
   _____

10. 무엇인가 사고가 난 것 같다.
    _____

11. 공교롭게도 나는 그 때 가진 돈이 전혀 없었다.
    _____

12. 손님이 나의 사무실을 방문했을 때, 나는 외출 중이었다.
    _____

1. There **has been followed** a 70 <u>year long</u> period of military confrontation between South Korea and North Korea **since** the year 1945.

2. The car **won't start** no matter how we try.

3. That much money **will do**, for the time being.

4. It **doesn't follow** that he's to blame.

5. It **seems** that the members of the ruling party will be elected again.
   (시제: 미래 = 당선될 것 같다)

   > 주의: The members of the ruling party **seemed** to have been elected again.
   >   (시제: to-부정사 시제가 과거이면, to-부정사구의 시제는 과거완료임: 당선된 것 같다).
   >
   > • '정확한 영문법, 완벽한 5형식(2015)'의 제3장 To-부정사의 의미상의 주어 및 시제, 212쪽 ③
   >   의 (3) 참조.

6. **It** only **remains to** study hard now.

7. No body **cares** how long we stay here.

8. This will **do** for the present.

9. He **appears** (to be) rich.
   = **It seems** (to me) **that** he is rich.

10. There **appears** to have been an accident.

11. **It happened that** I had no money with me then.

12. I **happened** to be out **when** the guest visited my office.

이미 우리나라에서 출판된 몇 가지 영작문 책을 보면, 다음 ①의 예문과 같은 **'There is /are / was / were--로 시작되는 문장'**은 1형식의 완전자동사 문장이 아니라, **2형식 문장**인데도. 1형식 문으로 작문을 제시하고 있다. 이것은 크게 잘못된 것이다.

① **There is a girl 'at the door.'**에서 **be 동사는 보어로 장소부사인 'at the door'를 필요로 하는 동사이지 '완전자동사' 가 아니다.**
이 책의 42쪽, (2-5)를 참조.

② **Your bag 'is on the chair.'**
 'on the chair'도 장소를 표시하는 **부사보어**이다. 따라서 2형식 문장이다.

③ **We walked** <u>**five miles**</u>. 보어가 **명사**이지만 **부사보어**로 쓰인다.
  이 책의 60쪽, **(2-14)의 부사보어 3을** 참조.

다음 ④-⑥도 1형식 문장이 아니라, 2형식 문장이다.

④ He <u>**went to**</u> the book store to buy a book.

⑤ The lady stopped <u>**to talk to me**</u>.

⑥ He grew up <u>**to be a famous writer**</u>.

이 문장들도, 2형식 문장이지, 1형식 문장이 아니다. 이 책의 74쪽에 설명된 **(2-22)를 참조**.

2 제2형식

A. 제2형식 : be 동사를 본동사로 하는 13개 유형

영어에서는 be 동사의 보어로 제시되는 13개의 유형이 있는데. 우선 다음 2-1 ~ 2-4 까지의 4개의
유형을 먼저 보기로 한다.

2-1

다음의 10~13번에서는 **be 동사의 보어로 의문대명사 who, what, 그리고 의문부사 how 등이** 앞에
나타난다. 이것이 의문문을 나타내는 유형이다. 이런 의문문에서는 주어가 맨 나중에 나타난다.

Subject + be +	noun / pronoun / gerund
1. This is	a book.
2. His father is	a lawyer.
3. The total is	seventy-three.
4. Seeing is	believing.
5. The boys were	about the same height.
6. It's	me.
7. That's	mine.
8. Whether he will agree is	another question.
9. Those shoes are	not my size.

Interrogative + be +	Subject
10. Who is	**that?**
11. What color is	**her hair?**
12. How old is	**she?**
13. How much are	**cabbages** today?

1. 이것은 책이다.
2. 그의 아버지는 변호사이다.
3. 합계는 73이다.
4. 보는 것이 믿는 것이다.
5. 그 소년들은 거의 같은 키였다.
6. 나야. / 그것은 나다.
7. 저것은 나의 것이다.
8. 그가 동의할지 어떨지는 다른 문제이다.
9. 이 신들은 나의 신발치수가 아니다.

의문문

10. 저 사람은 누구냐?
11. 그녀의 머리는 무슨 색이냐?
12. 그녀는 몇 살이냐?
13. 오늘은 양배추가 얼마냐?

2-2

이 문형에서는 주격보어가 형용사인 경우를 제시한다. 형용사는 분사인 경우도 있다. 아래 7~11의 예는 한정적인(attributive adjective) 형용사로 사용되지 않고, **오직 서술적으로만 사용되는 형용사들이다.**

Subject + be	+	adjective

1. It was　　　　　　　　　　dark.
2. We're　　　　　　　　　　 ready.
3. The children were　　　　　exhausted.
4. The statue will be　　　　　life size.
5. Mary's　　　　　　　　　　charming.
6. That he will refuse is　　　 most unlikely.
7. Don't be　　　　　　　　　**afraid.**
8. The children are　　　　　 **asleep.**
9. Is he　　　　　　　　　　 still **alive?**

10. I was   not **afraid of** that.

11. The ship is   still **afloat.**

---

1. 날씨가 어두워졌다.
2. 우리는 준비가 되었다.
3. 아이들은 지쳐 있었다.
4. 그 동상은 실물 크기일 것이다.
5. Mary는 매력적이다.
6. 그가 거절한다는 것은 거의 있을 수가 없다.
7. 두려워하지 말라.
8. 아이들은 자고 있다.
9. 그는 여전히 살아 있나요?
10. 나는 그것을 두려워하지 않았다.
11. 그 배는 여전히 떠있다.

2-3

이 문형의 문장들은 **형용사의 역할을 하는 전치사구**를 제시한 유형이다.

Subject + be +	prepositional group (=adjectives)
1. She is	**in** good health. (= well)
2. Your memory is	**at** fault. (= faulty)
3. We were all	**out of** breath. (= breathless)
4. At last he was	**at** liberty. (= free)
5. This poem is	**beyond** me. (= too difficult)
6. We are	not **out of** danger. (= safe)
7. The question is	**of no** importance. (= unimportant)
8. Everything is	**in** good order. (= working well)
9. The machine is	**out of** order. (= not working)
10. This letter is	**for** you. (= intended for you)

1. 그녀는 건강이 좋다.

2. 너의 기억은 잘못되었다.

3. 우리들은 모두 숨이 찼다.

4. 드디어(마침내) 그는 자유로워졌다.

5. 이 시는 내게 너무 어렵다.

6. 우리는 아직 위험을 벗어나지 못했다.

7. 이 문제는 중요하지 않다.

8. 모든 것이 잘 정돈되어 있다.

9. 그 기계는 고장이 났다.

10. 이 편지는 너에게 온 것이다.

2-4

이 유형은 **부사보어**를 제시한 유형이다.

Subject + be +	adverbial adjunct (부사보어)
1. Your friend is	here.
2. The book you are looking for is	here.
3. The others are	there.
4. It is	there.
5. The train is	in.
6. The concert was	over.
7. The whole scheme is	off.
8. My house is	near the station.
9. Everything between them was	at an end.
10. A plan of the town is	on page 23.
11. Was anyone	up?

1. 너의 친구는 여기에 있다.

2. 네가 찾고 있는 책이 여기에 있다.

3. 다른 사람들(다른 것들)은 저기에 있다.

4. 그것은 저기에 있다.

5. 열차가 들어와 있다.

6. 음악회는 끝났다.

7. 모든 계획은 중단되어 있다.

8. 나의 집은 역 가까이에 있다.

9. 그들 사이에 모든 일이 끝났다.

10. 이 도시(마을)의 계획은 23페이지에 있다.

11. 누군가가 일어나 있었나?

지금까지 제시된 유형들은 가장 기본적인 문의 유형인데, 이 유형들의 사용이 능숙해져야 영작문이 잘 된다고 본다.

B. 문의 2형식 : 첫 4개 유형의 영작

2-1

My favorite color **is** green (color).
(내가 좋아하는 색깔은 녹색입니다)

What**'s** your favorite color?
(네가 좋아하는 색깔은 무엇이냐?)

작문에 필요한 문법 및 어휘

A. 이 (2-1)의 유형은 영작문에서, 쉽고도 어려운 문장이다. 먼저 서술문에서는 주어가 먼저 오고, 그 다음 be 동사의 보어로, 명사, 대명사, 동명사 등이 온다. 다음, 아래 기본예문 1, 3, 5번에서는 주어가 먼저 오고, 그 다음 be 동사가 오고, 명사, 대명사, 동명사, 형용사 등이 보어로 나타난다.

B. 그러나 의문문인 2, 4, 6~10번에서는 의문사 who, what, how 등이 먼저 나타나고, 그 다음 be 동사가 오고, 맨 나중에 주어가 나타나는 점이 다르다. 그러므로, **서술문**을 **의문문**으로 변형시키는 연습이 필요하다.

C. 영어 단어 및 관용어구

    a. hair: **머리카락**은 무수히 많지만 **단수**로 인정한다.

    b. yellow, green, red 등은 **형용사 / 명사** 양쪽으로 쓰인다.

영어에서는 주어가 단수명사냐 / 복수명사냐를 분명히 밝혀야 한다. 위의 예문에서는 주어가 모두 3인칭 단수이다.

기본 예문

1. 내가 좋아하는 색깔은 노란색입니다.

    _____

2. 오늘은 무슨 요일이니?

    _____

3. 오늘은 수요일입니다.

    _____

4. 오늘은 며칠입니까?

    _____

5. 오늘은 3월 1일입니다.

    _____

6. 저 사람은 누구냐?

    _____

7. 그녀의 머리는 무슨 색이냐?

    _____

8. 그는 나이가 몇 살이냐?

    _____

9. 그는 키가 얼마나 크냐?

    _____

10. 너의 아버지는 무엇을 하니?

    _____

1. <u>My favorite color</u> **is** <u>yellow</u>.
   　　　주어　　　　　　보어

2. <u>What day</u> (of the week) **is it**　　today?　　　(문법적 가주어는 it)
   　보어　　　　　　　　　　가주어 동격 진주어

3. <u>Today</u> **is** <u>Wednesday</u>.
   　주어　　　보어

4. <u>What</u>'s **the date** today?　　　(진주어는 today)
   　보어　　동격주어　진주어

5. <u>Today</u> **is** <u>March first</u>.
   　주어　　　보어

6. **Who is that man**?　　　(주어는 that man)
   　보어　　주어

7. **What color is her hair**?　　　(주어는 her hair)
   　　보어　　　주어

8. **How old is he**?　　　(주어는 he)
   　보어　　주어

9. **How tall is he**?　　　(주어는 he)
   　보어　　주어

10. **What does your father** do?　　　(주어는 your father)
   　목적어　　　　주어

위 2, 4, 5, 6~10에서는 의문사가 먼저 오고, 그 다음 be 동사가 오고, 주어는 맨 나중에 온다. **위 10 번은 2형식 문장이 아니라, 타동사가 나타나는 3형식 문장이다.** 가장 기본적인 대화에서, 2형식 자동 사 문장과 3형식 타동사 문장이 섞여서 나타나므로, 이 책 28쪽 '(2-1)의 보충예문'을 공부한 후, 잠 시 3형식 '타동사 예문'을 제시하고 공부하기로 한다.

What's **your favorite subject**?

(네가 좋아하는 과목은 무엇이냐?)

응용예문에 필요한 문법 및 어휘

A. 위의 제목을 보면, What's **your favorite subject**? 에서, 주어인, 'your favorite subject' 는 맨 나중에 오고, 'What is' 는 보통 줄여서 'What's' 로 표현된다. 그런데 동사 is는 의문문에서 주어 앞에 왔다. 이 능동서술문과 의문문의 구조가 정반대라는 점을 연습하고 공부해야 한다.

B. 다음 (3-1)의 '보충예문' 의 영어 단어 및 관용어구

2번의   Math는 mathematics(수학)의 약자.

2번의   P. E.: (체육)는 physical education의 약자.

5번의   most: 가장 (부사).

5번의   after other than: '…다음으로'

6번의   as much as: '…만큼'.

8번의   be tired of: '…에 싫증나다.'   relax: 쉬다.

10번의   is taking a Music class…? : 음악수업을 받는 것은…?.

10번의   taking a break: 휴식을 취하는 것. 예컨대, 10분의 휴식: a ten minute break.

C. be 동사의 단수 / 복수에 대한 관용적 표현:

1. What's your favorite <u>fruit?</u>   <u>(단수)</u>   (fruit는 단수로 씀)
2. What's your <u>favorite</u> <u>vegetables?</u>   <u>(복수)</u>   (vegetables는 복수로 씀)
3. <u>Apples</u> **are** my **favorite** <u>fruit</u>.   **(?/X)**
   복수   단수

위 3번은 보통 허용되지만, 엄밀하게 말하면 주어명사 apples와 보어명사 fruit 간에 수의 일치가 이루어지지 않는다. 그래서 다음 4와 같이 말하는 것이 가장 완벽하다.

4. My favorite **<u>kinds</u>** of fruit **are apples**   **(O)**
   복수   복수

cf: 나는 사과를 좋아한다.

I like **apples**.   (o)

I like an apple.   (x)

D. 이 2형식에서 be 동사유형 13개, 일반 자동사 유형 14개, 전체 27개 유형을 모두 제시할 때까지, 일반 타동사의 기본 유형을 유보하는 것은, 너무 한쪽에 치우치는 감이 있기 때문에, 아래 (3-1)의 3형식 타동사의 **응용 예문**을 먼저 제시해서, 균형을 맞추려고 한다.

다음 부정 / 의문문 현재형에 쓰이는 조동사 do / does의 도표를 보자.

	단수	복수
1인칭	I do	We do
2인칭	You do	You do
3인칭	He **does** She **does** It **does**	They do

What kind of subjects **do** you **study** at school?

(3형식의 타동사 구조를 잠시 공부함)

기본 예문

1. 학교에서 몇 가지 종류의 과목을 너희들은 공부하니?

   _____

2. 우리는 8가지 다른 과목을 공부합니다: 한국어 / 영어 / 수학 / 과학 / 사회 / 체육 / 음악, 그리고 미술입니다.

   _____

3. 이 과목들 중에서, 어느 과목을 네가 제일 좋아하니?

   _____

4. 내가 좋아하는 과목은 영어입니다.

   _____

5. 영어 다음으로 어떤 다른 과목을 좋아하는가?

   _____

6. 나는 음악을 좋아합니다. 나는 음악을 영어만큼 좋아합니다.

   _____

7. 왜 너는 음악을 그렇게 좋아하니?

   _____

8. 우리가 공부에 지쳤을 때, 우리는 노래를 부르고 쉬고 싶거든요.

   _____

9. 이것이 내가 음악을 좋아하는 이유입니다.

   _____

10. 그러면, 음악수업을 받는 것은 휴식을 취하는 것과 같은 것인가요?

    _____

11. 그렇습니다. 음악은 내가 공부에 지쳤을 때, 나를 행복하게 해줍니다.

    _____

(3형식의 타동사 구조를 잠시 연습함)

1. What kind of subjects **do** you study at school?

2. We **study** eight different **subjects**: Korean, English, Math, Social Studies, P. E. , Music and Art.

3. What**'s** your favorite **subject** among those?

4. My favorite subject **is** English.

5. **What other subjects do** you like <u>most</u> <u>**after othan than**</u> English?

6. I **like Music**. I like Music <u>**as much as**</u> English.

7. Why **do** you like Music so much?

8. When we are tired of studying, we like to sing songs and to relax. That**'s** why I like Music.

10. Then, **is** <u>taking a Music class</u> like <u>taking a break</u>?

11. That**'s** right. Music makes me happy when I**'m** tired of studying.

What **does** <u>your father</u> do? / (for a living)?

(너의 아버지는 무엇을 하시니?)

(3인칭의 타동사 구조를 잠시 공부함)

기본 예문

1. 너의 아버지는 무엇을 하시니?   **(3형식 타동사 구문임)**

_____

2. 우리 아버지는 사업가 / 공무원 / 선생님 / 회사사무원 / 농부 / 기술자 / 의사 / 경찰관입니다.
   (be 동사가 나타나는 **2형식 구문**)

_____

3. 너의 어머님도 직업을 갖고 있니?   **(3형식 타동사 구문임)**

_____

4. 네, 학교 선생님입니다.   (be 동사가 나타나는 **2형식 구문**)

_____

5. 어떤 과목을 가르치시니?   **(3형식 타동사 구문임)**

_____

6. 그녀는 고등학교에서 수학을 가르칩니다.   **(3형식 타동사 구문임)**

_____

7. 아니요, 어머님은 직업이 없습니다.   **(3형식 타동사 구문임)**

_____

8. 그녀는 가정주부입니다.   **(2형식 자동사 구문임)**

_____

A. 이 문장 유형에서도 앞의 예문과 같이, 질의 응답의 문장으로 의문문들이 나타난다. 위 제목의 의
문문 What **does** <u>your father</u> do? 에서, your father가 주어이고, 3인칭 단수이기 때문에
does라는 3인칭을 표시하는 조동사를 사용하고, 본동사 do는 주어 다음에 왔다. **그러나 do는 3
형식 타동사이다. 그리고 맨 앞에 온 What은 타동사 do의 목적어이다.** What does your father

do? / (for a livng?)에서 for a living?은 '생계수단으로'의 의미를 갖는데, 이것을 첨가하지 않아도 직업을 묻는 표현이 된다. 그 외에, What's your father's job? 등 다양한 표현을 쓸 수도 있다. **이와 같은 이유 때문에, 기초적인 3형식 문장을 잠시 먼저 제시한 후, 다시 2형식 문장의 연습으로 돌아간다.**

기본 예문의 영작

1. What **does** your father do? (for a living)?　　　　　**(3-1)의 유형**

2. My father **is** a businessman / a civil servant / a teacher / a farmer /
   an office worker / an engineer / a doctor / a policeman. etc.　**(2-1)의 유형**

3. **Does** your mother have a job too.　　　　　　　　**(3-1)의 유형**

4. Yes. She **is** a teacher.　　　　　　　　　　　　**(2-1)의 유형**

5. What subject **does** she teach?　　　　　　　　　**(3-1)의 유형**

6. She **teaches** mathematics in a high school.　　　　**(3-1)의 유형**

7. No. She **doesn't** have a job.　　　　　　　　　　**(3-1)의 유형**

8. She **is** a housewife (a homemaker).　　　　　　　**(2-1)의 유형**

(다시 '2형식 문장'의 구조로 돌아온다)

When **is** your birthday?

(너의 생일은 언제이니?)

A. 보통 요일이나 날짜 앞에는 전치사 on을 쓸 수는 있지만 일반적으로 생략한다. 그러나 생일날이 며칠이라고, 밝힐 경우에는 반드시 그 날짜 앞에 전치사 **'on'** 을 쓴다. 그리고 날짜는 보통 서수로 표현한다. 예컨대, March **first:** (3월 1일), May **twenty second:** (5월 22일) 등으로 나타낸다.

B. 오늘이 며칠입니까?는 What's the date today?가 가장 평범한 표현이다.

기본 예문

1. 나의 생일은 5월 11일이다.
   _____

2. 너는 생일날에 어떤 선물을 받고 싶니?
   _____

3. 나는 새로운 스마트폰을 갖고 싶다.
   _____

4. 생일 축하 파티도 하고 싶니?
   _____

5. 아! 물론이지. 생일 파티를 열고 친구들을 초대하고 싶다.
   _____

6. 우리들이 너 생일파티 준비를 좀 도와줄까요?
   _____

7. 감사합니다. 그러나 나는 나의 어머님께 도와달라고 말씀드리겠습니다.
   _____

기본 예문의 영작

1. My birthday is **on** May 11th. (eleven**th**)

2. What kind of present would you like to **have on** your birthday?

3. I would like to **have** a new smart-phone.

4. Would you like to **have** a birthday party too?

5. Oh!. Sure. I would like to **have** a birthday party and to **invite** all my friends.

6. Shall we **help** you prepare for the party?

7. Thank you, but I'll **ask** my mother to prepare for it.

2-2

How **is** the weather this afternoon?
(오늘 오후 날씨가 어떤가요?)

작문에 필요한 문법 및 어휘

A. 날씨를 표현할 때에는 보통 **형용사**로도 표현하고, 또 **a nice day**처럼 **명사로도** 표현한다. 다음 1-4의 예를 보자.

1. It is **sunny / cloudy / rainy / windy / snowy.**
   It's **warm / hot / cold.**

2. In the morning, it was **a very nice day**. However, it's getting dark in the afternoon.

3. All of sudden, dark clouds gathered quickly.

4. It's likely to have **a terrible thunderstorm** soon.
   How is the weather today?라는 질문을 받으면, 다음 세 가지 방법으로 말할 수 있다.

a. **It is sunny. It's windy. It's cloudy. It's raining / It's rainy. It's warm. It's snowy.**
등 모두 **형용사**로 표현할 수도 있다.

b. **It is a fine day.** 처럼 day라는 표현을 쓰려면, 그 앞에는 반드시, 부정관사 **'a'** 를 써야 한다.
다음 예를 보자. **It's a warm day / a cold day / a hot day / a cloudy day / a sunny day / a windy day / a rainy day / a snowy day.** 등으로 표현한다. 또 동사로도 표현할 수 있다.

c. **It rains. It snows.** 등

B. all of a sudden: 갑자기

C. 무엇을 묘사할(describe) 때에는 영어에서 반드시 부정관사 **a/an**을 사용한다.

> ### 해설

① 특히 원래는 **the sun, the moon, the earth, the world**처럼 항상 정관사 **the**를 사용하는 단어들조차도 '묘사/수식을 받을 때는 그 앞에 **a/an**을 쓴다.' 또 원래 식사명 앞, 요일/날짜 앞에는 어떤 부정관사도 쓰지 않지만 '어떠하다고 묘사를 할 때는' 부정관사 a/an을 쓴다. 다음 예를 보자.

a. **A** <u>beautiful</u> <u>round</u> <u>**sun**</u> has risen on the east horizon.
(아름답고 둥근 해가 동쪽 수평선 위에 떠 올랐다)

b. **A** <u>bright</u> <u>full</u> <u>**moon**</u> is showing its beauty in the night sky.
(밝고 완전한 둥근 달이 밤하늘에 그것의 아름다움을 보이고 있다)

c. We enjoyed <u>**a very delicious dinner**</u> when we were invited at her home.
(우리들은 그녀의 집에 초대받았을 때, 대단히 맛있는 저녁을 즐겼다)

d. Today is **a** nice **day.** / It's **a** fine **day.**

e. In the morning, it was **a** very **nice day.** However, it's getting dark in the afternoon.

f. <u>All of a sudden</u>, dark clouds gathered quickly.

g. It's likely to have **a terrible thunderstorm** soon.

h. It was **on <u>a warm, sunny Monday</u> morning** that we met for the first time.
   (우리가 처음 만났던 것은 어느 따뜻한 월요일 아침이었다)

② 추상명사, 물질명사, 집합명사도 수식을 받게 되면, 즉 묘사를 받게 되면, 일반적인 가산명사로 변형된다. 이 책의 ?쪽, 제16장 명사편 **A**의 (2), (3)과 **C**를 참조.

기본 예문

1. 오늘은 오후의 날씨가 어떻습니까?
   _____

2. 아침에는 좋은 날씨였으나, 오후부터 날씨가 어두워졌습니다.
   _____

3. 그리고 구름이 갑자기 몰려들었습니다.
   _____

4. 아마 곧 무서운 폭풍우가 다가올 것 같습니다.
   _____

기본 예문의 영작

1. How is the weather this afternoon?

2. In the morning, it was sunny. However in the afternoon it's getting dark.

3. All of a sudden, dark clouds gathered quickly.

4. It's likely to have a terrible thunderstorm.

This composition **is beyond** me.

(이 작문문제는 나에게는 너무 어렵다)

위 (2-3)의 예에서 형용사 대신에, 〈**전치사 + 명사**〉가 형용사의 역할을 하는 유형을 제시한다. 그래서 먼저 〈**전치사 + 명사**〉 유형을 쓰는 구문을 영작 1로 연습을 하고, 그 다음 동일한 의미로 쓰이는 일반 형용사를 쓰는 구문을 영작 2로 표시하기로 한다.

기본 유형인 〈전치사 + 명사〉로 된 형용사 유형 1

1. 그녀는 건강합니다.

   _____

2. 당신의 기억은 잘못된 것입니다.

   _____

3. 우리들은 모두 숨이 찼습니다.

   _____

4. 드디어 그는 자유로워졌다.

   _____

5. 이 시는 나에게 너무 어렵다.

   _____

6. 이 문제는 중요하지 않다.

   _____

기본 예문의 영작 1

1. She <u>**is in good health**</u>. (= well / healthy)

2. Your memory <u>**is at fault**</u>. (= faulty / wrong)

3. We <u>**were all out of breath**</u>. (= breathless)

4. At last he <u>was **at** liberty</u>. (= free)

5. This poem <u>is **beyond** me</u>. (= too difficult)

6. The question <u>is **of no importance**</u>. (= unimportant)

동일한 의미로 쓰이는 일반 형용사 유형 2

1. She is healthy. / well.

2. Your memory is wrong.

3. We are all breathless.

4. At last he was free.

5. This poem is too difficult.

6. The question is unimportant.

앞 〈**be + 전치사 + 명사**〉가 형용사로 쓰이는 영작 1의 6번인, The question <u>**is of no importance**</u>. 에서, **of**는 소유격의 of가 아니라, 뒤의 '명사 importance'를 '형용사 important'로 바꾸어 주는 역할을 한다. 이 **be +전치사 + 명사**의 구조는, **형용사뿐만** 아니라, **부사**로 변형시키는 역할을 한다. 다음 예들을 보기로 하자.

(1) with fluency = fluently   부사
(2) with care = carefully   부사
(3) in brief = briefly   부사
(4) by accidence = accidently   부사
(5) of help = helpful   형용사
(6) of value = valuable   형용사
(7) of importance = important   형용사

위의 예는 이 책의 '문법편' ?쪽, 제19장 '전치사' ⑧의 예문에도 제시되어 있다.

Your friends **are <u>here</u>.**

(너의 친구들은 여기에 있다)

부사보어 1

작문에 필요한 문법 및 어휘

A. 이 유형에서는 **be 동사** 다음에 나타나는 **주격 부사보어**를 다룬다.
우리나라의 영문법에서는 부사보어를 무시하거나, 가볍게 보지만, 이것은 크게 잘못된 것이다. 이 문형에 쓰는 부사보어는 **here, there, over, near the station** 등 장소를 나타내는 **부사, 전치사구**를 사용한다,

B. 영어 단어 및 관용어구
- 2번의 look for: 찾다.
- 5번의 near the station: 역 가까이

기본 예문

1. 너의 친구들은 여기에 있다.

_____

2. 네가 찾고 있는 책이 여기에 있다.

_____

3. 너의 다른 친구들은 저기에 있다.

_____

4. 그 음악회는 끝났다.

_____

5. 나의 집은 역 가까이에 있다.

_____

6. 너의 글은 25페이지에 있다.

_____

1. Your friends are **here**.

2. The book you are looking for is **here**.

3. The other friends of yours are **there**.

4. The concert was **over**.

5. My house is **near the station**.

6. Your writing is **on page 25**.

부사보어의 예는 2형식 문형에서 5가지가 나타나는데 앞으로 이들을 차례로 제시하고자 한다.

There was a large crowd.

(큰 군중이 있었다)

작문에 필요한 문법 및 어휘

A. 이 (2-5)의 be 동사는, 유도부사 'there'와 함께 쓰인다. 그래서 이 유도부사가 **부사보어**의 역할을 한다. 그런데 be 동사는 반드시 '보어'를 갖는 2형식 동사이다. 이 (2-5)의 유형은 '(…이 있다. /…존재한다)'의 의미를 나타내는 가장 대표적인 **관용적인** 표현이다. 그러므로 독립적인 부사보어로는 인정하지 않지만, there가 부사보어의 역할은 한다. 부사보어는 한 문장에서 3개까지 나타날 수 있다. 그래서 다음 (2-6)에서는 유도부사 there와 함께 **장소부사, 시간부사**가 나타나는 유형이 제시된다.

B. 앞 1형식에서 쓰인 4개 유형의 '완전 자동사'에 **be 동사는 포함되어 있지 않다.** 그러나 우리나라의 많은 학자들 중에서, 어떤 사람들은, be 동사를 완전자동사로 인정해서 위 (2-5)와 같은 문장을 1형식 문장이라 하는 분들도 있다. 이것은 잘못된 것이다. 왜냐하면, be 동사는 보어를 필요로 하는 2형식 동사이기 때문이다. 이 유도부사 there는 다음 (2-6)에서 다른 **부사보어**와 함께 나타나기도 한다.

C. • 2번의 doubt: 의심.
　• 4번의 much political gossip: 많은 정치적인 풍문. these days: 요사이.
　• 6번의 much traffic: 많은 교통량. so late at night: 그렇게 늦은 밤에.
　• 7번의 somewhere: 어디엔가.

기본 예문

1. 충분한 시간이 없을 것이다.

---

2. 그것에 대해서는 의심할 여지가 없다.

---

3. 아직도 우리는 그 영화를 볼 시간은 있다.

4. 요즈음 너무나 많은 정치적인 소문들이 나돌고 있다.

5. 그가 만족할 만한 모든 이유들이 있었다.

6. 그렇게 늦은 밤에 교통이 혼잡했을 리가 없다.

7. 어딘가에 잘못이 있음이 틀림없다.

기본 예문의 영작

1. There won't be **enough** time.

2. There is **no** doubt **about it**.

3. There is **still** time **for us to see the movie**.

4. There has been **a too much political** gossip these days.

5. There was **every** reason **for him to be satisfied**.

6. There can't have been **much** traffic **so late at night**.

7. There must be a mistake **somewhere**.

There **are** three windows **in this room.**

(이 방에는 3 개의 창문이 있다)

부사보어 2

작문에 필요한 문법 및 어휘

A. 이 유형의 문장에서는 유도부사가 아닌 **장소부사**나 **시간부사**를 문장의 맨 마지막에 갖는 점이 앞 (2-5)와 다르다. 또 '부사보어'는 항상 **장소부사**가 먼저 나타나고, 그 다음 **시간부사**가 나타난다.

B. 영어 단어 및 관용어구
- 1번의 crowd: 군중.
- 3번의 thunderstorm: 폭풍우.

기본 예문

1. 운동장에 큰 군중이 있다.
   _____

2. 이 방에는 창문이 세 개가 있다.
   _____

3. 밤에 한 차례의 번개 치는 폭우가 있었다.
   _____

4. 이 도시에는 몇 개의 호텔이 있다.
   _____

5. 금년에 너의 사과나무에 많은 사과가 열렸는가?
   _____

6. 23 page에 그 도시의 도시계획이 있다.
   _____

7. 여기에 몇 가지 문제가 있다.

_____

8. 부엌에 너무나 많은 파리들이 있다.

_____

기본 예문의 영작

1. <u>There</u> is <u>a large crowd</u> **on the play ground**.
   　　　　　　　　　　　　　　　　　　　(장소부사)

2. There are three windows **in this room**.
   　　　　　　　　　　　　　　　(장소부사)

3. There was a thunderstorm **in the night**.
   　　　　　　　　　　　　　　　　(시간부사)

4. There are several hotels **in this town**.
   　　　　　　　　　　　　　　　(장소부사)

5. Are there many apples **on your trees this year**?
   　　　　　　　　　　　　　(장소부사)　　　(시간부사)

6. There is a plan of the town **on page 23**.
   　　　　　　　　　　　　　　　　(장소부사)

7. There are some problems **here**.
   　　　　　　　　　　　　　(장소부사)

8. There are so many flies **in the kitchen**.
   　　　　　　　　　　　　　(장소부사)

It's so nice **to** sit here with you.

(당신과 함께 앉아 있는 것이 참으로 좋다)

기본 예문

1. 당신과 함께 여기에 앉아있는 것은 정말로 멋있는 일이다.

_____

2. 속도를 줄이는 것이 아주 현명했을 것이다.

_____

3. 그들을 낭비하는 것은 참 딱한 일이다.

_____

4. 그들의 충고를 묵인하는 것은 잘못일 것이다.

_____

5. 네가 다시 그 전처럼 웃는 것을 들으니 아주 안심이 된다.

_____

6. 내가 승진했다는 것을 듣는 것은 기쁘고도 놀라운 일이었다.

_____

작문에 필요한 문법 및 어휘

A. **It…to-부정사** 구조로 형성되고, **to-부정사** 이하가 진주어이며, **It는 가주어**이다. 그리고 보어는 **형용사 / 명사** 중에서 어느 하나가 된다.

B. 영어 단어 및 관용어구
- 2번의 It would have been much wiser: 훨씬 현명했을 것이다.
  to reduce the speed: 속도를 줄이는 것이.
- 3번의 a pity: 딱한 일.
- 4번의 to ignore their advice: 그들의 충고를 무시하는 것.
- 5번의 a relief: 안심, 걱정의 경감.
- 6번의 a pleasant surprise: 기쁜 놀라움.   to be told: 듣는 것은.
  that I have been promoted: 내가 승진했었다는 것.

1. **It** is so nice **to sit** here with you.

2. **It** would have been much wiser **to reduce** the speed.

3. **It** is a pity **to waste** them.

4. **It** would be a mistake **to ignore** their advice.

5. **It** is such a relief **to hear** your laughing again.

6. **It** was a pleasant surprise **to be told** that I had been promoted

2-8

How nice (**it is**) **to** sit here with you!
(여기에 당신과 함께 앉아 있으니 얼마나 좋은가!)

A. It--to-부정사 구조를 유지하면서, 아래 기본 예문에서처럼, 괄호 내의 표현을 추가시키면, 감탄문으로 변형된다. 즉, 어떤 문의 구조를 근거로 해서, 변형된 문장을 생성시키는 것이 영어작문의 효과적인 방법이라고 보기 때문이다.

B. 영어 단어 및 관용어구였다.
  • 5의 to be told: 들은 것은. / I had been promoted: 내가 승진되었다.

기본 예문

1. 너와 함께 여기에 앉아 있는 것은 얼마나 좋은가!

2. 속도를 줄이는 것이 훨씬 현명했었을 것을!

_____

3. 그들을 낭비하는 것은 얼마나 딱한 일인가!

_____

4. 그들의 충고를 무시하다니 큰 잘못이다!

_____

5. 내가 승진했다는 소식을 듣는 것은 얼마나 놀라운 기쁨인가!

_____

6. 당신을 처음 만난 오늘 아침이 얼마나 기분 좋은 아침인가!

_____

7. 당신과 함께 소풍을 가자는 제안이 얼마나 기쁜 제안인가!

_____

8. 나의 어려움을 해결하도록 도와주시는 당신은 정말로 친절하시다.

_____

기본 예문의 영작

1. **How nice (it is)** to sit here with you!

2. **How much wiser (it would have been)** to reduce the speed!

3. **What a pity (it is)** to waste them!

4. **What a mistake (it would be)** to ignore their advice!

5. **What a pleasant surprise (it was)** to be told that I had been promoted!

6. **What a pleasant morning (it is)** to meet you for the first time!

7. **What a surprise suggestion (it is)** to go on a picnic with you!

8. **How kind a person (you are)** to help me (to) solve my difficult problems!

It is so nice sitting here with you

(당신과 함께 여기에 앉아 있는 것이 참 좋다)

A. 이 (2-9)의 유형은, 앞 (2-8)의 기저구조인, **It--to-부정사** 구조에서, 단지 to-부정사 구조만 동명사로 변형시킨 것이다. 즉, **It--to-부정사** 구조나, **It-- (--ing)** 동명사 구조는 그 기능이 명사구를 유지한다는 점에서는 동일하다. 의미도 동일하다. 영작문의 입장에서도, 이와 같은 단계적인 변형을 유도하는 것은, 영어 작문의 방법론적으로, 적절하다고 본다.

B. 영어 단어 및 관용어구
- 2번의 authorities: 관계 당국.
- 3번의   my pretending: 내가 …인체 하는 것은.
- 5번의   running that youth club: 그 청년 클럽을 운영한 것은.
- 6번의   being a light house keeper: 등대지기가 되는 것은.
- 8번의   lose your temper: 화를 내는 것은.

기본 예문

1. 당신과 함께 여기에 앉아있는 것이 참 좋다.

   _____

2. 당국으로부터 도움을 기대하는 것은 좋은 일이 아니다.

   _____

3. 그들에게 불평하는 것은 이로울 것이 별로 없다.

   _____

4. 그에게 내가 말하는 것은 좋을 것이 아무것도 없을 것이다.

   _____

5. 엎질러진 우유에 대해서 울어 보았자 좋을 것은 전혀 없다.

   _____

6. 내가 그에게 도움을 요청하는 것은 좋은 일이 아니었다.

   _____

7. 그가 아프다는 소식을 내가 못 들은 척하는 것은 예의가 아니다.

   _____

8   당신이 화를 내는 것은 잘 하는 일이 아니다.

_____

기본 예문의 영작

1. **It is** so nice **sitting** here with you.

2. **It is** no good **hoping for** help from the authorities.

3. **It** won't **be** much good **complaining** to them.

4. **It** wouldn't **be** any good **my talking** to him.

5. **It is** no good **crying over** the spilt milk.
   = **It is** <u>of</u> no <u>use</u> **crying over** the spilt milk.

6. **It** wouldn't **be** any good **my asking** to him for help.

7. **It's** not a good manner **my pretending** I didn't hear his illness.

8. **It's** not worth-while **losing your temper**.

보충 예문

1. 모든 일을 시간에 맞게 준비하는 것은 어려운 일이었다.

   _____

2. 온종일 해변에 드러누워 있는 것은 참 좋은 일이다.

   _____

3. 내가 그 규칙을 모르고 있었던 것처럼 해보았자 이로울 것이 별로 없었다.

   _____

4. 네가 화를 내는 것은 '보람이 없는(가치가 없는)' 일이다

   _____

5. 작년에 그 청년 클럽을 운영한 것은 정말로 보람이 있었다.

   _____

6. 등대지기가 되는 것은 아주 재미있는 일은 아니다.

_____

7. 아버지가 된다는 것은 행복하고 기쁜 일이지만, 가족을 부양하는 것은 큰 책임입니다.

_____

8. 한 가족을 부양하는 것은 우리들의 인생에서 큰 경험이 됩니다.

_____

9. 우리들의 가족을 부양한다는 것은 진실로 가치 있는 경험입니다.

_____

10. 결혼을 하고 가정을 갖는다는 것은 가장 가치 있는 경험입니다.

_____

보충 예문의 영작

1. **It was** a difficult business **getting everything ready** in time.

2. **It is** wonderful **lying on the beach** all day.

3. **It wasn't** much use **my pretending** I didn't know the rules.

4. **It is** not worth-while **losing your temper**.

5. **It was** really worth-while **running that youth club** last year.

6. **It isn't** much fun **being a light house keeper**.

7. **It's** happy and fun **being a Dad**, but

    it's a great **responsibility supporting a family**.

8. **It's a** great **experience** in one's life **supporting a family**.

9. **It's** really **a** worth-while **experience supporting one's (our) family**.

10. **It's the** most valuable experience **getting married** and **having a family**.

위 7~10번에서 추상명사 앞에 a를 붙여서, experience가 일반명사로 변형되는 문제는 뒤에서 제시된 문법편, ?쪽, '제16장 명사'에서 **C**의 (4)를 참조.

2-10

be 동사의 보어로 절(clause)이 나타나는 예문으로, 접속사 that-절, 또는 관계대명사 what 및 관계부사로 유도되는 절이 나타난다.

Subject + be +	clause
1. The trouble is	(**that**) all the shops are shut.
2. Is this	**what** you are looking for?
3. What delighted me most was	**that** they were singing for the pure joy of it.
4. Everything was	**as** we had left it.
5. This is	**where** I work.
6. My suggestion is	(**that**) we should plant more trees on the streets.

1. 문제는 모든 상점이 문을 닫았다는 것이다.
2. 이것이 네가 찾고 있는 것이었나?
3. 나를 가장 즐겁게 했던 것은 그들이 노래를 순수한 기쁨으로 불렀다는 것이다.
4. 모든 것은 우리가 두고 갔던 그대로였다.
5. 이곳이 내가 일하는 곳이다.
6. 나의 제안은 거리에 더 많은 나무를 심자는 것이다.

2-11

주어가 절(clause)일 때에는 가주어 **it**가 사용되고, 주격보어로 형용사 및 명사를 갖는다.

It + be +	noun/adjective +	clause (subjects)
1. It was	a pity	(**that**) you couldn't come.
2. It was	lucky	(**that**) you left when you did.
3. It is	strange	(**that**) he should have said that.
4. It's	possible	(**that**) he didn't get your message.
5. It's	splendid news	**that** you've found a job.
6. It's	likely	(**that**) they will announce their engagement soon.
7. It was	a mystery	**how** the burglars got in.

8. It's	doubtful	**whether** he'll be able to come.
9. It'll be	a great day	**when** the peace treaty is signed.
10. It'll be	a long time	**before** we ask him round again.
11. It would be sad		**if** that happened.
12. It's	**time**	**you started**.
13. It's	**high time**	**the children were** in bed.
14. It's	**time**	**you did** some work.

1. 네가 올 수 없었던 것은 애석한 일이었다.

2. 네가 그때 떠난 것은(그렇게 한 것은) 다행한 일이었다.

3. 그가 그런 말을 했었다니 이상하다.

4. 그가 너의 전달문을 못 받았을 수도 있다.

5. 네가 직장을 얻었다니 굉장한 뉴스다(소식이다).

6. 그들은 그들의 약혼을 곧 발표할 것 같다.

7. 도둑이 어떻게 들어왔는지 수수께끼 같다.

8. 그가 올지 안 올지 의심스럽다.

9. 평화조약이 체결되면 그 날은 위대한 날이 될 것이다.

10. 우리가 그를 다시 초대하는 일은 먼 훗날일 것이다.

11. 만일 그런 일이 일어난다면 슬픈 일이다.

12. 네가 출발해야 할 시간이다.

13. 아이들이 이제 자야 할 시간이다.

14. 이제는 네가 어떤 일을 해야 할 때다.

위 12~14는 가정법의 유형으로 **'…할 때이다'** 를 의미한다. 이 책의 문법편 296쪽, 제9장 가정법 G 의 (5)를 참조.

Troubles **are that** we all are hungry and tired.

(문제는 우리 모두가 배고프고 지쳤다는 것이다)

기본 예문

1. 이것이 네가 찾고 있었던 것이냐?

_____

2. 문제는 모든 상점들이 문을 닫았다는 것이다.

_____

3. 모든 것들은 3년 전에 우리가 두고 갔던 그대로였다.

_____

4. 이 사무실이 내가 일하는 곳이다.

_____

5. 나를 가장 기쁘게 한 것은 그들이 순수하게 봉사하는 기쁨으로 일하는 것이다.

_____

6. 나의 제안은 우리가 더 많은 나무를 거리에 심자는 것이다.

_____

기본 예문의 영작

1. Is this **what** you are looking for?

2. The trouble is **that** all the shops are closed.

3. All things are **as** they had left them three years ago.

4. This is the office **where** I work.

5. What delighted me most is **that** they are really working for the pure joy of volunteering.

6. My suggestion is **that** we should plant more trees on the streets.

It's splendid news that you've got a job.

(네가 직장을 구했다는 것은 굉장한 뉴스다)

기본 예문

1. 네가 올 수 없었던 것은 애석한 일이었다.

_____

2. 그가 그런 말을 했다니 수상하다.

_____

3. 그가 너의 전달문을 못 받았을 수도 있다.

_____

4. 그들은 그들의 약혼을 곧 발표할 것이다.

_____

5. 도둑이 어떻게 들어왔는지 수수께끼 같다.

_____

6. 그 남북통일의 조약이 체결되면 그 날은 위대한 날이 될 것이다.

_____

7. 만일 그런 일이 일어나면 슬픈 날이 될 것이다.

_____

8. 어린이들이 이제 자러갈 시간이다.

_____

기본 예문의 영작

1. **It** was a pity (**that**) you couldn't come.

2. **It** is strange (**that**) he should have said so.

3. **It** is possible (**that**) he didn't get your message.

4. **It**'s likely (**that**) they will announce their engagement soon.

5. **It** was a mystery **how** thieves got in,

6. **It**'ll be a great day **when** the unification treaty for both Koreas is signed.

7. **It** will be sad **if** that happened.

8. **It** is **high time** the children were in bed.

2-12

This house **is to let**. / **to rent**.
(이 집은 세놓는 것이다)

작문에 필요한 문법 및 어휘

A. 이 유형은 기본적으로, '…**하는 것이다**'로 모두 명사적 용법으로 쓰인다. 그런데 우리나라의 영문법 책에서는, 형용사로 보는 것은 100% 잘못된 것이다. 다음 B번의 내용을 읽어보라.

B. The verb **be** may be followed by an infinitive or an infinitive phrase (active or passive) '**as the nominal part of the predicate**.' (동사 be는 **술부의 명사적 부분**으로서, to-부정(구)가 [능동 구문이든, 수동 구문이든] 뒤 따라올 수 있게 한다). Hornby (1975: 20-21)

C. 동일한 주장이 Michael Swan(2005: 265)에도 제시되어 있다.

기본 예문

1. 이 집은 세놓는/세놓아지는 <u>것이다.</u>

2. 가장 좋은 일들은 아직 앞으로 오게 되어 <u>있는 것이다</u>.

_____

3. 얼마를 갚아야 하는 <u>것입니까</u>?

_____

4. 누가 비난을 받는 <u>것입니까</u>? / 비난을 받아야 하는 <u>것입니까</u>?

_____

5. 그 원인을 <u>찾는 것은</u> 멀지 않습니다.

_____

6. 당신은 축하를 받게 되어 <u>있는 것입니다</u>.

_____

7. 나의 목적은 당신을 <u>돕는 것입니다</u>.

_____

8. 그녀를 아는 것은 그녀를 사랑한다는 <u>것입니다</u>.

_____

9. 당신이 해야 할 모든 일은 그 조각들을 함께 <u>맞추는 것입니다</u>.

_____

10. 해야 할 일은 당신이 못들은 척 하는 <u>것입니다</u>.

_____

11. 그의 가장 큰 기쁨은 그의 친구들과 이야기하면서, 술집에 앉아 있는 것입니다.

_____

기본 예문의 영작

1. This house **<u>is to let</u>** / **<u>to be let</u>**. (BrE): **<u>to rent</u>** / **<u>to be rented</u>**. (AmE).

2. The best **<u>is yet to come</u>**.

3. What'**<u>s</u>** (How much is) **<u>to pay</u>**? = How much is there to pay?

4. Who'**<u>s to blame</u>**? = Who'**<u>s to be blamed</u>**?

5. The causes **<u>are not</u>** far **<u>to seek</u>**.

6. You're **to be congratulated**.

7. My aim **was to help** you.

8. To know her **is to like** her.

9. All you have to do **is to fit** the pieces together.

10. The thing to do **is to pretend** you didn't hear.

11. His greatest pleasure **is to sit in the pub** talking to his friends.

2-13

It will be hard **for us to** live on our small pension.
(우리들이 적은 연금으로 살아가는 것은 힘들 것이다)

기본 예문

1. 앞으로는 우리가 적은 연금으로 살아가는 것이 힘들게 될 것이다.

_____

2. 부유한 과부가 잘 생긴 남편을 얻는 것이 쉬울까?

_____

3. 이씨왕조 시대의 여성이 그녀 자신의 삶을 살아간다는 것은 평범한 일이 아니었다.

_____

4. 그녀의 남편이 한 번에 몇 주 동안 집을 떠나있는 것은 이상한 일이 아니었다.

_____

5. 1세기 전에는, 우리나라에서 7세가 넘으면, 소년들과 소녀들이 서로 떨어져 앉는 것이 오래된 하나의 사회적인 규칙이었다.

_____

A. 앞 (2-11), (2-12), (2-13)과 동일한 구문에 **의미상의 주어 for someone**만 추가된 구조이다.

B. 영어 단어 및 관용어구
- 1번의 on small pension: 적은 연금으로.
  from now on: 지금부터
- 3번의 earn one's living: 자신의 힘으로 살아가다.
- 5번의 to sit apart: 따로 따로 앉다.

기본 예문의 영작

1. **It** will be hard **for us to** live on our small pension from now on.

2. Is **it** easy **for a rich widow to** find a handsome husband?

3. **It** was unusual **for a Yi Dynasty lady to** earn her own living.

4. **It**'s no uncommon thing **for her husband to be away** for weeks at a time.

5. **It** was an old social rule in our country about a century ago **for boys and girls to sit apart _from_** age of 7 and **_on_**.

앞의 (2-1)에서부터 (2-13)에 이르기까지 be 동사유형을 모두 살펴보았다. 이 2형식의 be 동사유형은 모두 여러 가지 다른 보어를 갖는다는 것을 알았다. **이제 (2-14)부터 일반 자동사의 유형을 보기로 한다.**

2-14

They have **come a long way**.

(그들은 먼 길을 왔습니다)

부사보어 3

작문에 필요한 문법 및 어휘

A. 명사가 부사보어로 나타나는 경우

우리나라의 영문법 책에서, '부사보어'를 거의 인정하지 않지만, 원어민 영문법 학자들은 부사보어를 분명히 인정하고 있다. 그런데, 이 예문들은 특히 명사가 부사보어의 역할을 하는 예를 제시하고 있다. 왜 이 명사들이 **부사보어**인가 하는 이유를 먼저 설명하고자 한다. 다음 예를 보자.

They have come / gone a long way.에서 come이나 go는 자동사이다. 그런데 명사 a long way는 자동사를 보충해주는 부사보어가 되어야 말이 된다. 그렇지 않고 목적어로 볼 수도 없다. come / go는 자동사이기 때문이다. **무엇보다 원어민 영문법 학자들이 부사보어로 설명하는데 왜 우리는 이것을 받아들이지 못하는가?**

기본 예문

1. 그는 수천 마일을 여행했다.

   _____

2. 그들은 멀리서 왔다. / 그들은 멀리 가버렸다.

   _____

3. 숲은 수백 마일로 뻗쳐 있다.

   _____

4. 그는 2미터를 뛰었다.

   _____

5. 그 모임은 두 시간 계속되었다.

_____

6. 그 연극은 2년 이상 공연되었다.

_____

7. 우리는 30분을 기다렸다.

_____

1. He has travelled **thousands of miles**.

2. They had come / gone **a long way**.

3. The forests stretch (for) **hundreds of miles**.

4. He jumped **two meters**.

5. The meeting lasted **two hours**.

6. The play ran (for) more than **two years**.

7. We waited (for) **half an hour**.

거리(distance), 기간(duration), 무게(weight), 가격(price) 등이 나타내는 문장에서, 나타난 동사가 위 (2-14)에서처럼, **자동사이면, 명사가 부사보어 (adverbial adjunct)로 반드시 나타난다.** 그러나 아래 a, b에서는 **동사가 타동사로 사용되면, 그 뒤의 명사는 목적어이다.**

   a. We <u>weighed</u> that box.   타동사(목적어)

   b. We <u>measured</u> the box.   타동사(목적어)

더 구체적인 내용은 **정확한 영문법, 완벽한 5형식(2015)**의 동사유형 ⑱ (2-14)를 참조.

Won't you **sit <u>down</u>**?

(좀 앉으시지요?)

부사보어 4

기본 예문

1. 내 모자가 날아갔다.

_____

2. 나가!

_____

3. 앉으시지요?

_____

4. 들어오세요.

_____

5. 우리는 돌아가야만 합니다.

_____

6. 먼저 가세요. 곧 당신을 따라갈게요.

_____

7. 자정에(한밤중에) 가까워간다.

_____

작문에 필요한 문법 및 어휘

부사적 불변화사(adverbial particles)도 **부사보어**의 역할을 한다. 이 유형이 2형식에서 제시되는 **5번째 부사보어이다.**

기본 예문의 영작

1. My hat blew **off**.

2. Go **away**!

3. Won't you sit **down**?

4. Please come **in**.

5. We must turn **back**.

6. Go on. I'll soon catch **up** <u>with</u> you.

7. It's getting **on** <u>for</u> the midnight.

The leaves are <u>turn</u>ing <u>brown</u> in fall.

(그 나무 잎들은 가을에 갈색으로 변해 간다)

작문에 필요한 문법 및 어휘

A. (2-16)의 문장은 동작의 **시작, 발전과정, 최종단계, 또는 상태의 변화** 등을 나타내는 **turn, get, grow, go, fall, become** 등의 자동사가 쓰이고, 보어는 모두 **형용사**를 갖는다.

B. 영어 단어 및 관용어구
- 1번의 fall은 미국영어 / autumn은 영국영어
- 2번의 get angry: 화내다.
- 3번의 grow old: 늙어지다.
- 4번의 come true: 실현되다 / 이루어지다.
- 5번의 go bad: 나빠지다.
- 6번의 turn sour: 시어지다.
- 7번의 run dry: 물이 말라지다.

1. 가을에는 나뭇잎들은 갈색으로 물들어 간다.

_____

2. 화내지 마세요.

_____

3. 그는 계속 늙어가고 있다.

_____

4. 그녀의 꿈이 실현되었다.

_____

5. 그 육류고기는 상해버렸다.

_____

6. 그 우유는 시어버렸다.

_____

7. 그 우물은 말라버렸다.

_____

8. 그녀는 병이 들었다.

_____

9. 그의 농담이 지루해지고 있다.

_____

10. 교장선생님의 자리가 비어 있다.

_____

11. 그 옷감이 해어지고 있다.

_____

기본 예문의 영작

1. The leaves are **turning brown** in fall / autumn.

2. Don't **get angry**.

3. He is **growing old**.

4. Her dreams have **come <u>true</u>**.

5. The meat has **gone <u>bad</u>**.

6. The milk has **turned <u>sour</u>**.

7. The well has **run <u>dry</u>**.

8. She **fell <u>ill</u> (<u>sick</u>)**.

9. His jokes are **becoming <u>boring</u>**.

10. The position of principal (headmaster) has **fallen <u>vacant</u>**.

11. The material is **wearing <u>thin</u>**.

2-17

The dinner **smells good**.

(저녁식사는 맛있는 냄새가 난다)

작문에 필요한 문법 및 어휘

A. 이 유형의 문장에는 **감각동사 smell, taste, feel** 등이 쓰이고, 보어는 모두 **형용사**로 나타 난다.

B. 영어 단어 및 관용어구
  - 2번에서 **do smell good**에서 **do**는 강조의 의미로 쓰였고, 그 의미는, 냄새가 "**참 좋구나!**"로 된다.
  - 3번에서 feel soft and smooth: 부드럽고 매끈하게 느껴진다.
  - 5번에서 tastes horrible: 맛이 지독하다.

1. 그 저녁 식사는 맛있는 냄새가 난다.

   _____

2. 이 장미들은 냄새가 참 좋구나!

   _____

3. 비단은 부드럽고 매끄럽게 느껴진다.

   _____

4. 꿩고기는 아주 맛이 좋았다.

   _____

5. 그 약은 맛이 지독하다.

   _____

1. The dinner **smells good**.

2. These roses **do smell sweet**!

3. Silk **feels soft and smooth**.

4. The pheasant **tasted delicious**.

5. The medicine **tastes horrible**.

You are **look**ing **lovely**.

(당신은 아름답게 보입니다)

A. 이 문형에서는 형용사를 보어로 하는 **여러 가지 다른 자동사**를 제시한다.

B. 1번에서 She **married young.** 이라고는 하지만, **(x)**She **married old.** 라고는 하지 않는다. 3번에서 **Do** lie / stand / sit still.에서, **Do**는 '제발' '좀' 이라는 의미 표현.

C. 위 (2-18)의 제목에 나타난 **lovely**는 부사 같이 보이지만, 부사가 아니라, 형용사이다.

기본 예문

1. 그녀는 젊어서 결혼했다.

_____

2. 좀 조용히 해 주세요.

_____

3. 좀 가만히 누워 / 서 / 앉아 주세요.

_____

4. 당신은 아름답게 보입니다.

_____

5. 모든 것이 다르게 보인다.

_____

6. 문이 활짝 열렸다. / 쾅 닫혔다.

_____

7. 나는 기분이 좋게 느껴진다.

_____

1. She married **young**.

2. Please keep **quiet**.

3. **Do** lie / stand / sit **still**!

4. You are looking **lovely**.

5. Everything looks / appears **different**.

6. The door blew **open.** / **shut**.

7. I am feeling **fine**.

2-19

You **look tired** today.

(너는 오늘 지쳐 보인다)

작문에 필요한 문법 및 어휘

A. 이 문형에서는 **동사의 과거분사**가 **형용사 보어**로 쓰이는 예만 다룬다.

B. 영어 단어 및 관용어구
- 2번의 acquaint: 알게 되다 / 사귀다.
- 3번의 sound: 느끼다 / 생각된다.
- 4번의 look delighted / annoyed: 기뻐 보인다 / 걱정스럽게 보인다.
- 5번의 appear perplexed: 당황스러워 보인다.

1. 너는 오늘 지쳐 보인다.

   _____

2. 그들을 어떻게 알게 되었나?

   _____

3. 너는 놀란 것처럼 보인다.

   _____

4. 그녀는 즐거워 / 괴로워 보였다.

   _____

5. 그는 난처하게 보였다.

   _____

기본 예문의 영작

1. You look **tired** today.

2. How did they become **acquainted**?

3. You sound **surprised**.

4. She looked **delighted / annoyed**.

5. He appeared **perplexed**.

She will **make** a good wife.

(그녀는 좋은 부인이 될 것이다)

작문에 필요한 문법 및 어휘

앞 (2-8)에서 언급한, **fall, come, turn, make, look** 등의 동사가 여기서는, **주격보어로, 명사, 대명사, 재귀대명사가 보어로 쓰이는 유형이다.**

기본 예문

1. 그는 백만장자로 죽었다.

_____

2. 그는 독신으로 살다가 죽었다.

_____

3. 좋은 친구로 헤어지자(사이좋게 헤어지자).

_____

4. 그는 그녀의 매력에 희생자가 되었다.

_____

5. 그녀는 좋은 아내가 될 것이다.

_____

6. Peter와 Eva는 멋있는 부부가 될 것이다.

_____

7. 그 모험담은 재미있는 독서거리가 된다.

_____

8. 그는 진정한 친구로 증명되었다.

_____

9. 그녀는 그녀의 나이로 보이지 않는다(젊어 보인다).

_____

10. 너는 오늘 너 자신같이 보이지 않는다(너는 제정신이 아니다).

---

1. He <u>died</u> **a millionaire.**

2. He <u>lived</u> and <u>died</u> **a bachelor.**

3. Let us <u>part</u> **good friends.**

4. He <u>fell</u> **(a) victim** to her charms.

5. She will <u>make</u> **a good wife.**

6. Peter and Eva <u>make</u> **a handsome couple.**

7. The story of adventure <u>makes</u> **fascinating reading.**

8. He <u>proved</u> **a true friend.**

9. She doesn't <u>look</u> **her age.**

10. You are <u>not looking</u> **yourself** today.

The children **came** **running** to meet us.

(아이들은 우리를 만나려고 뛰어서 왔다)

부사보어 5

작문에 필요한 문법 및 어휘

이 문형에서는 **현재진행형**이 **서술적 부사보어(predicate adjunct)**로 쓰이는 예를 든다. 이 유형의 부사보어는 너무나 많다. 예컨대, **We went swimming. We go hunting tomorrow. I went shopping yesterday.** 등 수 많은 예들이 있는데, 이들도 부사보어이다. 이 유형이 2형식에서 제시되는 마지막 5번째 부사보어다.

기본 예문

1. 아이들은 우리를 만나러 뛰어 왔다.
   _____

2. 새들이 내 창문 주위로 깡충깡충 뛰어 왔다.
   _____

3. 그는 그녀가 아프다는 것을 알자마자 그녀의 침대 옆으로 서둘러 왔다.
   _____

4. 그녀는 나에게 미소를 보내면서 누워 있었다.
   _____

5. 당신은 춤추러 가고 싶으냐?
   _____

6. 그는 공장의 정문에서 파업자들에게 연설을 하면서 서 있었다.
   _____

7. 우리들은 곧 이야기를 시작하게 되었다.
   _____

8. 햇빛은 창문을 통해서 흘러들어왔다.
   _____

1. The children **came running** to meet us.

2. The birds **came hopping** around my window.

3. He **came hurrying** to her bedside as soon as he knew she was ill.

4. She **lay smiling** at me.

5. Do you like to **go dancing**?

6. He **stood addressing** the strikers at the factory gate.

7. We soon **got (became) talking**.

8. The sunshine **came streaming** through the window.

아래에서 더 많은 유형의 부사보어를 보자.
  a. He came <u>very slowly</u>.　　(대단히 천천히 왔다)　　**부사수식어**
  b. He **came running**.　　　　(달려왔다)　　　　　　**부사보어**

'달려왔다' 는 말은 다른 말로 표현될 수 없다. come이라는 자동사에 '오는 모습을 **추가시킨, 부가시킨**' 표현이다. 아래에 제시된 예를 보자.

1. **came running**　　　　(달려왔다)　　(부사보어)
   came walking　　　　(걸어왔다)　　(부사보어)
   went running　　　　(달려갔다)　　(부사보어)

   He **came riding** a bike.　(그는 자전거를 타고 왔다)
   He **came driving** his car. (그는 그의 승용차를 몰고 왔다)
   He **came hopping**.　　　(그는 팔짝 팔짝 뛰어왔다)
   They **went hurrying**.　　(그들은 서둘러 갔다)
   They **went creeping**.　　(그들은 기어갔다)

go dancing	(춤을 추러 가다)	**go hunting**	(사냥하러 가다)
go swimming	(수영을 하러 가다)	**go camping**	(캠핑을 하러 가다)
go skating	(스케이트를 타러 가다)		

We **stop**ped **to have a rest**.

(우리들은 좀 쉬려고 (하던 일을) 멈추었다)

작문에 필요한 문법 및 어휘

이 유형에서, 자동사는 to-부정사(구)와 함께 사용된다. 그런데 아래 예문에 나타난 to-부정사는 모두 **부사수식어**이다. 자동사 다음에 나타나는 to-부정사는 **목적, 결과**를 나타낸다. 아래 **8번**의 came to see의 see는 **지각동사**이므로 '…**을 알게 되었다**'로 해석한다.

기본 예문

1. 우리는 휴식을 취하려고(하던 일을) 멈추었다.
   _____

2. 음악연주를 들으러 갔다.
   _____

3. 그는 전화를 받으려 일어났다.
   _____

4. 그는 더 잘 보려고 일어났다.
   _____

5. 누군가가 너를 만나려고 방문했다.
   _____

6. 그들은 그 부상자를 도우려 달려갔다.
   _____

7. 나는 Caesar를 묻으러 왔지, 그를 칭찬하러 오지 않았다.
   _____

8. 그는 그가 잘못한 것을 알게 되었다.
   _____

9. 너는 어떻게 그것을 알게 되었니?

_____

10. 어떻게 하면 그녀를 알 수 있을까?

_____

기본 예문의 영작

1. We stopped **to have a rest**.   (목적)

2. We went **to hear the concert**.   (목적)

3. He got up **to answer the phone**.   (목적)

4. He stood up **to see better**.   (목적)

5. Someone has called **to see you**.   (목적)

6. They ran **to help the injured man**.   (목적)

7. I come **to bury Caesar**, not to praise him.   (목적)

8. He came **to see** that he was mistaken.   (결과)

9. How do you come **to know that**?   (결과)

10. How can I get **to know her**?   (목적)

The good old days have gone, **never to return**.

(그 좋은 옛날은 가고, 다시 돌아오지 않는다)

작문에 필요한 문법 및 어휘

다음 ①의 예문에서 컴마(,) 다음에 **and**를 넣고서 먼저 해석해 보자. 그러면 ②의 예문과 같이 된다. 이것이 이 예문의 요점이다.

① 1. He turned, **to see** the sun setting.

2. The drunken man awoke, **to find** himself in a ditch.

3. The good old days have gone, **never to return**.

4. Electronic music has come, **to stay**.

5. He <u>glanced up</u>, to see the door slowly opening.

위 예문을 영어로 달리 표현하면 다음과 같다.

② 1. = He **turned and** saw the sun setting.

2. = He **awoke and** found himself in a ditch.

   or **When he awoke**, he found himself in a ditch.

3.= The good old days **have gone and** will never return.

4.= Electronic music **has come and** will stay.

5.= He **glanced up and** saw the door slowly opening.

이제 우리 한국어로는 다음 ③과 같이 해석하니, 위 ①번과 같은 작문도 정답이 되고, 또 위 ②번과 같은 작문도 정답이 된다. 그런데 원어민들에 따라 to-부정사 앞에 컴마(,)를 넣지 않는 사람도 있다는 것을 알아두시기 바란다.

기본 예문

③ 1. 그가 <u>돌아서니</u>, 해가 지는 것이 보였다.

2. 술에 취한 그 남자는 <u>깨어보니</u>, 도랑에 빠져 있었다.

_____

또는, 그가 깨어났을 때, 그 자신이 도랑에 빠져 있었다는 것을 알았다.

_____

3. 그 좋은 <u>시절은</u> <u>가고</u>, 결코 돌아오지 않을 것이다.

_____

4. 전자음악이 <u>들어와서</u>, 이제 정착하게 될 것이다.

_____

5. 그가 힐끗 <u>쳐다보니</u>, 문이 천천히 열리고 있었다.

_____

기본 예문의 영작1

1. He turned, **to see** the sun setting.

2. The drunken man awoke, **to find** himself in a ditch.

3. The good old days have gone, **never to return**.

4. Electronic music has come, **to stay**.

5. He glanced up, **to see** the door slowly opening.

기본 예문의 영작2

1. He **turned and** saw the sun setting.

2. He **awoke and** found himself in a ditch.
   or **When he awoke**, he found himself in a ditch.

3. The good old days **have gone and** will never return.

4. Electronic music **has come and** will stay.

5. He **glanced up and** saw the door slowly opening.

① 위 유형의 **to-부정사**는, 앞 (2-22)에서 제시된 '자동사'의 <u>to-부정사 보어(the infinitive adjunct)와 그 외모가 동일하지만</u>, 그 내용은 전혀 다르다.

② 이 유형은, 동등절(co-ordinate clause)이나, 또는 종속절(subordinate clause)의 역할을 하는 점이 앞의 다른 예와 전혀 다르다.

③ 이 (2-23)의 유형은 원어민의 언어직관이 없으면, 알기 힘든 문장이다. 왜냐하면, 외관상으로는 하나의 문장으로 되어있지만, 이 문장들의 의미는 **and**로 연결된 두 개의 복문으로 해석되거나, 아니면 종속절로 해석되기 때문이다.

Don't **bother / trouble to meet me**.

(나를 만나려고 애쓰지 마십시오)

작문에 필요한 문법 및 어휘

A. 이 구조는 앞 (2-22)에서처럼 '목적', '결과'만을 나타내는 것이 아니라, 여러 가지 다양한 부사 수식의 의미를 나타낸다. 어순은 명사의 기능을 갖는 타동사 구조와 동일하다. 그러나 의미는 자 동사를 수식하는 부사수식어의 의미를 나타낸다. 아래에 제시된 해석을 보라. **이때 to-부정사는 부사로 해석해야 한다. 명사(구)로 해석해서는 안 된다.**

B. • 1번의 bother / trouble: 수고하다 / 애쓰다.
　 • 2번의 hesitate: 주저하다.
　 • 4번의 be longing to: …하기를 열망하다.
　 • 5번의 care to: …하는데 관심을 갖는다.
　 • 7번의 consent / agree: …을 승낙하다.
　 • 8번의 shudder to think of: …을 생각하면 몸서리친다.
　 • 9번의 rejoice: …을 기뻐하다.

기본 예문

1. 나를 <u>만나려고</u> 애쓰지 마십시오.

　_____

2. 그녀는 누구에게 <u>알리는 데</u> 주저했다.

　_____

3. 그들은 나의 계획에 <u>반대하지 않기로</u> 동의했다.

　_____

4. 그녀는 다시 그녀의 가족을 <u>만나고자</u> 열망하고 있었다.

　_____

5. 나와 함께 산책을 <u>하는 데</u> 관심이 있는가요?

_____

6. Harry는 컴퓨터 전문가가 <u>되는 데</u> 목표를/목적을 두고 있다.

_____

7. <u>그와 결혼하는 데</u> 그녀가 승낙/동의 할 것인가요?

_____

8. 그녀는 그것을 <u>생각하면</u> 몸서리난다 / 친다.

_____

9. 우리 모두는 당신의 <u>성공을 듣고서</u>, 기뻐했다.

_____

기본 예문의 영작

1. Don't bother / trouble **to meet me.**

2. She hesitated **to tell anyone.**

3. They agreed not **to appose my plan.**

4. She was longing to see her family again.

5. Would you **'care to go'** / **'come for a walk'** with me?

6. Harry aims **to become a computer expert.**

7. Will she consent / agree **to marry him**?

8. She shuddered **to think of it.**

9. We all rejoiced **to hear of your success.**

He seemed (**to be**) · **surprised** at the news.

(그는 그 소식에 놀란 것 같이 보였다)

작문에 필요한 문법 및 어휘

동사 seem, appear, prove 등은 to-부정사와 함께 쓰인다. 만일 to be 다음에 보어로, 형용사나, 명사가 오면, 기본 예문의 영작에 제시된 것과 같이 to be는 삭제될 수 있다. 즉, 위 제목의 괄호 내 to be는 생략해도 좋고, 그대로 두어도 좋다.

그리고 아래 7번의 cope는 '…에 대처하다, 극복하다.' 의미.

기본 예문

1. 그는 그 소식에 놀란 듯했다.
   _____

2. 그녀는 아주 젊어 보인다.
   _____

3. 이것은 심각한 문제로 보인다.
   _____

4. 이 상태는 (우리에게) 전혀 가망성이 없는 것처럼 보인다.
   _____

5. (나에게는) 그의 새로운 책은 그의 그 전의 책만큼 흥미가 없는 것처럼 보인다.
   _____

6. 그의 행복은 완벽한 것 같이 보인다.
   _____

7. 그는 더 이상 어찌할 수 없는 것처럼 보인다.
   _____

8. 나는 이 문제를 해결할 수 없는 것처럼 보인다.
   _____

9. 그는 그 습관에서 벗어날 수 없는 것처럼 보인다.

_____

기본 예문의 영작

1. He **seemed** (to be) surprised at the news.

2. She **seems** (to be) so young.

3. This **seems** (to be) a serious matter.

4. The situation **seems** (to us) (to be) quite hopeless.

5. (To me) his new book doesn't **appear** (to be) as interesting as his earlier ones.

6. His happiness **seems** (to be) complete.

7. He doesn't **seem** (to be) able to cope any more.

8. I **seem** (to be) unable to solve this problem.

9. He **seems** (to be) unable to get out of the habit.

It **seems a pity** to waste them.

(그들을 낭비하는 것은 딱한 일인 것 같다)

작문에 필요한 문법 및 어휘

A. 이 (2-26) 유형에서는 '진주어'가 to-부정사, 동명사, 또는 접속사 that-절로 나타난다. 앞 (2-25)에 나타난 자동사와 동일한 자동사를 쓰기 때문에, 앞 (2-25)에서와 같이 (to be)는 삭제되고, **형용사 및 명사보어만** 남는다. 즉, 위 (2-26)의 제목에서 (to be)를 삭제하고 그냥 **It seems a pity to waste them.**으로 한다.

B. 1번의 pointless: 무의미한, 요점이 없는.

기본 예문

1. 더 이상 앞으로 전진하는 것은 무의미하게 보였다.

   _____

2. 그들을 낭비하는 것은 딱하게(애석하게) 보인다.

   _____

3. (나에게는) 너무 많은 질문을 하지 않는 것이 현명하게 보였다.

   _____

4. 계속하는 것은 별로 좋지 않은 것(소용이 없는 것) 같다.

   _____

5. 우리가 시간에 맞게 도착할 것 같지 않다.

   _____

6. 나는 아마 내년에 해외로 파견될 것(보내질 것) 같다.

   _____

1. <u>It</u> **seemed pointless** <u>to go</u> any further.

2. <u>It</u> **seems a pity** <u>to waste</u> them.

3. <u>It</u> **seemed** (to me) **wise** <u>not to ask</u> too many questions.

4. <u>It</u> doesn't **seem much good / much use** <u>going on</u>.

5. <u>It</u> **appears unlikely** <u>that</u> we will arrive in time.

6. <u>It</u> **seems probable** <u>that</u> I'll be sent abroad next year.

2-27

The baby **seems to be asleep**.
(그 애기는 잠든 것 같다)

작문에 필요한 문법 및 어휘

A. seem, appear, happen, chance 등의 **완전자동사**가 나타날 때, (to be)가 앞의 예문에서는 생략되기도 했다. 그러나 반드시 그런 것은 아니다. 여기서는 생략되지 않는 경우를 설명한다.

ⓐ **a-철자로 시작되는 형용사, asleep, afraid, alive, afloat 등의 앞에서는 생략되지 않는다.**
ⓑ **진행형 동사 앞에서도 생략되지 않는다.**
ⓒ **동사의 과거분사 앞에서도 생략되지 않는다.**
ⓓ **다음 5/6번의 경우(to be in / to be out)에도 생략되지는 않는다.**
ⓔ **완료형, 완료 수동형, 앞에서는, 'be' 만 삭제된다.**
ⓕ **10~12번의 경우에는 일반적인 to-부정사와 연결된다.**

B. 영어 단어 및 관용어구

- 3번의 electorate: 선거인단(집합명사) / 유권자들
- 3번의 swinging against: 등을 돌리다.
- 4번의 to be expected of me: 나에게 …을 기대하고 있다.
- 8번의 inquiries: 질문들
        seem to have been resented: 화나게 한 것 같다.
- 9번의 been resented: 화나게 하다.
        been bribed: 뇌물을 받다.

기본 예문

1. 그 아기는 잠든 것 같다.

_____

2. 당신은 파티를 즐기고 있는 것 같다.

_____

3. 유권자들은 노동당에 등을 돌리는 듯 보인다.

_____

4. 어떤 종류의 답을 나로부터 듣고 싶은 것 같다.

_____

5. 어쩌다 서울에 오게 되면, 나를 찾아 주세요.

_____

6. 내가 방문했을 때 그녀는 마침 외출 중이었다.

_____

7. 그 조사는 어떤 흥미 있는 사실을 밝혀 낸듯하다.

_____

8. 내 질문이 화나게 했던 것처럼 보인다.

_____

9. 그 위원회의 어떤 회원은 뇌물을 받았던 것처럼 보인다.

_____

10. 나는 그를 어디서 만났던 기억이 있는 것 같다.

_____

11. 그는 많은 친구들을 가지고 있는 듯하다.

_____

12. 우리는 그날 아침에 우연히 공원에서 만났다.

_____

기본 예문의 영작

1. The baby seems **to be asleep**.

2. You seem **to be enjoying** the party.

3. The electorate seems **to be swinging** against Labour (Party).

4. Some sort of answer seems **to be expected** of me.

5. If you ever happen **to be in** Seoul, come and see me.

6. She happened **to be out** when I called.

7. The survey **appears to have revealed** some interesting facts.

8. My inquiries **appear to have been resented**.

9. Some members of the committee **seem to have been bribed**.

10. I **seem to remember** meeting him somewhere.

11. He **appears to have** many friends.

12. We **chanced to meet** in the park that morning.

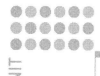

3

제3형식의 10개 유형

3-1

We all had **a good time.**

(우리 모두 잘 놀았다)

기본 예문

1. 그들은 그날 거의 일을 하지 않았다.
   _____

2. 아무도 나의 질문에 답하지 않았다.
   _____

3. 우리 모두가 그 영화를 즐겼다.
   _____

4. 나는 길을 잃었습니다.
   _____

5. 그 회사는 몇 대의 새로운 항공기를 구입했습니다.
   _____

6. 너는 쌀을 너무 오래 삶았다.
   _____

7. 우리 모두가 즐거운 시간을 보냈다.
   _____

8. 우리는 내일 발표를 하나 할 것이다.
   _____

9. 너는 벌써 침대를 정리했니?
   _____

10. 여기 있는 누군가가 Kelly를 보았습니까?

_____

A. (3-1)의 유형은 목적어를 명사, 대명사로 한정한다. (3-1)에서 did 조동사가 아닌, 완전 타동사이다. 어떤 부사보어도 필요하지 않지만, 시간부사, 빈도부사, 기간(duration) 부사 등은 첨가될 수 있다.

B. 영어 단어 및 숙어
- 1번의 did very little work: 거의 일을 하지 않았다.
- 2번의 answered my question: 나의 질문에 답했다.
- 4번의 lost my way: 길을 잃었다.
- 5번의 new aircraft는 단수/복수 동형임.

기본 예문의 영작

1. They did <u>very little work</u> that day.

2. Nobody <u>answered my question</u>.

3. We all enjoyed the movie.

4. I've lost my way.

5. The company has bought several new aircraft.

6. You've boiled the rice (for) too long.

7. We all had a good time.

8. We will make an announcement tomorrow.

9. Have you made your bed already?

10. Has anybody here seen Kelly?

She has **blue eyes**.

(그녀는 푸른색 눈을 갖고 있다)

기본 예문

1. 그는 멋있는 매력을 갖고 있다.

_____

2. 그녀는 파란 눈을 갖고 있다.

_____

3. 벌써 아침식사를 했니?

_____

4. 점잖게 처신해라.

_____

5. 너 다쳤니?

_____

6. 그는 가장 특별한 꿈을 꾸었다.

_____

7. 그녀는 즐겁게 웃었다.

_____

8. 그녀는 미소로 감사를 대신했다.

_____

9. 그는 끄덕이면서 (그의) 찬성을 표시했다.

_____

10. 그 소녀들은 나의 칭찬에 대한 감사로 킬킬 웃었다.

_____

작문에 필요한 문법 및 어휘

A. 이 문형에 나타난 문장들은 <u>수동태로 전환이 안 되는 문장</u>이다. 앞 (3-1)의 경험을 나타내는 뜻의

have인 We all had a good time.을 A good time was had by all로 바꿀 수 있다. 그러나 **have가 소유하다(possess), 먹다(have / eat), 약을 먹다(take), 마시다 등의 의미를 가진, 아래 예문 1~3은 수동태로 바꾸지 못한다.** 또 재귀동사(목적어가 '…self'를 갖는 경우)와 동족목적어(I dreamed a happy dream last night.)를 갖는 문장들도 **수동태로 바꿀 수 없다.**

B. 영어 단어 및 관용어구
- 3번 의문문의 yet: 벌써
- 4번의 behave yourself: 처신을 잘하라
- 5번의 hurt yourself: 다치다
- 6번의 dreamed a dream은 동족목적어 구문: 꿈을 꾸다
- 7번도 동족목적어 구문임

기본 예문의 영작

1. He has got good charm.

2. She has blue eyes.

3. Have you had breakfast yet?

4. Please behave yourself.

5. Have you hurt yourself?

6. He dreamed a most extraordinary dream.

7. She laughed a merry laugh.

8. She smiled her thanks.

9. He nodded his approval.

10. The girls giggled their appreciations of my complement.

3-3

She enjoys **playing** tennis.

(그녀는 테니스 치기를 즐긴다)

기본 예문

1. 그녀는 테니스를 즐깁니다.
   _____

2. 너 이야기를 끝냈니?
   _____

3. 나는 웃지 않을 수 없었다.
   _____

4. 좀 일찍 올 수 없겠니?
   _____

5. 네가 할 수 있는 한, 언제나, 영어로 말하는 연습을 해야 한다.
   _____

6. 이제 말씀을 끝내시지요.
   _____

7. 나는 1년 전에 당신을 처음 만난 것을 결코 잊을 수가 없다.
   _____

8. 나는 1주일 전에 그를 만난 것을 기억합니다.
   _____

9. 시험 삼아 휘발유로 한번 지워보라.
   _____

10. 나를 거칠게 다루는 것을 참을 수가 없다.
   _____

작문에 필요한 문법 및 어휘

A. 이 (3-3)의 유형은 항상 '동명사 목적어'를 선택한다. 이 유형은 'to-부정사 목적어'를 선택하는

유형에는 쓰이지 못한다. 단 아래 (3-3)의 예문 중, 7~8의 forget / remember가 <u>과거의 의미를</u> <u>갖지 않고</u>, 또 9의 try가 "<u>시험 삼아 …을 해보라</u>"라는 의미를 갖지 않으면, **to-부정사 유형**에도 쓰일 수 있다. 그러나 **to-부정사** 유형에 쓰이는 조건이 각각 다르다. 이 다른 조건은 다음 (3-4) 의 해설을 보라.

B. petrol: 영국영어 / gas: 미국영어

기본 예문의 영작

1. She <u>enjoys</u> **playing tennis**.

2. Have you <u>finished</u> **talking**?

3. I couldn't <u>help</u> **laughing**.

4. Would you <u>mind</u> **coming earlier**?

5. You should <u>practice</u> **speaking English** whenever you can.

6. Please, <u>stop</u> **talking**.

7. I'll never <u>forget</u> **meeting you** for the first time a year ago.

8. I remember **seeing him** a week ago.

9. <u>Try</u> **clearing it** with petrol (gas).

10. I won't stand **being handled roughly**.

She likes **swimming.**

(그녀는 수영을 좋아한다)

이 문형에 제시된 동사들은 목적어로, **동명사를 사용하거나,** 또는 **to-부정사를 사용하는 동사들이다.** 그러면 어떤 경우에 동명사를 쓰고, 또 어떤 경우에 to-부정사를 쓰는가? 즉, 예컨대, like swimming과 like to swim 간의 차이는 무엇인가? 아래 (3-4)의 **해설**을 참조.

기본 예문

1. 그녀는 수영을 좋아한다.

_____

2. 그는 그의 가족에 대해서 말하기 시작했다.

_____

3. 돈 꾸기를(빌리기를) 시작하지 마라.

_____

4. 그녀는 침대에서 아침식사 하는 것을 좋아한다.

_____

5. 나는 매번 (남의 부탁을) 거절하는 것이 싫다.

_____

6. 그는 차로 가는 것 보다 걸어가는 것을 좋아한다.

_____

7. 그녀는 동물을 잔인하게 다루는 것을 보면, 참지 못한다.

_____

8. 그는 그의 일이 방해받는 것을 참을 수 없다.

_____

9. 나는 나의 건강이 허락하는 한, 일을 계속할 것이다.

_____

10. 그 아이는 어두움 속에서 잠자리로 가는 것을 무서워한다.

_____

기본 예문의 영작

1. She likes **swimming**.

2. He began **talking about** his family.

3. Don't start **borrowing** money.

4. She loves **having breakfast** in bed.

5. I hate **having to refuse** every time.

6. He prefers **walking** to going by car.

7. She can't bear **seeing animals treated** cruelly.

8. He can't endure **being disturbed** in his work.

9. I will continue **working** while my health is good.

10. The child dreads **going to bed** in the dark.

해설

이 문형에서는 **to-부정사**를 쓰는 경우를 밝혀본다. 예컨대, like swimming과 like to swim 간의 차이는 무엇인가? 일반적으로 "…을 좋아한다."는 의미를 서술할 경우에는 동명사로 나타낸다. 위 (3-4)에 제시된 동사들이 **to-부정사**를 사용하는 경우에는 다음과 같은 조건들에 따라 쓰는 것이 대부분이다.

to-부정사는 특정한 경우에 대해서 서술하거나, 묻는 경우에 더 많이 사용된다. 특히 would (should) like to… / would prefer to…로, 보통 to-부정사를 사용하기 때문에 더욱 그러하다. 간단히 요약하면, 다음 4가지 경우로 요약된다.

a. I like swimming. (일반적인 표현)

b. I <u>wouldn't</u> / <u>shouldn't</u> like to swim <u>in that cold lake</u>.
위 b에서는 "in that cold lake"라는 조건과 "would / should"을 사용하기 때문에, to-부정사를 사용하는 것이 보통이다.

c. <u>Would</u> you like to go for a swim <u>this afternoon</u>?
"this afternoon"이라는 조건과 would를 사용하기 때문에 to-부정사를 사용한다.

d. <u>Would you prefer</u> to stay at home <u>this evening</u>? "Would you--?"라는 질문의 형태와 "this evening"이라는 조건 때문에 to-부정사를 쓴다.

더 구체적인 것은 필자의 책 **'정확한 영문법, 완벽한 5형식(2015)'** 의 동사유형 ㊵의 (3-4)의 해설을 참조.

3-5

The garden needs **watering**.

(정원에 물을 줄 필요가 있다)

기본 예문

1. 정원에 물을 줄 필요가 있다.
    _____

2. 그는 (누군가의) 보살핌을 받아야 할 필요가 있을 것이다.
    _____

3. 내 신발은 수선이 필요하다.
    _____

4. 그의 부인을 솜씨있게 다룰 필요가 있다.
    _____

5. 그 일을 생각하는 것조차도 참을 수 없다.

_____

6. 그의 말이 되풀이되는 것은 참을 수 없다.

_____

작문에 필요한 문법 및 어휘

A. 동사 need, want, won't / wouldn't bear 뒤에 나타나는 **동명사**는 수동의 의미를 갖는다.

B. 다음 영작문의 괄호 내의 내용을 참고하자.

기본 예문의 영작

1. The garden needs watering. (= **to be watered**)

2. He will need looking after. (= **to be looked after / cared for**)

3. My shoes want mending. (= **need to be repaired**)

4. His wife needs tactful handling. (= **to be handled carefully**)

5. It won't bear thinking of. (= **to be thought about**)

6. His language wouldn't bear repeating. (= **was too bad to be repeated**).

3-6

I **prefer (not) to** start early.

(나는 일찍 떠나는 것을 좋아한다[하지 않는다])

기본 예문

1. 너는 가기를 원하니?

_____

2. 비가 오기 시작했다.

_____

3. 그것에 대해서 어떻게 하기를 의도하니(원하니)?

_____

4. 그는 우리를 보지 못한 채 했다.

_____

5. 내 편지를 부치는 것을 잊지 않았지요?

_____

6. 그는 결코 술에 취하지 않을 것을 약속했다.

_____

7. 나와 함께 가시겠습니까?

_____

기본 예문의 영작

1. Do you want to go?

2. It's begun / started to rain.

3. What do you intent to do about it?

4. He pretended not to see us.

5. Do you remember to post my letter?

6. He promised never to get drunk again.

7. Would you like to go with me?

You'll have **to go**.

(너는 가야 할 것이다)

기본 예문

1. 너는 "가야 할 <u>것이다</u>." ➜ 너는 가야만 한다.

_____

2. 우리는 이 모든 질문에 대답해야 하는 <u>것입니까</u>? ➜ 대답해야 합니까?

_____

3. 당신은 종종 특근을 해야 하는 <u>것입니까</u>? ➜ 해야 합니까?

_____

4. 너는 토요일에 학교에 안 가도 되지?

_____

5. 너는 불평을 해야만(안 해야만) 할 것이다.

_____

작문에 필요한 문법 및 어휘

A. 이 'have to' / 'ought to' 도 **목적어 명사**의 역할을 한다. 즉, '**…을 해야 하는 것이다.**' 로 **명사적 의미를 갖는다**.

B. ⓐ '<u>동사 **have**는 이 문형에서 의무</u>'를 나타낸다.
   ⓑ 대화체에서는 'have got to' 가 더 일반적이다.
   ⓒ 'have got to' 는 'have to' 를 대신하나, 'have to' 가 보다 더 많이 쓰인다.

C. Have we to…? / Do we have to…? / We haven't to / We don't have to 등은 모두 have to가 must의 의미로 사용된다.

D. ought to도 동일한 의미로 쓰인다.

1. You'll <u>have to go</u>.

2. <u>Have we to answer</u> all these questions?

3. <u>Do you often have to</u> work overtime?

4. <u>You don't have to</u> go to school on Saturday, do you?

5. <u>You ought (not) to</u> complain.

3-8

She couldn't decide **what to do next.**

(그녀는 다음에 무엇을 해야 할지 결정할 수 없었다)

작문에 필요한 문법 및 어휘

A. 이 문형에서는 동사의 목적어가 **의문대명사**이거나, **의문부사**, 또는 **whether**이며, 그 뒤에 to-부정사가 따라온다.

B. 1번의 who(m) to go <u>to</u> 에서 전치사 to의 목적어이므로 whom이어야 하나, 보통 who으로 쓰고 있다. 10번의 How can you tell: '어떻게 알 수 있나?' 의 의미.

기본 예문

1. 나는 조언을 얻고자 누구에게 가야할지 모르겠다.

_____

2. 그녀는 다음에 무엇을 해야 할지 결정할 수 없었다.

_____

3. 그녀는 크리스마스에 아이들에게 무엇을 주어야 할지 생각이 나지 않았다.

_____

4.너는 휴가로 어디에 가야 할지 결정을 했니?

_____

5. 당신은 언제 충고를 하고, 언제 조용히 있어야 할지 배워야 합니다.

_____

6. 나는 어떻게 거기에 가는지 물어볼 것이다.

_____

7. 당신은 그것을 어떻게 하는지 알고 있습니까?

_____

8. 웃어야 할지, 울어야 할지 그녀는 알지 못했다.

_____

9. 나는 일주일 더 여기에 있어야 할지 어떨지 생각하고 있었다.

_____

10. 어느 버튼을 눌러야 할지 어떻게 알 수 있나요?

_____

기본 예문의 영작

1 I don't know who(m) **to go to for advice**.

2. She couldn't decide what **to do next.**

3. She couldn't think what **to give the children** for Christmas.

4. Have you settled where **to go for your holidays**?

5. You must learn when **to give advice** and when **to be silent**.

6. I'll ask / inquire how **to get there**.

7. Do you know / see how **to do it**?

8. She didn't know whether **to laugh or cry**.

9. I was wondering whether **to stay here another week**.

10. How can you tell which button **to press**?

I suppose **(that) you'll be there**.

(나는 당신이 거기에 올 것이라고 생각한다)

작문에 필요한 문법 및 어휘

A. 이 문형에서는 **동사의 목적어가 that-절로 나타난다**. 자주 쓰이는 say, wish, hope, think, expect, believe 등의 동사 뒤에 나타나는 접속사 that는 흔히 생략된다.

B. 영어 단어 및 관용어구
- 8번에서 **see**는 지각동사로, '…을 알고 있다' 의미로 쓴다.

기본 예문

1. 나는 네가 거기에 오리라고 생각한다.

   _____

2. 나는 네가 방해하지 않기를 바란다.

   _____

3. 우리는 모두 네가 올 수 있기를 바라고 있다.

   _____

4. 너는 비가 오리라고 생각하니?

   _____

5. 그는 바빴다고 말했다.

   _____

6. 나는 네가 해외에 다녀왔다는 것을 알고 / 듣고 있다.

   _____

7. 박물관을 방문할 시간이 있을 것이라고 나는 생각하지 않는다.

   _____

8. 네가 차 주전자를 깼다고 알고 있다.

   _____

9. 우리는 네가 알고 싶어 한다고 생각했다.

_____

1. I suppose **(that) you'll be there**.

2. I wish **you wouldn't interrupt**.

3. We all hope **you will be able to come**.

4. Do you think **it'll rain**?

5. He said **he was busy**.

6. I hear **you've been abroad**.

7. I don't think **there'll be time to visit the museum**.

8. I <u>see</u> **you've broken the teapot**.

9. We felt **you'd like to know**.

I don't know **who she is**.

(나는 그녀가 누구인지 모른다)

이 (3-10) 문형에서는 동사의 목적어가 **종속절이거나 또는 종속 의문절이** 되는 경우이다. 이 절은 **관계대명사** 또는 **관계부사**, 또는 **관계대명사 what 이나 whether**로 유도될 수 있다.

기본 예문

1. 나는 그녀가 누구인지 모른다.

_____

2. 나는 저 음악이 어디에서 들려오는 것인지 궁금하다.

_____

3. 판사는 그 돈이 누구의 것인지 판정해야 한다.
   = 누구에게 소속되는 것인지 판정해야 한다.

_____

4. 그 사고는 누구에게 책임이 있는지 누가 알 수 있나?

_____

5. 그들 중 어느 팀이 이길지 궁금하다.

_____

6. 너는 이 차가 누구의 차인지 알고 있니?

_____

7. 우리는 휴가를 어디로 갈 것인지 논의 중이었다.

_____

8. 우리가 찾아낸 것을 와서 봐라.

_____

9. 나는 왜 그녀가 항상 지각하는지 궁금하다.

_____

10. 나는 언제 그 기차가 떠나는지 물어볼 / 알아볼 것이다.

_____

기본 예문의 영작

1. I don't know **who she is.**

2. I wonder **where that music is coming from.**

3. The judge has to decide **who(m) the money belongs to.**

4. How can anyone tell **who was responsible for the accident?**

5. I wonder **which of them will win.**

6. Do you know **whose car this is?**

7. We were debating / discussing **where we should go for our holidays.**

8. Come and see **what we have found.**

9. I wonder why **she is always late.**

10. I'll ask / find out **when the train leaves.**

제4형식의 9개 유형

4-1

He warned **us** __that the roads were icy.__
(IO)　　　　　　　(DO)
(그는 우리들에게 길이 얼어있다고 경고했다)

작문에 필요한 문법 및 어휘

A. 이 (4-1) 형식 문장은 **간접목적어 (IO)가 먼저 나타나고, 그 다음에 that-절이 직접목적어 (DO)로 나타난다.**

B. 영어 단어 및 관용어구
- 4번의 that-절에서 'there had been an accident' 와 같이 완료형을 쓰는 것은, '완료형' 의 의미 중에서, '결과' 를 표현하는 의미이다.

기본 예문

1. 그는 우리에게 길이 얼어있다고 경고했다.
_____

2. 나는 무죄였다고 그에게 납득시켰다.
_____

3. 그녀는 올 의향이 있다는 것을 내게 확약했다.
_____

4. 그들은 사고가 있었음을 우리에게 말했다.
_____

5. 토요일 밤에 파티가 있다는 것을 그에게 일깨워 주어야 한다.

_____

6. 그는 모든 열쇠가 잠겨있나 확인해보고 스스로 만족했다.

_____

7. 노동자들은 그들이 더 많은 돈을 바란다고 주인에게 알렸다.

_____

8. 그는 그녀를 만나려고 1 주일 동안 기다려왔다고 말했다.

_____

9. 그녀는 그녀의 새로운 직업에 정말 흥미를 느꼈다고 나를 확신시켜 주었다.

_____

10. 한 학생이 그의 선생님께 독감으로 수업에 참석할 수 없었다고 말했다.

_____

기본 예문의 영작

1. He warned <u>us that the roads were icy.</u>

2. I convinced <u>him that I was innocent</u>.

3. She assured <u>me that she intended to come</u>.

4. They told <u>us that there had been an accident</u>.

5. We must remind <u>him that there's a party on Saturday night</u>.

6. He satisfied <u>himself that he'd tried all the keys</u>.

7. The workers told <u>their employers that they wanted more money</u>.

8. He told <u>her that he had been waited to see her for a week</u>.

9. She assured <u>me that she really interested in her new job</u>.

10. A student told <u>his teacher that he was unable to come to</u> class because of flue.

4-2

A: He handed **her** '**the letter.**'
(IO)   (DO)

(그는 그녀에게 그 편지를 넘겨주었다)

4-3

B: He handed '**the letter**' **to her**.
(DO)   (IO)

작문에 필요한 문법 및 어휘

A. 이 문형에서는 수여동사 규칙에 의해서, 간접목적어(IO)와 직접목적어(DO)가 서로 위치를 바꾸면, 간접목적어(IO)가 문장의 맨 뒤로 이동하는데, 이 때, 간접목적어 앞에, **전치사 to**가 추가된다.

B. 그런데, 영작문의 경우, 위 (4-2)의 예 A나 B의 예문 중에서 어느 것이나 선택할 수 있다. 작문의 편의상 A형을 5개, B형을 5개로 하겠다. 아래 '기본 예문'에서, **줄친 부분이 간접목적어이고, '…' 안의 부분이 직접목적어이다.**

C. 이 수여동사 유형에 쓰이는 동사들은 다음과 같다.

bring, give, read, teach, tell, write, allot, allow, award, cause, deal, fetch, grant, hand, lend, offer, owe, pass, proffer(제의하다), promise, show, deny, sell, throw

기본 예문

A형: 1. 그들은 너에게 그 돈을 갚았니?

_____

2. 너 내게 너의 펜을 좀 빌려주겠니?

_____

3. 그는 그녀에게 그 편지를 건네주었다.

_____

4. 그 소금을 좀 내게로 넘겨주시지 않겠습니까?

_____

5. 그들은 그에게 안전여행을 빌었습니다.

_____

B형: 6. 그는 내게 좋은 제안을 했다.

_____

7. 네가 우리에게 이야기를 하나 들려주지 않겠니?

_____

8. 그는 그의 개에게 뼈다귀 하나를 주었다.

_____

9. 그들은 모두 그에게 안전한 여행을 빌었다.

_____

10. 그들은 그 소식을 마을에 있는 모든 사람들에게 알렸다.

_____

기본 예문의 영작

A형: 1. Have they paid <u>you</u> **'the money'** ?

2. Will you lend <u>me</u> **'your pen,'** please?

3. He handed <u>her</u> **'the letter.'**

4. Won't you please pass <u>me</u> **'the salt?'**

5. They all wished <u>him</u> **'a safe journey.'**

B형: 6. He made **'a good offer'** <u>to me.</u>

7. Won't you tell **'a story'** <u>to us</u>?

8. He gave **'a bone'** <u>to his dog.</u>

9. They all wished **'a safe journey'** <u>to him.</u>

10. They told **'the news'** <u>to everyone</u> in the village.

4-4

A: Are you going to buy **me** **'some'** ?

(IO)   (DO)

(네가 나에게 얼마를 사주려고 하니?)

4-5

B: Are you going to buy **'some'** **for me**?

(DO)   (IO)

작문에 필요한 문법 및 어휘

A. 이 문형에서는 수여동사 규칙에 의해서, 간접목적어(IO)와 직접목적어(DO)가 서로 위치를 바꾸면, 간접목적어(IO)가 문장의 맨 뒤로 이동하는데, 이 때, 간접목적어 앞에, **전치사 for**가 추가된다.

B. 앞 (4-3)에서처럼, 1~5번은 간접목적어와 직접목적어의 이동이 없는 형태로 작문을 하고, 나머지 5개의 문장은 두 목적어의 위치를 바꾸어 영작을 하기로 한다.

C. 이 수여동사 유형에 쓰이는 동사들은 다음과 같다:

buy, cook, make, call, boil, bring, build, cash, do, fetch, gather, get, grow, leave, paint, order, play, prepare, reach, save, spare, write

기본 예문

A형: 1. 나는 너에게 주려고 얼마의 초콜릿을 사왔다.

2. 네가 내게 얼마를 좀 남겨 두었니?

3. 네가 내게 그 책 한권을 사주겠니?

4. 아버지는 우리들에게 우리가 살 아파트를 찾아놓았습니다

5. 그녀는 그녀의 남편에게 맛있는 식사를 요리해 주었다.

B형: 6. 그녀는 옷을 만들어 그녀가 살기에 넉넉한 벌이를 합니다.

7. 그녀는 그녀 자신을 위해 샴페인 한 병을 주문했다.

8. 네가 내 부탁 하나 들어 주겠니?

9. 택시를 한 대 불러 주시겠습니까?

10. 그녀는 그녀 자신에게 새 드레스를 하나 만들었다.

기본 예문의 영작

A형: 1. I've bought <u>you</u> 'some chocolate.'

2. Did you leave <u>me</u> 'any'?

3. Can you buy (get) <u>me</u> 'a copy of the book'?

4. Father has found <u>us</u> 'a new apartment'.

5. She cooked <u>her husband</u> 'a delicious meal.'

B형: 6. Her dress making earns 'enough money to live on' <u>for her</u>.

7. She ordered 'a champagne' <u>for herself</u>.

8. Will you do 'a favor' <u>for me</u>?

9. Will you call 'a taxi' <u>for me</u>?

10. She made 'a new dress' <u>for herself</u>.

He gave **the door** **a hard kick**.

             (NP)   (NP)

(그는 그 문을 세게 찼다)

작문에 필요한 문법 및 어휘

A. 이 유형은 수여동사 규칙이 적용되지 않은 유형이다.

B. 이 유형에서는 **간접목적어** 및 **직접목적어** 대신에, 단순히 <u>명사 / 대명사</u>, <u>명사 / 대명사</u>로 표시한다.

기본 예문

1. 그는 문을 세게 두들겼다.

_____

2. 그는 문을 세게 찼다.

_____

3. 나는 그 방에 충분한 환기를 시켜야 했다.

_____

4. 그녀는 그에게 따뜻한 미소를 보냈다.

_____

5. 너의 머리를 잘 좀 빗어라.

_____

6. 나는 그 일에 대해서 생각해본 적이 없다.

_____

7. 내가 너에게 부탁 하나 해도 되겠니?

_____

8. 그에게 그의 이름을 물어봐.

_____

9. 나는 너의 멋있는 정원이 부럽다.

_____

10. 하느님이시여, 우리의 죄를 용서해 주십시오.

_____

기본 예문의 영작

1. He struck **the door** **a heavy blow**.

2. He gave **the door** **a hard kick**.

3. I must give **the room** **a good airing**.

4. She gave **him** **a warm smile**.

5. Give **your hair** **a good brushing**.

6. I never gave **the matter** **a thought**.

7. May I ask **you** **a favor**?

8. Ask **him his name**.

9. I envy **you** **your fine garden**.

10. May God forgive **us** **our sins**.   'may'는 기원/소원을 비는 조동사.

We congratulated him **on** his success.

(우리는 그의 성공을 축하했다)

작문에 필요한 문법 및 어휘

A. 수여동사의 규칙과는 상관없이, **동사의 성격에 따라 고정된 전치사를 선택하는 동사들의 표현을** 보자.

- 1번에서 <u>congratulate</u> someone <u>on</u>
- 2번에서 <u>accuse</u> someone <u>of</u>
- 6번에서 prevent--from
- 7번에서 explain--to
- 10번에서 <u>compare</u> something <u>with</u> 등은 고정된 표현들이다.

B. 동사와 관련된 고정된 전치사는 기본 예문을 통해서 확인하는 것이 더욱 편리하다. 아래 **기본 예문의 영작**을 읽어 보라.

기본 예문

1. 우리는 그의 성공에 대해서 그를 축하합니다.

_____

2. 그들은 그를 보석절도 죄로 고발했다.

_____

3. 그는 레코드를 사는 데 많은 돈을 사용한다.

_____

4. 그런 실없는 일에 너의 시간을 낭비하지 마라.

_____

5. 당신의 친절에 대해서 당신에게 감사드립니다.

_____

6. 무엇이 너를 일찍 못 오게 했나?

_____

7. 나는 그에게 나의 어려움을 설명했다.

_____

8. 그녀는 그녀의 남편에게는 영어를 하고, 아들에게는 한국말을 한다.

_____

9. 그 국에 이 야채를 넣어라.

_____

10. 복사본을 원본과 비교해보라.

_____

11. 우리의 심장을 펌프에 비유했다.

_____

12. 그는 경찰에 그의 죄를 시인했다.

_____

13. 그녀는 나에게 나의 어머님을 생각나게 했다.

_____

14. 내가 너에게 너무 많은 것을 요구했니?

_____

15. 나는 그에게 그 질문을 했다.

_____

16. 그는 나에게 그가 사임하겠다는 의향을 밝혔다.

_____

17. 그들은 그들의 여동생에게 장난을 걸었다.

_____

기본 예문의 영작

1. We **congratulated** him **on** his success.

2. They **accused** him **of** stealing the jewels.

3. He **spends** a lot of money **on** records.

4. Don't **waste** your time **on** that nonsense.

5. **Thank** you **for** your kind help.

6. What **prevents** you **from** coming earlier?

7. I **explained** my difficulty **to** him.

8. She **speaks** English **to** her husband, but Korean **to** her sons.

9. **Add** these vegetables **to** the soup.

10. **Compare** the copy **with** the original.

11. He **compared** the heart **to** a pump.

12. He **admitted** his guilt **to** the police.

13. She **remind** me **of** my mother.

14. Have I **asked** you too much **of** you?

15. I **put** the question **to** him.

16. He **told** me **of** his intention to resign.

17. They **played a trick on** their younger sister.

He **spends on** books much more than he spends **on** clothes.

(그는 옷에 돈을 쓰는 것보다 책에 더 많은 돈을 쓴다)

작문에 필요한 문법 및 어휘

이 유형에서는 전치사구, 즉, **타동사 + 전치사**가 직접목적어 앞에 오는 예문을 제시한다.
- 1번의 the impossibility of granting: (허용 / 승인의 불가능 성)
- 3번의 conviction: (소신), extravagance: (사치 / 낭비)

기본 예문

1. 나는 그의 요구를 들어줄 수 없는 이유를 그에게 설명했다.

   _____

2. 그 국(soup)에 어제 밤부터 남아있는 모든 채소를 넣어라.

   _____

3. 그녀는 남편에게 새 차를 구입하는 것은 불필요한 낭비라는 그녀의 소신을 밝혔다.

   _____

4. 그는 회의 중에 잠이 들었다는 것을 나에게 고백했다.

   _____

5. 그는 그가 정말로 필요했던 것은 평화와 안정이었다는 것을 자인했다.

   _____

기본 예문의 영작

1. I **explained to him** the impossibility of granting his request.

2. **Add to the soup** all the meat left over from last night.

3. She **expressed to her husband** her conviction that buying a new car was an unnecessary extravagance.

4. He **confessed to me** that he had fallen asleep during the meeting.

5. He **admitted to himself** that what he really needed was peace and quiet.

I leave **it** to your own judgement **to decide whether** you should take part in the contest.

(네가 시합에 참여하느냐 하는 문제를 결정하는 것은 너의 판단에 맡긴다)

작문에 필요한 문법 및 어휘

이 유형에서는 직접목적어 자리에 **가목적어 it**를 두고, **진목적어 자리**에는 **to-부정사구나, that-접속사절**을 두는 예를 든다.

- 2번의 apprehension: 체포, 우려, 이해, 판단. owe: 빚지고 있다.
- 3번의 treasurer's approval: 재무의 허가

    take **something (it)** upon oneself:

    a. **책임을 지고 …을 하다.**

    b. …을 떠맡다.

    c. **…의 결단을 내리다.**

- **3번의 문장에서는 '멋대로 쓰다 / 사용하다' 의 의미.**
- 4번의 **put it to you**는 '당신에게 …을 의견을 제시하다/구하다' 의 의미임.

기본 예문

1. 너의 사표 제출여부는 너 자신의 판단에 맡겨야 하겠다.

   _____

2. 범인 체포에 협력하는 것이 사회에 대한 우리의 의무인가요?

   _____

3. 몸이 아파서 일을 계속할 수 없다는 것을 왜 그에게 알리지 않았는가?

   _____

4. 그런 많은 돈을 회계인(재무)의 승인 없이 너 멋대로 사용해서는 안 된다.

   _____

5. 나는 이 사람이 그렇게 잔인하고 무정한 짓을 했을 리가 없다는 것을 너에게 분명히 말해 둔다.

   _____

2. Do we owe **it** to society **to help** in the apprehension of criminals?

3. Why don't you bring **it** to his attention **that** you're too ill to go on working?

4. You mustn't <u>take</u> **it** <u>upon yourself</u> **to spend** such a large sum without the Treasurer's approval.

5. I put **it** to you **that** this man could not possibly have been so cruel and heartless.

5 제5형식의 22개 유형

5-1

Please **put** the milk **in the refrigerator**.

(그 우유를 냉장고에 넣어 두세요)

부사보어 1

작문에 필요한 문법 및 어휘

A. 우리나라에서 발행된 영문법 책에서는 부사보어를 무시하거나 거의 다루지 않지만, 원어민 문법 학자들은 부사보어를 분명히 인정하고 있다. 5형식에서는 6가지 부사보어가 있는데, 이들을 먼저 제시한다.

B. 아래 5번에서는 시간을 나타내는 명사 **(for) two hours**, **all afternoon**이, 6번에서는 거리를 나타내는 **명사**인 500 miles가 **목적격 부사보어**로 쓰였다. 나머지의 경우에는 장소를 나타내는 전치사구, 부사, 부사구가 **목적격 부사보어**로 쓰였다.

기본 예문

1. 그 우유를 냉장고에 넣어 두어라.
   _____

2. 이 의자들을 옆집으로 옮기도록 David에게 얘기해라.
   _____

3. 그 아이가 그의 머리를 차 창문 밖에 내밀지 않도록 해라.
   _____

4. 그 비서는 나를 지배인의 사무실로 안내했다.

_____

5. 그 형사는 용의자를 오후 내내 미행했다.

_____

6. 이 자전거는 나를 500마일이나 실어다 주었다.

_____

7. 그들은 그 아이를 집 안에 있게 했다.

_____

8. 그 소녀를 난처하게 만들지 마라.

_____

9. 내가 방문했을 때, Tom은 집에 있었다.

_____

기본 예문의 영작

1. Please **put** the milk **in the refrigerator**.

2. Ask David to **move** these chairs **next doors**.

3. Don't let the child **put** his head **out of the car window**.

4. The secretary **showed** me **into the manager's office**.

5. The detective **followed** the suspected man **all afternoon**.

6. This bicycle has **carried** me **500 miles**.

7. They **kept** the child **indoors**.

8. Don't **get** that girl **into trouble**.

9. When I called on, I **found** Tom **out**.

Put your shoes **on**.

(너의 신발을 신어라)

부사보어 2

작문에 필요한 문법 및 어휘

A. 이 **부사적 불변화사(adverbial particles)**도 부사보어의 역할을 한다. 이들은 부사이면서도 또한 전치사의 역할도 한다. 예컨대, on/off, in/out, up/upon, back, away 등이 그러하다.

B. 동사의 목적어가 명사나, 짧은 명사구일 때, 부사적 불변화사가 목적어 명사 앞 / 뒤에 나타날 수 있다. 만일 명사구가 길다면, 뒤에서 제시되는 (5-4)처럼, 부사적 불변화사는 반드시 그 명사구 앞에 나타난다. 그러나 (5-2)에서는 부사적 불변화사가 문장의 맨 뒤에 나타나는 예를 먼저 보기로 하자.

기본 예문

1. 너의 신발을 신어라.

2. 너의 외투를 벗어라.

3. 너의 방을 잠가라.

4. 공항에서 좀 나를 태워다 주십시오.

5. 그녀는 그들을 (다른 사람에게) 다 주어버렸다.

6. 그들을 데리고 들어오세요.

7. 그는 쓰레기를 말끔히 치웠다.

8. 라디오의 스위치를 켜라 / 꺼라.

_____

9. 그 헌 모자를 버리지 마라.

_____

10.그 도둑들은 그 문들을 부숴버렸다.

_____

기본 예문의 영작

1. Put your shoes **on**.

2. Take your coat **off**.

3. Lock your room **up**.

4. Please, pick me **up** at the airport.

5. She gave them all **away**.

6. Please bring them **in**.

7. He cleared the rubbish **away**.

8. Switch the radio **on / off**.

9. Don't throw that old hat **away**.

10.The thieves broke the doors **down**.

Put **on** your shoes.

(너의 신발을 신어라)

부사보어 3

작문에 필요한 문법 및 어휘

A. 이 **부사적 불변화사**는 직접 목적어가 단일 **명사**이거나, **짧은 명사구**일 때는, 그 목적어 명사 앞에 나타난다. 이 유형은 부사보어 (5-2)가 변형된 유형이다.

B. 영어 단어 및 관용적 표현:

- 9번의 lay down the law: 법을 버리다 / 무시하다.
- 10번의 bring about: 일으키다 / 가져오다.

기본 예문

1. 너의 신발을 신어라.

_____

2. 너의 외투를 벗어라.

_____

3. 너의 방을 잠가라.

_____

4. 그 시계의 태엽을 감았니?(옛날 시계의 경우)

_____

5. 그녀는 그녀의 헌 책을 (다른 사람에게) 주었다. / 버렸다.

_____

6. 저 의자들을 안으로 들여 놓아라.

_____

7. 그는 쓰레기를 말끔히 치웠다.

_____

8. 라디오의 스위치를 켜라 / 꺼라.

_____

9. 너는 독단적인 말을 해서는 안 된다.

_____

10. 그들은 어떻게 이 계획들을 수행했을까?

_____

기본 예문의 영작

1. Put **on** your shoes.

2. Take **off** your coat.

3. Lock **up** your room.

4. Did you wind **up** the clock?

5. She gave **away** her old books.

6. Please bring **in** those chairs.

7. He cleared **away** the rubbish.

8. Switch **on / off** the radio.

9 .You mustn't **lay down** the law.

10. How did they **bring about** these reform?

Why don't you put **on** those green shoes you bought a week ago?

(네가 1주일 전에 산 저 녹색 신발을 신으면 어떤가?)

부사보어 4

작문에 필요한 문법 및 어휘

A. **직접목적어**가 **길 때에는** 부사적 불변화사는 **보통** 직접목적어 앞에 온다. 앞의 부사보어 (5-3)은, 그 앞의 (5-2)의 변형이다. 그런데 부사보어 (5-4)는 부사보어 (5-3), (5-4)와는 상관없이 일반적으로 목적어가 길면 나타나는 유형이다.

B. • 3번에서 valuables: 귀중품
   • 5번에서 no longer: 더 이상 … 않는
   • 6번에서 on the lawn: 잔디밭에
   • 7번에서 accumulated: 쌓인, 축적된
           in front of: …의 앞에

기본 예문

1. 일주일 전에 산 저 녹색 신발을 신으면 어떤가?
   _____

2. 너는 젖은 외투와 저 흙투성이의 신발을 벗는 것이 좋겠다.
   _____

3. 네가 떠나기 전에 모든 귀중품을 너의 방에 넣고 방을 잠가라.
   _____

4. 식당에 있는 시계의 태엽을 감았니?
   _____

5. 그녀는 더 이상 필요 없는 모든 학교 교과서를 없애 버렸다.
   _____

6. 잔디밭에 내버려 둔 저 의자들을 안으로 들여놓아라.

_____

7. 그는 정원 앞에 쌓인 모든 쓰레기를 말끔히 치워버렸다.

_____

8. 아래층 방의 전등을 끄는 것을 잊지 마라.

_____

9. 후에 쓰게 될지 모르는 어떤 것도 버리지 마라.

_____

기본 예문의 영작

1. Why don't you put **on** those green shoes you bought a week ago?

2. You'd better take **off** your wet overcoat and those muddy shoes.

3. Lock **up** all the valuables in your room before you go away.

4. Did you wind **up** the clock in the dining room?

5. She gave **away** all the school books she <u>no longer</u> needed.

6. Please bring **in** those chairs we left out <u>on the lawn</u>.

7. He cleared **away** all the rubbish that had <u>accumulated in front of</u> the garden.

8. Don't forget to switch **off** the lights in the rooms downstairs.

9. Don't throw **away** anything that might be useful later on.

He brought his brother **to see me**.

(그는 그의 동생이 나를 만나도록 데리고 왔다)

부사보어 5

작문에 필요한 문법 및 어휘

A. 위에서 He brought his brother. 만으로는 문장이 완전하지 못하다. 즉, 그의 동생을 데려온 이유를 보충해 주어야 완전한 문장이 된다. 따라서 **to see me**는 의미를 보충해주는 **부사보어**이다. 즉, **to see me**의 주어가 **his brother**이다. 그러나 이 문장이 5형식 문장에 포함된 것으로 보아, 이 **to see me**의 주어가 **his brother**이기 때문이다. 따라서 **부사보어**이다.

B. 7에서 to last: 오래 가도록.

기본 예문

1. 그는 그의 동생이 나를 만나도록 데리고 왔다.

   _____

2. 나는 비행기 안에서 읽으려고 이 잡지를 가지고 간다.

   _____

3. 그들은 그들의 성공을 축하하려고 파티를 열었다.

   _____

4. 내가 이 일을 끝내기 위해서는 적어도 2주일이 필요할 것이다.

   _____

5. 그들은 모든 더러운 일은 (내가) 하도록 나에게 맡겼다.

   _____

6. 그는 고양이가 나가도록 문을 열었다.

   _____

7. 우리들은 구두를 오래 신도록 만든다.

   _____

8. 그는 그의 부인을 즐겁게 하기 위해 약을 먹었다.

_____

9. 네가 빨리 회복하기 위해서는 의사가 너에게 말한 대로 해야 한다.

_____

기본 예문의 영작

1. He brought his brother **to see me**.

2. I'm taking this magazine **to read on the plane**.

3. They gave a party **to celebrate their success**.

4. I will need at least two weeks **to finish the job**.

5. They left me **to do all the dirty work**.

6. He opened the door **to let the cat out**.

7. We make our shoes **to last**.

8. He took the medicine (**in order**) **to please his wife**.

9. You must do what the doctor tells you (**so as**) **to get well quickly**.

They've hired a fool **as** our football coach.

(그들은 바보를 우리들의 축구 코치로 채용했다)

부사보어 6

작문에 필요한 문법 및 어휘

A. 이 유형에서는 직접목적어 다음에 전치사 **as, like, for** 등이 따라오기도 하고, 또는 **as if, as though**로 유도되는 절(clause)이 따라온다.

B. • 2번의 carry himself: …의 자세를 유지하다 / …한 행동을 하다
  • 3번의 career: 경력.
  • 7번의 put it like this: 명령문으로, '이와 같이 말해보라.'
  • 10번의 mistook = mistake의 과거로 '…으로 잘못 알았다.'

기본 예문

1. 그들은 바보를 우리들의 축구코치로 채용했다.

2. 그는 군인처럼 행동한다.

3. 그는 선생으로서 그의 경력을 시작했다.

4. 나는 내 자신을 대중가요 가수로 보지 않는다.

5. 그는 자기 자신을 그의 나라의 구세주로 생각한다.

6. TV에서 네가 보는 모든 것을 진실로 받아들여서는 안 된다.

7. 그것을 이와 같이 표현(말)해 보라.

_____

8. 당신은 이 여성을 당신의 부인으로 맞이할 것인가?

_____

9. 우리들은 이 문서를 그의 범죄 증거로 받아들일 수 있을까?

_____

10. 그녀는 나를 나의 쌍둥이 언니로 잘못 알았다.

_____

_____

기본 예문의 영작

1. They've hired a fool **as** our football coach.

2. He carries himself **like** a soldier.

3. He began his career **as** a teacher.

4. I can't see myself **as** a pop singer.

5. He imagined himself **as** the saviour of his country.

6. Don't accept everything you see on the TV **as** true. / **as if** it were the truth.

7. Put it **like** this.

8. Will you take this woman **as** your wife?

9. Can we take this document **as** proof of his guilt?

10. She mistook me **for** twin sister.

Did anyone **hear** John **leave** the house?

(누군가 John이 집을 나가는 것을 들었니?)

작문에 필요한 문법 및 어휘

A. 이 유형의 동사는 **감각동사 see, watch, hear, feel, notice** 등을 사용하며, 이 감각동사는 명사보어를 갖는데, 뒤에서 제시되는 (5-11)의 <u>명사보어</u>에도 쓰인다.

이 문형에서 목적어 보어는 원형동사로 되는데, 왜 이 원형동사가 **명사보어**가 되는 것인가? 그 이유는 **…하는 것을 / …을 듣다, 보다, 느끼다** 등으로 물리적 감각(physical perception)인 **명사적 의미**를 갖기 때문이다. 즉, **원형동사**나, **현재진행형**과 상관없이 모두 목적어 **명사보어**가 된다.

다음 예 a, b의 의미를 살펴보자.

a. I saw the man <u>cross</u> the road.
   (나는 그 남자가 길을 건너는 <u>것</u>을 보았다.)
b. I saw the man <u>crossing</u> the road.
   (나는 그 남자가 길을 건너가고 있는 <u>것</u>을 보았다.)

기본 예문

1. 누군가 John이 집을 나가는 <u>것을 / 소리</u>를 들었나?

_____

2. 너는 누가 나가는 <u>것</u>을 보았니?

_____

3. 우리는 집이 흔들리는 <u>것</u>을 느꼈다.

_____

4. 나는 그가 방을 나가는 것을 보았다.

_____

5. 나는 그가 노래를 부르는 것을 들었다.

_____

6. 저 소년이 점프하는 <u>것을</u> 주목해 보라.

_____

기본 예문의 영작

1. Did anyone **hear** John **leave** the house?

2. Did you **see / notice** anyone **go out**?

3. We **felt** the house **shake**.

4. I **saw** him **go out (of)** the room.

5. I have **heard** him **sing** songs.

6. **Watch** that boy **jump**.

What **makes** you **think** so?

(무엇이 너를 그렇게 생각하게 하니?)

작문에 필요한 문법 및 어휘

A. 이 유형에서는 사역동사 **make / let + 목적어 + 원형동사**를 쓴다.

B. **동사 know가 완료형에서는** 목적어 다음에 사역동사와 같이, 원형동사를 쓴다. 아래 예문 6~8번을 보자. 또 동사 help도 목적어 다음에 원형동사를 쓴다.

C. 사역동사 다음에는 목적어 명사가 오고, 그 다음 **원형동사**가 오지만, **force, compel, allow, permit + 목적어** 다음에는 **to-부정사**가 오는 것이 다르다.

D. 4번의 **bade**: **bid** 의 과거형.
vt: '누구에게 …을 명령하다. / 요청하다'   vi: 입찰하다.

기본 예문

1. 무엇이 너를 그렇게 생각하게 하니?

2. 공정하게 하라.

3. 그 문제를 여기서 쉽게 하는 것을 허용할 수 없다.

4. 그녀는 Lancelot 경이 앞장설(분발할) 것을 요청했다.

5. 제가 그 상자를 2층으로 옮기는 데 도와 드릴까요?

6. 나는 그가 그렇게 아름답게 노래하는 것을 전에는 알지 못했다.

7. 그녀가 <u>화내었다는 것을</u> 들어본 적이 있느냐?

_____

8. 나는 전문가들도 <u>이런 실수를 한다는 것을</u> 알고 있습니다.

_____

9. 우리는 그 살인사건을 사고처럼 <u>보이게</u> 만들 수 있을까?

_____

10.그 계획을 <u>실행 가능한 것 같이</u> 만들 수 있을까?

_____

기본 예문의 영작

1. What **makes** you **think** so?

2. **Let** justice **be** done.

3. We can't **let** the matter **rest** here.

4. She **bade** Sir Lancelot **rise**.

5. Shall I **help** you **carry** that box upstairs?

6. I've **never known** him **sing** so beautifully before.

7. **Have you ever known** her **lose** her temper?

8. **I've known** experts **make** this mistake.

9. Can we **make** the murder **look** like an accident?

10. Can we **make** the scheme **appear / seem** practicable?

What would you **have** me **do**?

(제게 무엇을 시키려고 하십니까?)

작문에 필요한 문법 및 어휘

A. 사역동사 have는

① '…를 해주기 바란다'의 **wish(소원)**의 의미나,

② '…를 경험하다'의 **experience(경험)** 의미나,

③ '…시키다(cause)'의 의미를 나타낼 때 쓰인다.

세 가지 모두 **명사보어**의 의미를 갖는다.

B. • 2번의 lives는 명사 life의 복수형

• 5번의 'a extraordinary thing'은 '가장 특별한 일'

• 6번의 get은 사역동사 get

C. get은 사역의 의미를 지니고 있는데, 목적어 다음에 to-부정사를 선택할 수도 있다. 목적어는 사람이거나, 사물일 수도 있다. 이때, 부탁 / 설득 / 권유의 의미나, **어려움이 있었음을 나타낸다.**

다음 예를 보자:

a. I <u>got him to carry</u> my bag.

(나는 그에게 나의 가방을 들게 했다: 부탁해서)

b. My parents <u>got my dream to come true</u>.

(나의 부모님들은 나의 꿈이 실현되도록 했다: / 권유와 설득과 힘든 노력으로)

c. I can't get <u>that child to do to bed</u>.

(나는 그 아이에게 침대를 정리하도록 할 수 없다: / 시켜도 말을 듣지 않는다)

기본 예문

1. 제게 무엇을 시키려고 하십니까?

2. 당신은 정부가 우리들의 생활을 완전히 <u>통제하기</u>를 바라는 것입니까?

   _____

3. 우리는 우리 친구들이 일요일에 우리를 <u>방문해 주는 것을</u> 원합니다.

   _____

4. 짐꾼이 이 가방들을 내 방으로 <u>나르도록</u> 해주십시오.

   _____

5. 나는 어제 가장 특별한 일을 '경험했다.'

   _____

6. 나는 그 이발사가 나의 머리를 깎도록 시켰다.

   _____

기본 예문의 영작

1. What would you **have** me **do**?

2. Would you **have** the Government **control** our lives completely?

3. We would like to **have** our friends **visit** us on Sunday.

4. Please **have** the porter **take** these suitcases to my room.

5. I **had** a most extra-ordinary thing **happen** to me yesterday.

6. I **got** the barber **to cut** my hair.

They **saw** the thief **running** away.

(그들은 도둑이 달아나는 것을 보았다)

작문에 필요한 문법 및 어휘

A. 이 유형에서는 동사 뒤에 명사 / 대명사가 오고, 현재분사형인 **···ing 형태**가 온다. 그러나 **···ing 형태**는 목적어의 **동명사 보어**로 증명되었다. 그래서 **명사보어**로 해석해야 한다. 이 유형에서는 **시각, 청각, 촉각 등의 감각동사와 화학적 감각인 smell도 포함한다.**

B. 아래 예문에서 감각동사 다음에 나타난 목적어 명사가 일으키는 행동/상태를 모두 **보어명사**로 해석한다. 특히 6~8번의 **beeing carried off(끌려가는 것. 연행되어 가는 것)**, **being bundled (묶여져 실려가는 것)**, **being treated(다루어지는 것)** 등은 **수동형의 동명사 표현**이다.

기본 예문

1. 그들은 도둑이 달아나는 <u>것을</u> 보았다.

_____

2. 그들은 (누가) 도와 달라고 <u>외치는 것을 / 소리를</u> 들었다.

_____

3. 당신은 무엇인가 타는 <u>냄새를</u> 맡을 수 있지?

_____

4. 그녀는 심장이 심하게 뛰는 <u>것을</u> 느낄 수 있었다.

_____

5. 누군가 문간에 서 있는 <u>것을</u> 보았습니까?

_____

6. 우리는 두 학생이 경찰에 연행되어 가는 <u>것을</u> 보았다.

_____

7. 우리는 그들이 경찰차에 묶여 실려지는 <u>것을</u> 지켜보았다.

_____

8. 그녀는 동물들이 잔인하게 다루어지는 <u>것을</u> 보기 싫어한다.

_____

기본 예문의 영작

1. They **saw** the thief **running away**.

2. They **heard** voices **calling for help**.

3. Can you **smell** something **burning**?

4. She could **feel** her heart **beating wildly**.

5. Did you **notice** anyone **standing at the gate**?

6. We **saw** two of the students **being carried off** by the police.

7. We **watched** them **being bundled into** the police van.

8. She doesn't like to **see** animals **being treated** cruelly.

I **found** him **dozing** under a tree.

(나는 그가 나무 밑에서 졸고 있는 것을 발견했다)

작문에 필요한 문법 및 어휘

A. 이 동사의 유형에는 '감각을 나타내지 않는 동사', 예컨대, **find, awake, keep, leave** 등이 쓰이는데, 앞 (5-10)과 동일하고, 현재분사인 **…ing 형태**가 쓰인다. 이 현재분사는 모두 앞 (5-10)과 같은 **목적어 명사보어**가 된다.

B. • 2번의 being looked after도 수동형으로 '간호를 받고 있는 것을' 로 해석한다.
    • 3번의 upside down은 '뒤집힌 / 거꾸로' 의 의미
    • 7번의 set는 '…하게 한다'
    • 8번의 get도 '…하게 한다' 의 의미

기본 예문

1. 나는 그가 나무 밑에서 <u>졸고 있는 것을</u> 발견했다.

_____

2. 그가 깨어났을 때, 그는 예쁘고 젊은 간호원의 <u>보살핌을 받고 있는 것을</u> 발견했다.

_____

3. 그들은 구명보트가 전복되어 <u>떠있는 것을</u> 발견했다.

_____

4. 우리는 그들을 기다리게 해서는 안 된다. /
    우리는 그들이 <u>기다리는 것을 계속하게 해서는 안 된다.</u> (직역)

_____

5. 공이 계속 굴러가도록 해라. /
    <u>굴러가는 것을 계속하게 하라.</u> (직역)

_____

6. 그들은 나를 밖에서 <u>기다리게 내버려</u> 두었다.
   그들은 내가 밖에서 <u>기다리는 것을</u> 내버려 두었다. (직역)

   _____

7. 이것이 나를 계속 생각을 하게 했다.
   이것이 내가 생각하는 것을 계속하게 했다. (직역)

   _____

8. 어떻게 일들을 굴러가게 할 수 있을까요?

   _____

9. 그 시계가 계속 가게 하십시오.

   _____

10. 그들은 내가 그 다음에 무엇이 일어날까 생각하게 내버려 두었다.

   _____

기본 예문의 영작

1. I **found** him **dozing** under a tree.

2. When he awoke, he **found** himself **being looked after** by a pretty young nurse.

3. They **found** the lifeboat **floating** upside down.

4. We mustn't **keep** them **waiting**.

5. **Keep** the ball **rolling**.

6. They **left** me **waiting** outside.

7. This **set** me **thinking**.

8. How can we **get** things **moving**?

9. Please **start / get** the clock **going**.

10. They **left** me **wondering** what will happen next.

I can't **have** you **doing** that.

(나는 네가 그 일을 하는 것을 허용하지 않겠다)

작문에 필요한 문법 및 어휘

A. ① 이 유형의 동사 **have**는 '…하게하다 / **허용하다 / 허락하다(allow/permit)**' 의 뜻으로 쓰인다.

② 아래 예문 1, 2, 3에서 can't, won't와 함께 쓰이면, 부정의 의미를 나타냄.

B. • 3번에서 'bang away'는 '…을 열심히 하다'의 의미
 • 7번에서 'hang over'는 '…이 미해결로 남아 있다' 의미

기본 예문

1. 나는 네가 그 일을 하는 것을 허용하지 않겠다.

   _____

2. 우리는 그들의 견해를 다른 사람에게 강요하는 것을 허용하지 않겠다.

   _____

3. 나는 David가 내 서재에서 북을 열심히 치는 것을 허용하지 않겠다.

   _____

4. 그는 곧 그들 모두를 웃게 했다.

   _____

5. 나는 여러분들 모두가 영어를 잘 하게 할 것이다.

   _____

6. 곧 안개가 우리 쪽으로 내려올 것이다.

   _____

7. 그가 이 협박에 휘말리고 있는 동안에, 그는 아무 일도 할 수 없었다.

   _____

1. I **can't have** you **doing** that.

2. We **can't have** them **forcing** their views on everyone else.

3. I **won't** have you **banging away** at your drum in my study, David.

4. He soon **had** them all **laughing**.

5. I'll **have** you all **speaking** English well.

6. We should soon **have** the mists **coming down** on us.

7. While he **had** this threat **hanging over** him, he was quite unable to work.

I can't understand **him / his leaving** so suddenly.

(나는 그가 그렇게 갑자기 떠나는 것을 이해할 수 없다)

작문에 필요한 문법 및 어휘

A. 아래 예문에서 …ing은 동명사로서, 이 동명사 앞에 동사의 **목적어 명사** 또는 **소유격 명사**가 오기도 한다. 두 가지 유형에서, …**ing 형**은 **현재분사가 아니라**, 모두 **동명사**이다.

B. 2 / 5 / 8번에서 형용사 so stupid / unkind / so silly를 명사로 만들기 위해서는, is so stupid / is unkind / is so silly를 기초로 해서, 이 **is가 being으로 변형된다**. 나머지 4 / 6 / 9의 형용사 / 과거분사 앞에서도 동명사 being / coming / making이 쓰인다. 4번의 taking regal action, 7번의 coming with us, 8번의 treating children, 9번의 making fun of 등은 그 동사 자체가 동명사로 변한 것이다.

기본 예문

1. 나는 그가 그렇게 갑자기 떠나는 것을 이해할 수 없다.
_____

2. 너는 내가 그렇게 어리석다고 생각할 수 있니?
_____

3. 이것이 네가 소송을 제기하는 것을 정당화할 수 있니?
_____

4. 우리는 이 가옥들이 철거되는 것을 막기 위해 싸울 것입니다.
_____

5. 나는 부모님들이 나에게 불친절했던 것을 기억할 수가 없습니다.
_____

6. 너는 나의 형제자매들이 우리와 함께 가도 상관하지 않겠니?
_____

7. 나는 어떤 사람이 어린이들을 잔인하게 다루는 것을 이해할 수가 없습니다.

_____

8. 너는 누군가가 그렇게 어리석을 수 있다고 생각하니?

_____

9. 그녀는 남편이 그녀를 놀리는 것을 참지 못한다.

_____

기본 예문의 영작

1. I can't **understand him / his leaving** so suddenly.

2. Can you **imagine me / my being** so stupid?

3. Does this **justify you / your taking** legal action?

4 We'll fight to **prevent** these houses **being torn down**.

5. I can't **remember** my parents ever **being unkind** to me.

6. Do you **mind**   my brothers and sisters **coming with us**?

7. I can't **understand** anyone **treating children** cruelly.

8. Can you **imagine** anyone **being so silly**?

9 . She can't **bear** her husband **making fun of her**.

5-14

I showed them **how to do it**.

(나는 그들에게 그것을 어떻게 하는지 보여주었다)

작문에 필요한 문법 및 어휘

A. 이 동사 유형에서는 동사 뒤에 명사/대명사가 오고, 그 다음에 **의문대명사 / 의문부사 / whether** 등이 유도하는 **to-부정사가 온다.**

B. **의문사**나, **whether 등은** 그 다음에 **to-부정사 보어를 둔다.** 이 to-부정사 보어는 모두 명사적 보어이다.

기본 예문

1. 나는 그들에게 그것을 어떻게 하는지 방법을 보여주었다.

   _____

2. 그를 믿어야 할지 어떨지 내게 말해주세요.

   _____

3. 그 단어를 어떻게 발음하는지 너의 선생님에게 물어보라.

   _____

4. 그들은 우리가 어디에서 싸게 살 수 있는지 알려 주었다.

   _____

5. 나는 "무엇을 하라", "무엇을 하지 마라"고 나에게 말하는 사람들을 좋아하지 않는다.

   _____

6. 누가 Jane에게 그녀의 남편을 그렇게 영리하게 다루도록 가르쳐주었는지 궁금하다.

   _____

7. 그들 중에서 어느 것을 사야할지 나에게 충고해주시겠어요?

   _____

8. 그 다음에 무엇을 하면 좋은지 그에게 물어보세요.

_____

기본 예문의 영작

1. I showed them **how to do it**.

2. Tell me **whether to trust him or not**.

3. Ask your teacher **how to pronounce the word**.

4. They told us **where to shop cheaply**.

5. I don't like people to tell me **what to do** and **what not to do**.

6. I wonder who taught Jane **how to manage** her husband so cleverly.

7. Will you advise me **which of them to buy**?

8. Ask him **what to do next**.

Tell me **what your name is.**

(너의 이름이 무엇인지 내게 말해 주세요)

작문에 필요한 문법 및 어휘

A. 이 유형은 (5-14)와 비슷하나, (5-15)에서의 의문사는 to-부정사가 아니라, '**의문 종속절을 유도한다는 점**'이 앞 (5-14)와 다르다. 그리고 **종속절은 모두 서술 긍정문이다.** 이 유형에서는 if가 조건절을 유도하는 if와 혼동할 우려가 없는 한, whether와 같은 의미로 바꾸어 사용할 수 있다.

B. 4번에서, I had ever <u>been</u> there before와 같은 표현에서 **been**은 우리말의 **가다 / 오다**의 의미로 쓰인다.

    a. Where have you **been**?　　　(너 어디에 가 있었니?)
    b. I have **been** to the station.　　(나는 역에 갔다 왔다)

기본 예문

1. 너의 이름이 무엇인지 알려주세요.

_____

2. 다음 비행기가 언제 떠나는지 그에게 물어봐.

_____

3. 그것이 얼마나 높은지 내게 말해줄 수 있니?

_____

4. 그들은 내가 전에 그곳에 가본 적이 있는지 내게 물었다.

_____

5. 당신이 옛날 살고 있었던 곳을 내게 보여주십시오.

_____

6. 그녀는 왜 왔나 그 이유를 내게 말했다.

_____

1. Tell me **what your name is**.

2. Ask him **when the next plane leaves**.

3. Can you tell me **how high it is?**

4. They asked me **whether / if I had ever been there before**.

5. Show me (the place) **where you used to live**.

6. She told me (the reason) **why she had come**.

We painted the ceiling **green**.

(우리는 천장을 녹색으로 칠했다)

작문에 필요한 문법 및 어휘

A. 이 유형의 동사는 직접목적어로 명사 / 대명사 / 동명사가 오고 **형용사가 보어로 뒤에 따라온다.**

B. 위의 (5-16)의 대표적인 목적보어로 **형용사**를 선택하는 유형이다. 과거분사도 형용사로 쓰인다.

C. • 3번의 flung: fling의 과거 / 과거분사
  • fling: 내던지다
  • fling open: 활짝 열다

기본 예문

1. 우리는 천장을 녹색으로 칠했다

_____

2. 문을 밀어서 닫아 주시겠습니까?

_____

3. 그녀는 모든 창문을 활짝 열었다.

_____

4. 고양이는 접시를 깨끗이 핥았다.

_____

5. 지사는 죄수들을 석방시켰다.

_____

6. 직공들은 그 금속을 두들겨 평평하게(납작하게) 폈다.

_____

7. 그녀는 달걀을 딱딱하게 삶았다.

_____

8. 그녀는 머리를 녹색으로 염색했다.

_____

9. 그들은 그 불쌍한 소년을 시퍼렇게 멍들도록 때렸다.

_____

10. 그 술 취한 사람들은 목이 쉬도록 외쳤다.

_____

기본 예문의 영작

1. We painted the ceiling **green**.

2. Could you push (keep) the door **shut**?

3. She <u>flung</u> all the windows <u>**open**</u>.

4. The cat licked the saucer **clean**.

5. The Governor set the prisoners **free**.

6. The workmen hammered the metal **flat**.

7. She boiled the eggs **hard**.

8. She dyed her hair **green**.

9. They beat the poor boy **black and blue**.

10. The drunken men shouted themselves **hoarse**.

They elected **Johnson President** of the club.

(그들은 Johnson을 그 클럽의 회장으로 선출했다)

작문에 필요한 문법 및 어휘

A. 이 동사 유형에서는, 동사 뒤에 명사 / 대명사가 직접목적어로 오고, 다시 **명사 / 대명사가 '목적보어'로** 온다.

B. 5형식에서, **목적어 '명사보어'를 선택하는 대표적인 유형이다.**

기본 예문

1. 그들은 Johnson을 그 클럽의 회장으로 선출했다.

2. 너는 배우노릇을 평생 직업으로 하고 싶은가?

3. 그녀는 그 일을 성공시켰다.

4. 나의 계산으로는 총계가 60이다.

5. 그 그룹을 그렇게 만든 것은 바로 Andrew이다.

6. 그는 그 소녀를 유혹해서 후에 그녀를 그의 부인으로 만들었다.

7. 그들은 Caesar를 왕위에 앉히기를 원했다.

8. 그들은 그 아기를 Richard로 이름을 지었으나 평소에는 Dick이라 부른다.

9. 그 팀은 나를 그들의 새 주장으로 선출했다.

_____

10. 그녀는 그녀의 머리를 아름다운 녹색의 색조로 염색했다.

_____

기본 예문의 영작

1. They elected Johnson **President of the club**.

2. Do you want to make acting **your career**?

3. She's made the job **a success**.

4. I make the total **sixty**.

5. It's Andrew who made the group **what it was**.

6. He seduced the girl but later made the girl **his wife**.

7. They wanted to crown Caesar **King**.

8. They named the baby Richard but usually call him **Dick**.

9. The team have voted me **their new captain**.

10. She has dyed her hair **a beautiful shade of green**.

Have you ever heard a pop song **sung** in Korean?

(한국어로 불러진 대중음악을 들은 적이 있습니까?)

작문에 필요한 문법 및 어휘

A. 이 유형에서는 동사 뒤에 명사 / 대명사가 오고, 그 뒤에 **과거분사**가 온다.

B. 2번의 수동형 표현에서, 행위자를 **by + 명사** 대신에 쓰이는 전치사구에서, **cover with**와 **cover in**이 공통으로 쓰이고 있다.

기본 예문

1. 한국어로 불러지는 대중음악을 들은 적이 있니?

2. 눈으로 덮인 그 산을 본적이 있니?

3. 당신은 자신을 존경받도록 해야 한다.

4. 그는 자신의 목소리를 들리도록 만들 수 없었다.

5. 당신은 당신의 견해를 알리도록 해야 한다.

6. 우리는 그 집이 버려져있는 것을 발견하게 되었다.

7. 그들은 공항에서 <u>좌초된 그들 자신을</u> 발견했다.

8. 우리는 토요일까지 그 일을 끝내는 것을 원합니다.

9. 네가 먼저 지옥에 가는 것을 나는 볼 것이다.

_____

1. Have you ever heard a pop song **sung** in Korean?

2. Have you ever seen the mountain **covered in** snow?

3. You must make yourself **respected**.

4. He couldn't make himself **heard**.

5. You should make your views **known**.

6. We found the house **deserted**.

7. They found themselves **stranded** at the airport.

8. We want the work **finished** by Saturday.

9. I'll see you **dammed** first.

She's **had** her handbag **stolen**.

(그녀는 그녀의 가방을 도난당했다)

작문에 필요한 문법 및 어휘

A. 동사 **have**가 이 유형에 사용되면, 아래 1~9에서처럼, 주어가 받는 **경험, 고통, 손해**를 나타낸다. 또 10/11에서처럼, **준비, 소유**를 나타내기도 한다. 그리고 **과거분사형**이 보어로 쓰인다.

B. • 5번의 appendix: 맹장
  • 6번의 a street <u>named</u> after me: 나의 이름이 <u>붙여진</u> 거리
  • 7번의 hooligans: 무뢰한, 깡패
  • 8번의 break into: 침입하다

기본 예문

1. 그녀는 핸드백을 도둑맞았다.

_____

2. Charles I세의 왕은 그의 목이 잘려졌다.

_____

3. 그 조종사는 그의 비행기를 공중에서 납치당했다.

_____

4. 그 군인은 그의 왼쪽 다리를 (수술해서) 절단했다.

_____

5. 나는 나의 맹장을 최근에 제거했다.

_____

6. 나는 아직 내 이름이 붙여진 거리는 없다.

_____

7. 지난주에 우리 집의 모든 창문이 깡패들에 의해서 깨져버렸다.

_____

8. 이번 주에 우리 집이 도둑의 (침입을 받았다 / 당했다).

_____

9. 그녀는 그녀의 눈을 검사받고 있다.

_____

10. 우리는 지금 당신의 약을 준비했습니다.

_____

11. 나는 남은 돈이 전혀 없습니다.

_____

기본 예문의 영작

1. She's **had** her handbag **stolen**.

2. King Charles I **had** his head **cut off**.

3. The pilot **had** his plane **hijacked**.

4. The soldier **had** his left leg **amputated**.

5. I've recently **had** my appendix **removed**.

6. I've not yet **had** a street **named after me**.

7. Last week we **had** all our windows **broken** by hooligans.

8. This week we've **had** the house **broken into** by thieves.

9. She's **having** her eyes **tested**.

10. We **have** your medicine **prepared** now.

11. I**'ve** no money **left**.

I must **have** / **get** my hair **cut**.

(나는 나의 머리를 깎아야 하겠다.)

작문에 필요한 문법 및 어휘

A. 동사 **have** / **get**은 이 유형에 사용되며, 사역의 의미를 나타내고, 또 수동의 의미를 나타낸다. **과거분사, to-부정사 등이 보어로 쓰인다.**

B. 6번의 seen to: see to의 과거분사 형. **일을 처리하다**의 의미. 8 / 9번의 **get**은 사역의 의미를 지니고 있는데, 목적어 다음에 to-부정사를 쓴다. 목적어는 사람이거나, 사물일 수도 있다. 이때, **부탁 / 설득 / 권유의 의미나, 어려움이 있었음을 나타낸다.** 다음 예를 보자.

a. I got him to carry my bag.
   (나는 그에게 부탁해서 나의 가방을 들게 했다)

b. My parents got my dream to come true.
   (나의 부모님들은 [나를 설득시켜] 나의 꿈이 실현되도록 했다)

c. I can't **get** that child to do to bed.
   (나는 그 아이가 침대를 정리하도록 시킬 수 없었다)

기본 예문

1. 나는 나의 머리를 깎아달라고 해야겠다.

_____

2. 사진을 찍히도록 하자.

_____

3. 나는 (나 자신의) 몸단장을 좀 해야겠다.

_____

4. 집에 페인트칠을 하면 어떨까?

_____

5. 너는 그 충치를 보충 치료해 채워 넣어야 한다.

_____

6. 나는 그 문제를 처리하도록 할 것입니다.

_____

7. 우리는 그 프로그램을 변경시킬 수 있습니까?

_____

8. 나는 그로 하여금 나의 여행 준비를 하도록 부탁했다.

_____

9. 나의 부모님들은 나의 꿈이 이루어지도록 모든 노력을 다했다.

_____

10. 그에게 그의 병에 대해서 이야기하지 않도록 하십시오.

_____

_____

기본 예문의 영작

1. I must **have / get** my hair **cut**.

2. Let's **have / get** our photograph **taken**.

3. I'll just **get** myself **tidied up**.

4. Why don't we **have / get** the house **painted**?

5. You'll have to **get** the tooth **filled**.

6. I'll **have / get** the matter **seen to**.

7. Can we **have / get** the program **changed**?

8. I **got** him **to prepare** for our journey.

9. My parents **got** my dream **to come true**.

10. Don't **get** him **talking about** his illness.

Most people **considered** him **(to be)** innocent.

(대부분의 사람들은 그가 무죄라고 생각합니다)

작문에 필요한 문법 및 어휘

A. 이 유형에 사용되는 대부분의 동사는 '**의견, 판단, 신념, 추측, 선언**' 또는 **지적지각(mental perception)**을 나타낸다. 이 유형의 동사 뒤에는 '명사/대명사(간접목적어 / 또는 직접목적어) + to be +형용사 / 명사'가 따른다. 아래 예문에서처럼 이 to be는 대부분 생략된다.

B. 그러나 다음과 같은 경우에는 to be가 생략되지 않는다.

　ⓐ **a-철자로 시작되는 형용사, asleep, afraid, alive, afloat 등의 앞에서는 생략되지 않는다.**
　ⓑ **진행형 동사 앞에서도 생략되지 않는다.**
　ⓒ **동사의 과거분사 앞에서도 생략되지 않는다.**
　ⓓ **(to be in / to be out)에도 생략되지 않는다.**

기본 예문

1. 대부분의 사람들은 그가 무죄라고 여기고 있습니다.

_____

2. 그들은 모두 그 계획이 현명치 못하다고 느꼈다.

_____

3. 우리는 그것이 잘못이었다고 믿는다.

_____

4. 모든 사람들은 그가 그 일에 적격자라고 보고했다.

_____

5. 나는 그녀가 50세쯤 되었다고 생각한다.

_____

6. 그는 스스로 그 조직의 지도자로 선언했다.

_____

7. 모든 이웃 사람들은 그녀가 과부라고 생각했다.

_____

8. 나는 그가 말한 것은 중요하지 않다고 생각한다.

_____

9. 나는 이것을 사실로 알고 있다.

_____

10. 나는 Jonathan을 친한 친구 / 좋은 친구로 알고 있다.

_____

11. 그들은 그 남자가 스파이였었다는 것을 알고 있었다.

_____

기본 예문의 영작

1. Most people considered him **(to be) innocent**.

2. They all felt the plan **to be unwise**.

3. We believe it **to have been a mistake**.

4. Everyone reported him **to be the best man** for the job.

5. I should guess her **to be about fifty**.

6. He declared himself **(to be) the leader** of the organization.

7. All the neighbors supposed her **to be a widow**.

8. I considered what he said **(to be) unimportant**.

9. I know this **to be a fact**.

10. I have always found Jonathan **friendly / a good friend**.
                                    (to be 생략)

11. They knew the man **to have been a spy**.

Do you think **it** odd **that** I should live alone?

(너는 내가 혼자 사는 것이 이상하다고 생각하니?)

작문에 필요한 문법 및 어휘

A. 직접목적어가 명사나 대명사가 아니고, that이 유도하는 절, to-부정사구, 동명사, 또는 **for/of + 명사/대명사 + to-부정사**일 때에는 직접목적어 자리에 가목적어 it를 둔다. 이것은 앞 (5-21)의 변형이다.

B. 직접목적어를 **명사**나 **대명사**로 표현하지 않고, 가목적어 it와 진주어절 **that**를 쓰는 경우인데, 다음과 같은 조건이 필요하다.

① **that-절이 '형용사나 / 명사를 보어'로 쓸 때,**
② **의미상의 주어 for-him / of him 등이 'to-부정사구'와 함께 오고, '형용사를 보어'로 쓸 때,**
③ **to-부정사를 이끄는 구가 '형용사를 보어'로 쓸 때,** 가목적어 it와 진주어절 **that**를 쓴다.

B. 영어 단어 및 숙어
- 1번의 odd: 이상한
- 2번의 consider: 생각하다
- 5번의 racial prejudice: 인종 차별
- 6번의 cheat in examinations: 시험에서 부정행위를 하다

기본 예문

1. 너는 내가 혼자 사는 것이 이상하다고 생각하나?

_____

2. 너는 내가 혼자 사는 것이 이상하다고 생각하니?

_____

(2번은 1번과 의미는 동일하나, 'for me / of me'라는 의미상의 주어가 나타는 것이 1번과 다를 뿐이다)

3. 사람들은 남자들이 그들의 머리를 길게 기르는 것을 이제는 이상하게 여기지 않는다.

    _____

4. 모든 사람들은 네가 안내원 없이 등산을 하는 것을 바보스럽게 생각했다.

    _____

5. 아직도 그렇게 인종적 편견이 있다는 것은 '수치스러운 일'이라 생각된다.

    _____

6. 시험에서 부정행위를 하는 것을 나쁘다고 생각하지 않나?

    _____

7. 어느 날 세상 사람들이 우리 모두가 한 일에 대해서 감사하다고 생각하는 것이 옳다고 생각하게 될 지도 모른다.

    _____

1. Do you think **it odd that I should live alone**?

2. Do you think **it odd for / of me to live** alone?

3. People no longer consider **it strange for men to let** their hair grow long.

4. Everyone thought **it very foolish of you to climb** the mountain without a guide.

5. I think **it a scandal that there's so much racial prejudice still about**. (a scandal은 명사보어)

6. Don't you consider **it wrong to cheat** in examinations?

7. One day they may think **it right to thank** us for all we've done.

제2부
형용사 유형편

UNIT 1

새로운 형용사 유형 개요

Chomsky(1957)와 Hornby(1975)에 의한 형용사 문법

우리나라에서 출판된 영어문법책 중에서, 형용사 유형을 제시한 책이 전혀 없기 때문에, 이 형용사 유형을 잠시 소개한 후에 영작문을 계속하고자 한다. 아래 3가지 형용사 유형 중에서, 형용사 유형 1은 5가지 유형으로 다시 세분화된다. 즉, (AP 1A / 1B / 1C / 1D / 1E)로 구분된다. 그래서 전체적으로 7가지 유형으로 제시된다.

①에서부터 ⑦까지: (Hornby. 1975: 139-148)

아래에서 **7**가지 형용사 유형의 대표적인 문장을 제시한다.

1. AP 1A (형용사 + to-부정사)	**(It is easy to deceive John.)**
2. AP 1B (형용사 + to-부정사)	**(Mary is eager to please.)**
3. AP 1C (형용사 + to-부정사)	**(It's wrong of Jim to leave.)**
4. AP 1D (형용사 + to-부정사)	**(The weather is likely to be fine.)**
5. AP 1E (형용사 + to-부정사)	**(John was the first to arrive.)**
6. AP 2 (형용사 + 전치사 + 명사/대명사)	**(She was afraid of the dog.)**
7. AP 3 (형용사 + (전치사) + 절)	**(I'm sure that he'll come soon.)**

그런데 위 (**AP 1-5**)의 유형에서 사용되는 형용사는 **to-부정사** 바로 뒤에 나타난다. '**It + be +형용사 + to-부정사**'의 구조에서, 형용사가 변화됨에 따라, 5가지 유형으로 분류된다: 즉, (AP1 A, B, C, D, E) 유형으로 변형된다.

2 AP 1A

형용사 유형의 (AP 1A)의 문법

1 구조를 변형시키는 **형용사**는 동사의 목적어를 **주어위치**로 이동시킨다. 아래 두 가지 형용사, **easy** 와 **difficult**가 나타나는 유형의 예 (3)을 보라.

우선 다음 3가지 문장을 보자.

---

(1) <u>It</u> is **easy** <u>to deceive John</u>.　　　　　　　　　기저구조
　　 John을 속이는 것이 쉽다.

(2) <u>To deceive John</u> is **easy**.　　　　　　　　　　　변형 1
　　 진주어 'to deceive John'이 It의 위치로 이동

(3) <u>John</u> is **easy** to deceive.　　　　　　　　　　　변형 2
　　 동사 deceive의 목적어 'John만' 가주어 It의 위치로 이동

---

(1) <u>It</u> was **difficult** <u>to find the house</u>.　　　　　기저구조
　　 그 집을 찾는 것이 어렵다.

(2) <u>To find the house</u> was **difficult**.　　　　　　　변형 1
　　 진주어 'to find the house'가 It의 위치로 이동

(3) <u>The house</u> was **difficult** to find.　　　　　　　변형 2
　　 find의 목적어 'the house만'가 가주어 It의 위치로 이동

---

(4) 앞의 3가지 문장에서, 각 (1)번의 문장이 기본구조이고, 각 (2)~(3)의 문장은 (1)번의 문장에서 변형되어 나타난 것이다. 그러나 3가지 문장의 의미는 동일하다.

(5) 그런데 위 (3)의 문장에서 **주어의 위치에 나타난, John과 The house는 목적어로 해석해야 한다.** 왜냐하면 (1)의 문장에서 타동사의 목적어이었는데, 이 목적어가 그대로 주어위치로 이동했기 때문이다.

(6) Hornby(1975)는 이러한 형용사만 묶어서, 형용사 유형 (AP 1A)로 구분했다.

(7) 이 유형에 쓰이는 형용사는 **easy, difficult, hard** (=difficult), **safe, dangerous, (im)possible** 등의 형용사들이 있다.

(8) 위 **1**의 (1), (2), (3)의 예를 보면, (2)번의 변형은 너무나 당연한 변형이다. 즉, to-부정사로 된 진주어가 가주어 It의 위치로 이동한 변형이기 때문이다.

그러나 (3)의 변형은 영어에서 가장 특별한 이동변형이다. 왜냐하면, 타동사의 목적어를 주어위치로 이동시키는 변형이기 때문이다. (3)의 변형으로 이동된 목적어가, 주어의 위치로 이동하기 때문에 해석할 때, **목적어로** 해석하는 것이 특이한 것이다.

2 문장의 구조를 변형시키는 **형용사들은** 전치사(**to, in, with**)의 목적어도 **주어 위치**로 이동시킨다. 아래 (1), (2), (3)의 예를 보자.

다음 (1), (2), (3)의 문장에 나타난 **전치사 to의 목적어도** 3가지 다른 문장으로 변형된다. 이 때 전치사의 목적어를 이동시키는 형용사는 **painful, pleasant, (im)possible, exciting, thrilling** 등의 형용사들이다.

(1) It was **painful** <u>to listen **to** the story of her sufferings</u>. (그녀의 고생스러운 이야기를 듣는 것은 괴로웠다)	**기저구조**
(2) <u>To listen **to** the story of her sufferings</u> was **painful**. (진주어 to-부정사 이하가 가주어 It로 이동)	**변형 1**
(3) <u>The story of her sufferings</u> was **painful** <u>to listen to</u>. 전치사의 목적어만 가주어 It로 이동	**변형 2**

이제 Hornby(1975)의 형용사 유형 **(AP 1A)**는 **2가지 유형**으로 구분된다. 즉, **동사의 목적어를 이동시키는 형용사**와 위 **2**의 **전치사의 목적어를 이동시키는 형용사**로 구분된다.

(4) 앞 **1**의 유형에 필요한 (AP 1A) 형용사는 **easy, difficult, hard (=difficult), safe, dangerous, (im)possible** 등의 형용사들이 있고,

(5) 위 **2**의 유형에 필요한 (AP 1A) 형용사는 **painful, pleasant, (im)possible, exciting, thrilling** 등의 형용사들이 있다.

(6) (AP 1A)의 기저구조는 '**It + be + (AP 1A) 형용사들 1 및 2 + to-infinitive**' 유형으로 나타나고, 이 때 **to-부정사 구조**는 이 문장의 **진주어**이다.

그래서 이 Hornby(1975)의 분석 결과는, 학교영문법, 즉, 전통적인 문법으로 제시되었기 때문에, 그것을 여기에 제시한다. 이것을 우리의 현대 영어문법에서 활용하기만하면 된다. 즉 앞 **1** (1)–(3)의 내용과 **2** (1)–(3)의 내용이 **형용사 유형 (AP 1A)**의 **영어문법**이다. 위에서 제시한 형용사 및 전치사의 문구조 성격에 따라, 영어작문을 하기로 한다.

1-1. 형용사 유형 (AP 1A)의 형용사가 동사의 목적어를 이동시키는 문형의 영작문

AP (1-A)

①-1

John is **easy** to deceive.

(John을 속이는 것은 쉽다)

기본 예문 작성방법

앞에 제시된 형용사 유형의 이론에 따라, 다음 1의 ①~③의 예문 중, 하나를 선택하면, 나머지 2개의 유형을 영어로 작문을 하기로 한다.

1. John을 속이는 것은 쉽다.

   ① **It** is easy **to deceive John**.   **(가주어 It를 주어로 함)**

   ② **To deceive John** is easy.   **(to-부정사구를 주어로 함)**

   ③ **John** is easy to deceive.   **(동사의 목적어를 주어함)**

아래 2~5의 예문에서는 모두 기저구조인 It--to-부정사 구로 표현했지만 위 1의 ②인 to-부정사 구조, 및 ③의 동사의 목적어가 진주어 위치로 이동하는 변형을 외워두어야 영작문을 하는데 도움이 된다.

2. 그 집을 찾는 것은 어렵다.
   It is difficult to find the house.

3. 어떤 사람들을 기쁘게 하는 것은 쉽다.
   It is easy to please some people.

4. 이 큰 방들을 난방하는 것은 어렵다.
   It is difficult to heat these big rooms.

5. 그의 이론을 이해하는 것은 어렵다.
   It is difficult to understand his theory.

작문에 필요한 문법 및 어휘

A. 형용사 유형 (AP 1A)는 기본구조가 'It be + (AP 1A) 형용사 **1** + to-infinitive' 구조이므로, 위 1의 ①, ②, ③과 같이 3가지 다른 문장으로 나타낼 수 있다. 그런데 이 형용사 구조에서, **'동사의 목적어'가 문장의 주어로 나타나기 때문에, 이 형용사 구조는, 영어에서 목적어가 주어로 나타나는 유일한 구조이다.** 이 문장 때문에, Chomksy(1957)의 변형생성 문법이 나타나게 되었다.

B. 그러므로 바로 위 1의 ①, ②, ③과 같은 3가지 유형 중, 어느 구조가 선택되면, 나머지 2개의 변형된 문장을 영작하기로 한다.

---

1. **John is easy to deceive.**

1번 a: 'to-부정사구'가 주어로 나타나는 문장으로 변형하세요.

1번 b: 가주어 It가 주어로 나타나는 문장으로 변형하세요.

2. **To find the house was difficult.**

2번 a: 가주어 It가 주어로 나타나는 문장으로 변형하세요.

2번 b: 동사의 목적어가 주어로 나타나는 문장으로 변형하세요.

3. **Some people are easy to please.**

3번 a: 가주어 It가 나타나는 문장으로 변형하세요.

3번 b: 'to-부정사구'가 주어로 나타나는 문장으로 변형하세요.

4. **To heat these big room is difficult.**

4번 a: 동사의 목적어가 주어로 나타나는 문장으로 변형하세요.

4번 b: 가주어 It가 주어로 나타나는 문장으로 변형하세요.

5. **It is impossible to understand his theory.**

5번 a: 'to-부정사구'가 주어로 나타나는 문장으로 변형하세요.

5번 b: 동사의 목적어가 주어로 나타나는 문장으로 변형하세요.

기본 예문의 영작

1 a: To deceive John is easy.

1 b: It is easy to deceive John.

2 a: It is difficult to find the house.

2 b: The house is difficult to find.

3 a: It's easy to please some people.

3 b: To please some people is easy.

4 a: These big rooms are difficult to heat.

4 b: It's difficult to heat these big rooms.

5 a: To understand his theory is impossible.

5 b: His theory is impossible to understand.

해설

168쪽 상단에 예시된 3가지 기본구조에서 동사의 목적어가 '인칭대명사'로 된 목적어일 경우, 예컨대, "It was easy to please him."일 경우, ②의 "It was easy to please him."까지는 허용되나, ③번의 문장에서는 him이 그대로 주어로 나타날 수 없기 때문에, 주격대명사 He로 변형되어야 한다. 즉, "He was easy to please."로 되어야 한다. 원어민들은 이 때, He는 목적어의 의미가 가미된 **He / him**으로 해석해야 하나, 문법이론을 모르는 원어민들은 목적어의 의미가 있다는 것을 전혀 느끼지 않고 주어로 생각한다는 것이다.

위에서는 동사의 목적어가 주어위치로 이동한 예를 들었는데, 다음은 전치사의 목적어가 주어위치로 이동하는 예를 보기로 한다. 두 가지 예는 그 성격이 다르지만, 동사 / 전치사의 목적어가 주어의 위치로 이동하는 점이 동일하기 때문에 같은 / 동일한 (AP 1)의 유형으로 설명한다.

1-2 형용사 유형 (AP 1A)의 형용사가 '전치사의 목적어'를 이동시키는 유형의 영작문

AP (1-A)

① -2

This room is pleasant to work in.

(이 방 안에서 일하는 것은 즐겁다)

기본 예문 작성방법

아래 1의 ①~③의 예문 중 어느 하나를 선택하면, 나머지 2개의 유형을 영작한다. 이 연습문제도 앞 **2** 예문구조 (1), (2), (3)의 순서만 보아도 영작문이 가능하다. 다시 아래 1의 ①, ②, ③을 참고로 하자.

1. 이 방 안에서 일하는 것은 즐겁다.

  ① **It** is pleasant **to work in this room**.   기본 구조

  ② **To work in this room** is pleasant.   To-부정사 주어

  ③ **This room** is pleasant to work **in**.   전치사의 목적어가 주어

2. Jane과 사귀는 것은 어려웠다.
   It was difficult to get along with Jane.

3. 이 강에서 수영하는 것은 아주 안전하다.
   It is quite safe to swim in this river.

4 그녀의 고생스러운 이야기를 듣는 것은 괴로웠다.
   It was painful to listen to the story of her sufferings.

5. 저 사람과 함께 일하는 것은 불가능하다.
   It is impossible to work with that man.

A. 이 ①-2의 형용사 유형은 앞 ①-1의 **동사의 목적어**를 이동시키는 기본구조와 통합되어 있지만, ①-2의 형용사는 **전치사(in, with, to)의 목적어를 주어위치로 이동시키는 점이 ①-1과 다르다.**

B. 그러므로 앞 1의 ①, ②, ③과 같은 3가지 유형 중, 어느 하나의 구조가 선택되면, 나머지 2개의 변형된 문장을 영작하기로 한다.

기본 예문

1. To work <u>in</u> this room is pleasant.

1번 a: 가주어 It가 주어로 나타나는 문장으로 변형하세요.

_____

1번 b: 전치사의 목적어가 주어로 나타나는 문장으로 변형하세요.

_____

2. It was difficult to get along <u>with</u> Jane.

2번 a: 'to-부정사구'가 주어로 나타나는 문장으로 변형하세요.

_____

2번 b: 전치사의 목적어가 주어로 나타나는 문장으로 변형하세요.

_____

3. This river is quite safe to swim <u>in</u>.

3번 a: 'to-부정사구'가 주어로 나타나는 문장으로 변형하세요.

_____

3번 b: 가주어 It가 주어로 나타나는 문장으로 변형하세요.

_____

4. <u>To listen to</u> the story of her sufferings was painful.
<u>Listening</u> to the story of her sufferings was painful.

4번 a: 전치사의 목적어가 주어로 나타나는 문장으로 변형하세요.

_____

4번 b: 가주어 It가 주어로 나타나는 문장으로 변형하세요.

5. **That man is impossible to work <u>with</u>.**

5번 a: 가주어 It가 주어로 나타나는 문장으로 변형하세요.

5번 b: 'to-부정사구'가 주어로 나타나는 문장으로 변형하세요.

해설

위 B의 4번 연습문제에서, 'to-부정사'가 주어로 이동된 구조 'To listen' 대신에, 동명사 Listening으로 대체시켜도 허용된다. 왜냐하면, 의미의 변화가 없기 때문이다. 그리고 원어민들은 주어의 위치에 나타난 명사가 전치사의 목적어이라는 것을 의식하지 못하고, 진주어처럼 기계적으로 쓰고 있다.

기본 예문의 영작

1번 a: **It** is pleasant **to work in this room**.
1번 b: **This room** is pleasant to work **in**.

2번 a: **To get along with Jane** was difficult.
2번 b: **Jane** was difficult to get along **with**.

3번 a: **To swim in this river** is quite safe.
3번 b: **It** is quite safe **to swim in this river**.

4번 a: **The story of her sufferings** was painful to listen **to**.
4번 b: **It** is painful **to listen to the story of her sufferings**.

5번 a: **It** is impossible **to work with that man**.
5번 b: **To work with that man** is impossible.

AP 1B

②

AP (1-B)

a. Mary is easy to please.
(Mary는 [다른 사람을] 기쁘게 하는 데 열열하다)

b. Mary is eager to introduce John to her parents.
(Mary는 John을 그녀의 양친에게 소개하는 데 열열하다)

작문에 필요한 문법 및 어휘

A. 형용사 유형 (AP 1B)는 어순과 문장의 구조가 앞 (AP 1A)와 동일하지만, (AP 1A)와 같은 특이한 변형은 전혀 나타나지 않는다. 그 이유는 이 유형의 형용사의 성격이 (AP 1A)와 전혀 다르기 때문이다.

이 (AP 1B)의 문장구성은 일반 주어명사를 쓰고, be 동사를 쓰나, **to-부정사구**는 일반 **부사적 용법**으로 쓰게 되므로 평범한 일반 문장이다.

B. 이 유형에 쓰이는 형용사는 희노애락, 공포 등의 감정을 표시하는 경우이거나, 마음이 내킨다든지, 내키지 않는다든지, 놀람, 좋다, 싫다, 등과 같은 심적상태 등을 표시한다. 종종 very, rather, quite 등 정도부사와 함께 쓰인다.

C. 위에서 제시된 a, b의 예를 아래 다시 인용한다.

a. Mary is <u>anxious</u> **to please**. (목적어 someone은 종종 생략)
b. Mary is <u>**eager**</u> <u>**to introduce John to her parents**</u>.

위 C_a에서는 to please의 목적어를 명시하지 않는 경우도 있지만, C_b처럼 to introduce의 목적어 John을 분명히 제시하는 경우가 일반적이다. 아래의 더 많은 예를 보자.

c. We're all **sorry to hear of your illness**.
   (네가 아프다는 것을 듣고 우리는 모두 미안했다)

d. We're all <u>glad / happy</u> **to know that you're safe**.
   (우리는 네가 안전하다는 것을 알고 기뻤다/행복했다)

e. You should <u>be proud</u> **to have such a clever and beautiful wife**.
   (너는 그렇게 영리하고 아름다운 부인을 둔 것을 자랑으로 생각해야 한다)

f. He was angry/upset **to learn that he had been left out of the team**.
   (그는 팀에서 빠졌다는 것을 알고 화냈다/당황했다)

g. We're immensely <u>delighted / amazed</u> **to learn of your success**.
   (우리는 너의 성공을 듣고서 [알고서] 대단히 기뻐했다 / 놀라웠다)

기본 예문

1. 우리는 네가 아프다는 것을 듣고 모두가 미안했다.
   _____

2. 우리는 네가 그 무서운 지진에서도 안전하다는 것을 알고 모두 마음이 놓였다.
   _____

3. 그녀는 그 큰 개 가까이에 가는 것을 무서워했다.
   _____

4. 너는 그렇게 보수가 좋은 일자리를 얻어서 행운이다.
   _____

5. 너는 상을 받지 못해 불운했다.
   _____

6. 어린이들은 출발하고 싶어서 안절부절 했다.
   _____

7. 나는 그가 나에 대해서 무엇이라 말할지 몹시 알고 싶었다.
   _____

8. 그는 그 문제에 대해서 말하기를 꺼리는 것 같았다.
   _____

9. 그는 팀에서 빠졌다는 것을 알고 화를 내었다.
   _____

10. Jane의 아버지는 그의 딸이 담배피우는 것을 보고 충격을 받았다.

_____

11. 그는 결심하는 데 느리다.

_____

12. 이 옷들은 맞지 않아 입지 못하겠다.

_____

기본 예문의 영작

1. We're all <u>sorry</u> **to hear of your illness**.

2. We're all <u>relieved **to know that your are safe in such a terrible** earth quake.</u>

3. She was <u>afraid</u> **to go near the big dog**.

4. You are <u>lucky (fortunate)</u> **to get such a well-paid job**.

5. You were <u>unlucky (unfortunate)</u> **not to win the prize**.

6. Children were <u>impatient</u> **to start**.

7. I was <u>curious</u> **to know what he would say about me**.

8. He <u>is reluctant (seems)</u> **to talk about the matter**.

9. He was <u>angry / upset</u> **to learn that he had been left out of the team**.

10. Jane's father was <u>shocked</u> **to see his daughter smoking**.

11. He's <u>slow</u> **to make up his mind**.

12. These clothes **are not fit to wear**.

4

AP 1C

③

AP (1-C)

It was **<u>silly of you</u>** to make such a mistake.

(너는 그런 잘못을 해서 바보스러웠다)

작문에 필요한 문법 및 어휘

A. 이 (AP 1C)유형도 앞 형용사 유형 (AP 1A), (AP 1B)와 동일한 어순과 문장의 구조를 갖고 있지만, (AP 1A)와 같은 특이한 구조적인 변형은 일어나지 않는다. 대신 의미상의 주어, 'of someone'이 가주어 It의 자리로 이동하는 변형이 나타난다. 아래 b가 그 예이다. 또 It의 위치에 다음 예 c와 같이, 감탄문 구조 How silly of you가 대체되기도 한다.

   a. It was **<u>silly of you</u>** to make such a mistake.
      (너는 그런 잘못을 해서 바보스러웠다)

      (a에서 of you가 가주어 It의 위치에 주어로 들어가 b와 같이 된다)

   b. You were silly to make such a mistake.
      (너는 그런 잘못을 해서 바보스러웠다)

      (b에서 a로 바꿀 수도 있다)

   c. How silly of you (it is) to make such a mistake!

      (감탄문에서 가주어 It가 How silly of you로 대체되고, (it is)는 보통 삭제된다.

B. 이 (AP 1C)의 유형에서는 주어가 **유생물**이어야 한다. 따라서 '(of + 주어)'는 위 b의 예와 같이 삭제될 수도 있다.

a. It was silly to make a mistake. 이 유형을 (AP 1A)와 비교해보라. (실수를 하는 것은 바보
   스러운 일이다)   (of + 주어삭제)

위 (AP 1C)에서는 위 a, b, c와 같이 '**of + 주어**'가 사용되었으나, (AP 1A)에서는 **사람의 성격을
나타내는 것이 아니므로**, '**for + 주어**'가 사용되었다.

b. The house was difficult **for you** to find.   (for + 주어사용)
   (그 집은 찾기가 어려웠다)
c. The house was difficult to find.   (for + 주어삭제)
   (그 집을 찾는 것은 어려웠다)

(AP 1A) 유형의 형용사 easy, difficult 등은, 'of'가 사용되는 (AP 1C)에는 사용될 수 없다. of
는 사람의 성격에 관한 형용사 뒤에 나타나므로, difficult, easy는 허용되지 않는다.

위 ①의 a, b, c는 같은 구조의 일부를 삭제, 또는, 감탄문이나, 감탄/의문문으로 표현되는 것이 다
르다.

C. 이 유형도 앞 형용사 유형 (AP 1A), (AP 1B)와 동일한 어순과 문장의 구조를 갖고 있지만, (AP
1A)와 같은 특이한 구조적인 변형은 일어나지 않는다. 대신 의미상의 주어, 'of someone'이 가
주어 It의 자리로 이동하는 변형과 위 (AP 1C) ①의 c와 같은 감탄문의 변형은 있다.

기본 예문

1. 네가 그런 잘못을 했다니 바보스러웠다.

   _____

2. 그렇게 말해주시니, 선생님은 친절하십니다.

   _____

3. 그렇게 말해주시니, 선생님은 얼마나 친절하신가!

   _____

4. 그 소년들은 그 문제를 그렇게 빨리 풀다니 머리가 영리했다.

   _____

5. 4번과 동일한 의미로 5번에서 의미상의 주어 'of the boys'를 쓰라.

   _____

6. 5번의 문장을 부정의문으로 변형시켜라.

_____

7. Jane이 새끼 고양이의 꼬리를 잡아당기는 것은 심한 장난이었다.

_____

8. 위 7번과 같은 의미로 가주어 It와 of Jane을 이용하여 표현하라.

_____

9. 네가 어머니에게 그것을 말하는 것은 잘못이었다.

_____

10. 위 9번을 가주어 It과 의미상의 주어 of you를 이용하여 표현하라.

_____

기본 예문의 영작

아래   1번은 가주어 It를 쓰고, 의미상의 주어 **of you**를 쓴 문장
　　　 2번의 문장은, 가주어 It 대신에, 의미상의 주어 you를 쓴 문장
　　　 3번은 2번을 감탄문으로 변형시킨 문장
　　　 4번은 진주어 The boys를 가주어 It의 위치에 대체시킨 문장
　　　 5번은 가주어 It도 쓰고, 의미상의 주어 **of the boys**도 쓴 문장
　　　 6번은 5번을 부정/의문문으로 변형시킨 문장
　　　 7번은 가주어 It의 위치에 의미상의 주어 Jane을 대체시킨 문장
　　　 8번은 7번에서 가주어 It와 의미상의 주어 of Jane을 쓴 문장
　　　 9번은 가주어 It와 진주어 to-부정사 구조를 쓴 문장
　　　 10번은 9번에서 의미상의 주어 of you를 쓴 문장

1. It was **silly of you** to make such a mistake.

2. **You** are kind **to say so**.

3. **How** kind **of you** (it is) to say so!

   ※주의: 위 3번에서 (it is)는 보통 삭제된다.

4. **The boys** were clever **to solve the problems** so quickly.

5. **It** was clever **of the boys** to solve the problems so quickly.

6. **Wasn't** it clever **of the boys** to solve the problems so quickly?

7. Jane was naughty <u>to pull the kitten's tail</u>.

8. <u>It</u> was naughty <u>of Jane</u> to pull the kitten's tail.

9. It was wrong to say that to your mother.

10. <u>It</u> was wrong <u>of you to say that to your mother</u>.

5

AP 1D

AP (1-D)

④

The weather is likely to be fine.

(날씨는 좋을 것 같다)

작문에 필요한 문법 및 어휘

A. (AP 1D) 유형에서는 형용사 뒤에 to-부정사 구조가 따라오기는 하나, 앞 (AP 1A / B / C)의 유형에 들어가지 않는 소수의 형용사들을 쓰는 문장이다. **이 유형은 미래의 일에 대해서 무엇인가 서술하거나, 질문을 할 때, 쓰이는 likely, certain, sure가 이 유형에 쓰인다.** 이 형용사들은 **예언, 예견**의 뜻을 나타내는 형용사들이다.

B. 다음 1, 2, 3은, 또 아래 a. b. c와 같이 it…that의 구조로 바꾸어 쓸 수도 있다.

기본 예문

1. 날씨가 좋을 것 같다.

   _____

2. 우리 팀이 이길 것 같다 / 이길 것 같지 않다.

   _____

3. 너의 팀이 이기는 것이 분명하다.

   _____

4. 우리는 분명히 도움이 필요하다.

   _____

1. The weather is likely to be fine.

2. Our team is (un)likely to win.

3. Your team is certain to win.

   위 1-3의 문장은 It--that 구조로 표현할 수도 있다.
   a. It's likely that **the weather will be fine**.

   b. It's (un)likely that **our team will win**.

   c. It's certain that **our team will win**.

4. We're sure to need help.

※ **probable과 probably의 용법**

   a. It's **probable** that the weather will be fine.
      (날씨는 아마 좋을 것이다)

   b. The weather will **probably** be fine.
      (날씨는 아마 좋을 것이다)

   c. (X) The weather is **probable to be fine**. 은 허용되지 않는다.

6

AP 1E

AP (1-E)

⑤

He is **the first man** to arrive.

(그가 맨 먼저 온 사람이다)

작문에 필요한 문법 및 어휘

A. 이른바 특정화(specification)한 to-부정사가 서수사나, next / last 뒤에 쓰이는데, 보통 **이러한 형용사 앞에는 정관사 the를 붙인다.** 또 서수사나, next / last 뒤에, 명사가 올 수도 있다. 그 경우에는 형용사 앞에 반드시 정관사를 붙인다.

기본 예문

1. 그는 종종 맨 먼저 와서 맨 나중에 떠난다.

   _____

2. 다음에 갈 사람은 누구냐?

   _____

3. 복권 뽑기에서, 복권을 뽑을 두 번째 사람은 바로 당신이다.

   _____

4. 달 표면에 걸어 다닌 최초의 사람은 누구였던가?

   _____

5. 그 퀴즈 문제를 모두 끝마친 첫 번째 학생은 누구인가?

   _____

6. 그는 절대로 거짓말 할 학생이 아니다.

_____

7. 시험 삼아 이 강을 헤엄쳐서 건널 첫째 사람은 누구냐?

_____

기본 예문의 영작

1. He's often **the first** to arrive and **the last** to leave.

2. Who will be **the next** to go?

3. **The second** to draw a ticket in the lottery is just you.

4. Who was **the first man** to walk on the moon?

5. Who is **the first student** that has finished the quiz problems?

6. He is **the last student** who can tell a lie.

7. Who will be **the first** that try swimming across this river?

UNIT 7

AP 2

AP 2

⑥

Are you afraid **of** the dog?

(너는 그 개를 무서워하니?)

작문에 필요한 문법 및 어휘

A. 형용사의 의미가 종종 전치사(구)를 사용함으로서, 명확하게 완성되는 경우가 있다. 그때의 전치사는 뒤에 오는 명사/대명사/동명사/절을 지배하게 된다. 많은 과거분사도 이 유형에 나타난다. 이 전치사는 예컨대, fond of처럼 관용적으로 고정된 것도 있다. 그런데, angry <u>with</u> someone, angry <u>at/about</u> something, anxious <u>for</u> news, anxious <u>about</u> somebody' health 와 같이, 의미에 따라 전치사의 선택이 다를 수 있다.

B. 대부분의 형용사는 하나 이상의 유형에서 사용되고 있다. 예컨대, anxious는 (AP 1)에서 '<u>anxious to know</u>' 로도 쓰이고, (AP 2)의 '<u>anxious for / about</u>' 로도 쓰인다.

기본 예문

1. 너는 개를 무서워하니?

_____

2. 의사들은 우유가 우리들의 건강에 좋다고 한다.

_____

3. 그는 무엇 때문에 저렇게 행복해 하는가?

_____

4. 너는 그렇게 나쁘게 행동한 것에 대해서 부끄럽게 생각하지 않는가?

_____

5. 너는 너의 일에 더 정확해야 하겠다.

_____

6. 그는 그의 잘못을 깨닫지 못하고 있다.

_____

7. 서두르면 일을 그르칠 수가 있다.

_____

8. 공급이 수요에 대해서 적절하지 못하다.

_____

9. 그녀는 그가 약속을 어긴 것에 대해서 그에게 화를 내었다.

_____

기본 예문의 영작

1. Are you **afraid of** the dog?

2. The doctors say that milk is **good for** our health.

3. **What**'s he looking so **happy about**?

4. Aren't you **ashamed of** having behaved so badly?

5. You must be more **accurate in** your work.

6. He was not **aware of** having done wrong.

7. Haste may be productive of errors.

8. The supply is not adequate to the demand.

9. She was angry with him for having broken his promise.

이 AP 2의 유형에 쓰이는 형용사의 대부분은, 아래 예와 같이 괄호 속의 동사로, 바꾸어 말하는 편이 좋은 경우가 종종 있다. '형용사 + 전치사' 는 격식을 차린 표현법이 되는 경우가 많으며 때로는 과장된 느낌마저 준다.

1. **You are forgetful of** the fact (**You forget**) that we have very little money.
   (너는 우리가 돈이 없다는 사실을 잊고 있다)

2. **I am ignorant of** (**I do not know**) what they intended to do.
   (나는 그들이 의도했던 것을 알아차리지 못했다)

3. Your work **is deserving of (deserves)** praise.
   (너의 일은 칭찬을 받을 만하다)

4. Do not **be envious of (envy)** your neighbours.
   (너의 이웃을 부러워하지 마라)

5. Haste may **be productive of** (**may produce**) errors.
   (서두르면 실수를 할 수도 있다)

6. The old man **is dependent upon (depends on)** the earnings of his children.
   (그 노인은 아이들의 벌이에 의존하고 있다)

7. He **was successful** (**succeeded)** in his efforts.
   (그는 그의 노력으로 성공했다)

8. He **is desirous of** obtaining (**desires / wishes / wants to obtain**) a position in the Civil Service.
   (그는 공무원의 지위를 얻는 것에 열망적이다)

UNIT

8

AP 3

AP 3

⑦

I am sorry (**that**) you can't come.

(네가 올 수 없어서 유감이다)

작문에 필요한 문법 및 어휘

형용사의 의미가 절(sentence)을 사용함으로써 분명하게 문장을 완성하는 경우가 있다. that-절을 쓰는 경우에는 그 앞에 전치사가 나타나는 일은 없다. 또 that이 생략되는 경우도 많다. 그리고 that-절 이외의 절, 예컨대, 의문사 how, why, what, when, where, whether 등을 쓰는 경우도 있다.

기본 예문

1. 네가 올 수 없어서 유감이다.

   _____

2. 미안하지만 나는 지금 떠나야겠다.

   _____

3. 그들은 네가 돌아오는 것을 열망하고 있었다.

   _____

4. 그들은 네가 올 수 없게 되어 실망하고 있었다.

   _____

5. 그녀는 그녀의 남편이 한 달에 얼마나 돈을 벌고 있는지 알지 못한다.

   _____

---

6. 나는 그것을 하는 방법을 확신할 수가 없습니다.

_____

7. 그는 그것을 살만한 여유가 있는지 없는지 의심스럽다.

_____

8. 왜 그가 그것을 원하는지 잘 모르겠다.

_____

9. 우리는 네가 어디에 가야만 했는지 걱정하고 있었다.

_____

10. 그가 무엇을 원하고 있는지 네가 그에게 물어봐.

_____

기본 예문의 영작

1. I'm sorry (**that**) you can't come.

2. I'm afraid (**that**) I will have to leave now.

3. They were anxious **that** you should return.

4. They were disappointed **that** you were unable to come.

5. She is not aware (of) **how much money** her husband earns a month.

6. I'm not quite sure **how** to do it.

7. He's doubtful (about) **whether** he can afford it or not.

8. I'm not sure **why** he wants it.

9. We were worried about **where** you had to go.

10. Ask him **what** he really wants.

제3부
문법편

1 | 조동사 (Auxiliary Verbs)

A. 조동사 do

부정문 / 의문문 / 동사의 강조 / 대동사 / 강조도치 문장에 사용

(1) I don't like hunting.   부정문

(2) What do you want?   의문문

(3) Do you like it? Yes, I do (like it)   대동사

(4) Do you like it? Yes I do like.   동사의 강조

(5) I only then <u>understood</u> what she meant.

(6) ➔ Only then <u>did</u> I understand what she meant. (6)은 (5)를 강조 도치

이 때, did는 위 (5)의 understood에서, 과거시제만 분리해서, 조동사 did로 표시하고, 원형동사 understand만 쓰고, 강조 도치되어 주어 I 앞에 나타남.

B. can / could

능력. 가능성. 허가. 관용적 표현

(1) He can do it by himself.   능력

(2) Even experts can make such a mistake.   가능성

(3) Can I come in? Yes you can.   허가

(4) 관용적 표현

  a. You cannot be too careful in chooseing your wife.

  b. I couldn't but do so because I had no money with me then.

  c. I couldn't help doing so because I had no money with then.

(5) can't have + p. p. ➔ '…이었을 리가 없다'

  a. He can't have read that difficult research paper.

  b. The thief can't have run away far from here.

C. may / might

허가. 불확실한 추측. 기원. 목적. 양보. 관용적 표현.

(1) May I see your student ID card?   허가

(2) The news may not be true.   추측

(3) May you live long!   기원

(4) She studied hard so (that) she may pass the examination.   목적

(5) However hard you may try, you cannot finish it today.   양보

(6) 관용적 표현

    a. You **may as well** do so.   (네가 그렇게 하는 것도 당연하다)

    b. You **might as well** go home now.   (너는 지금 집에 가도 좋다)

D. must / have to / had to

의무. 책임 / 확실한 추측.

(1) You must do it right now.   책임

(2) He must be John.   확실한 추측

(3) You must not smoke in the office.   강한 금지

(4) I have to (must) send an e-mail to her.   **have to**가 must를 대신

(5) She had to go there.   **had to**가 must의 과거형을 대신

(6) 관용적 표현: must have + p. p. ➡ '…했음에 틀림없다'

    a. You must have told a lie.

    b. He must have arrived by now.

E. ought to

의무 / 당연함

a. You ought to see a dentist.

b. Such things ought not to to be allowed.

F. 단순미래 will

시간이 흐르면, 자동적으로 나타나는 일들

미국영어(AmE)에서는 1, 2, 3인칭에서 모두 will을 쓴다. 옛 영국영어(BrE)에서는, 1인칭에 shall 을 사용했다. 그러나 지금은 BrE에서도 단순미래에 will을 더 많이 쓴다.

(1) a. I will (shall) be a second year student next month.
     b. My father will (shall) be 75 in May.

G. 의지미래 will/would

의지 / 거절, 고집 / 예측 / 가벼운 명령 / 추측

will

(1) He will do it whatever we may say.	의지
(2) They will probably be right	예측 / 예상
(3) The car won't start.	거절 /고집
I won't do that at any cost.	
(4) You will be wait till I return.	가벼운 명령
(5) The game will be finished by now.	추측

Would

(1) a. Mr. Smith <u>told</u> me that the exam <u>would</u> be easy.	will의 과거형
(2) a. <u>Would you</u> do me a favor?	정중한 부탁
b. <u>Would you please</u> wait here for a moment?	정중한 부탁
(3) a. The door <u>would not open</u>.	거절 / 고집
b. He <u>would not listen to</u> my advice.	거절 / 고집
(4) a. Those who <u>would succeed</u> must work hard.	소망
b. I <u>would like you</u> to be here on my birthday.	소망
(5) a. He <u>would often come home drunk</u>.	과거의 불규칙적 습관
b. He <u>would often get up late</u> in the morning.	과거의 불규칙적 습관

(6) 관용적 용법
    ⓐ would rather⋯than...:   **(⋯하는 것 보다, 차라리 ~하겠다)**
        a. I would rather stay here than go out.
        b. I would rather die than betray my best friend.

ⓑ a. would rather + **주어** + **과거형 동사:**

b. I <u>would rather he went</u>. **(나는 그가 가주었으면 좋겠다)**

c. Tomorrow is difficult. I <u>would rather you came next week</u>.

(내일은 어렵다. 나는 네가 다음 주에 왔으면 좋겠다)

H. Shall

영국영어 (2, 3인칭의 의미미래)
영국영어 1인칭 의지미래 will / 2, 3인칭은 shall

영어는 영국에서 시작되었지만, 지금은 전 세계로 퍼져서, 영국이 영문법을 통제할 수 없게 되었다. 그래서 2, 3인칭에 쓰는 의지미래 shall이 지금은 오히려 미국식 영어의 will과 같이 변형되어가고 있다.

(1) will은 화자의 의지를 표현.

(이 책 194쪽 단순미래 **F**의 (1)과 의지미래 **G**의 (1) a, b 참조)

a. I <u>will sure do</u> that work.

b. We <u>will not forget it for ever</u>.

(2) 옛 영국영어의 2 / 3인칭의 의지미래

a. You shall have candy. ➜ I will give you a candy.로 변형되고 있다.

b. You shall have prisoned for 10 years.

➜ 회화체에서는 "I will let you go to prison for 10 yeas."로 변형되고 있다.

(3) 관용적인 표현:

ⓐ should have + p. p. : **(…을 했어야만 했는데, 하지 못했다)**

a. You <u>should have studied</u> harder for the exam.

b. I <u>shouldn't have made</u> such a mistake.

ⓑ <u>should have known better than</u> + <u>to-infinitive</u>:
(과거의 경고) (…해서는 안 되는데, 실제로는 ~하고 말았다)

a. You <u>should</u> <u>know</u> <u>better</u> <u>than</u> <u>to</u> <u>take</u> <u>exam</u> without preparing for it.
(현재의 경고) (…하지 않도록 해야만 하는 것을 알고 있어야 한다)

b. The teenagers should have known better than to drive their cars down such a narrow streets. **(과거의 경고)**

(10대의 청소년들이 그런 좁은 길에서 차를 운전하지 않았어야만 했는데...)

I. need, dare

조동사 need와 dare는 부정 / 의문문에 쓰임

(1) need와 dare가 조동사로 쓰일 때는, 보통 부정어 not와 축약되어 쓰인다.

    a. He **needn't** work so late.

    b. She **daren't** leave the baby.

    c. He **dare not** say such a word.

(2) 그리고 need와 dare가 의문문에서 그대로 조동사로 쓰인다.

    a. Need you work so hard?

    b. Dare he admit it?

    c. Dare he say such a word?

(3) 이 두 유형의 조동사는, 긍정서술문에서, 부정의 의미가 나타나도 조동사로 쓰인다.

    a. He **need have no** hesitation about asking for my help.

    b. **No one need go** hungry in our Welfare State.

(4) dare도 마찬가지로 부정의 의미가 있는 문장에서는 서술문일지라도 조동사로 쓰인다.

    a. **No one dare** question the order of this savage dictator.

    b. **No one dare** disobey the order of this savage dictator.

J. used to

used to: 과거의 규칙적 습관

    a. He used to get up early in the morning.

    b. He used to live in the country.

K. be (get) used to

to는 전치사이므로 동명사가 필요하다.

    a. He is used to eating Korean food now.

    b. I am used to driving on Seoul streets now.

    c. You will soon get used to living in the country.

L. had better

a. You had better leave now.
  (친구나 손아래 사람에게 쓸 수 있음)

b. It's better for you to leave now.
  (손윗 사람에게 쓸 수 있는 표현)

위의 a 번의 표현은 친구나, 손아래 사람들에게는 사용할 수 있어도, 손윗 사람들에게는 사용해서는 안 된다. 그 이유는 이 **had better + 원형동사**는 그 명령의 강도가 가장 강력한 must보다는 약하지만, should보다는 강하기 때문이다. 그리고 **had better + 원형동사**의 표현에서, had가 과거동사이지만, 현재의 의미나 미래시제의 의미를 나타낸다.

손윗 사람들에게는 동일한 의미로 위의 b와 같이 표현해야 한다.

M. 나타날 수 있는 조동사의 수

조동사는 본동사 앞에 나타나는데, 보통 조동사는 본동사 앞에 **3개까지 나타날 수 있다.**
다음 예를 보자.

⑴ It <u>will</u> <u>have</u> <u>been</u> <u>raining</u> (for) a week by tomorrow, if raining continues.
  ① ② ③ ④

  위 예문에서 ①, ②, ③은 모두 조동사이고 ④번인 raining만이 본동사이다.
  (만일 비가 내일까지 계속된다면, 비가 일주일 간 계속 오게 되는 것이다)

⑵ We <u>will</u> <u>have</u> <u>been</u> <u>married</u> (for) thirty years by the end of next May.
  ① ② ③ ④

  ⑵의 예에서도, ①, ②, ③은 조동사이고 ④의 married만이 본동사이다.
  (다음 5월말이면, 우리는 30년 동안 결혼생활을 계속하게 되는 것이다)

① do의 용법: 부정문 / 의문문 / 대동사 / 강조 도치

1. 선생님은 어떤 운동경기를 가장 좋아하십니까?　　　　　　　　　　　(의문문)

_____

2. 나는 수영을 가장 좋아합니다.

_____

3. 그녀는 오늘 기분이 좋지 않은 것 같습니다.　　　　　　　　　　　　(부정문)

_____

4. 너는 그것을 좋아하니? 그래, 나는 그것을 좋아한다.　　　　　　　　(대동사)

_____

5. 어제서야 비로소 나는 그것을 깨달았다.　　　　　　　　　　　　　(강조 도치)

_____

6. 그 때야 비로소 나는 그녀가 무엇을 의미했는지 이해를 했다.　　　(강조 도치)

_____

② can의 용법: 능력 / 허가 / 정중함 / 추측

1. 그는 수영을 할 줄 모른다. 그러나 한 달 후에는 수영할 수 있을 것이다.

_____

2. 이제 너는 집으로 가도 좋다.

_____

3. 선생님, 저를 좀 도와주실 수 있겠습니까?

_____

4. 그것이 사실일까?

_____

③ may(might)의 용법: 허가 / 추측 / 용인 / 기원 / 목적

1. 제가 선생님의 신분증을 좀 볼 수 있을까요?

_____

2. 그 뉴스는 사실이 아닐 수도 있습니다.

_____

3. 네가 그렇게 하는 것도 당연하다.

_____

4. 선생님 장수하시길 기원합니다.

_____

5. 그녀는 시험에 합격하도록 열심히 공부했다.

_____

④ must의 용법: 의무 / 당연함 / 확실한 추측

1. 너는 너의 숙제부터 먼저 해야 한다.

_____

2. 우리들은 우리들의 임무를 완수해야한다.

_____

3. 그는 Mr. Johnson 임에 틀림없다.

_____

⑤ will / shall (옛 영국영어): (지금은 will이 더 많이 쓰인다)
   단순미래: 시간이 되면 자동적으로 이루어지는 일

1. 나는 다음 달에 2학년 학생이 될 것입니다.

_____

2. 나의 아버님은 5월에 75세가 될 것입니다.

_____

3. 공휴일이 곧 여기로 다가 올 것입니다.

_____

⑥ would: 간절한 희망 / 정중한 부탁 / 강한 거절 / 불규칙적 습관 등

1. 저의 부탁 하나 들어 주시겠습니까?

_____

2. 즉시 선생님을 만나 뵙고 싶습니다.

_____

3. 어떤 일이 있어도 나는 그것을 하지 않을 것입니다.

_____

4. 그녀는 종종 그녀의 눈을 감은 채, 여기에 앉아 있곤 했습니다.

_____

⑦ a. would rather-- than의 관용적 용법
    b. would rather + 주어 + 과거동사

1. 나는 외출하는 것보다, 차라리 집에 있겠다.

_____

2. 나는 오늘은 바쁘다. 나는 네가 내일 오는 것이 좋겠다.

_____

기본 예문 1의 영작

① do

1. What sports **do** you like most?
   = What kind of sports **do** you like most?

2. I like swimming most.

3. She **doesn't** seem to be happy today.
   = She **doesn't** seem to be well today.

4. Do you like it? Yes. I **do**. I like it very much.

5. Not until yesterday, I realized it. ➜ 강조 도치
   Not until yesterday, **did I realize** it.

> ※이 때, 조동사 did의 과거시제는 본동사 realiz**ed**의 과거시제 'ed'에 해당하는 시제이다.
> (그러나 강조되면, 도치되어 주어 앞에 did가 나타난다) 다음 6번의 did도 동일하게 설명
> 된다.

6. I only then understood what she meant.
   (나는 그때서야 비로소, 그녀가 의도했던 말을 이해할 수 있었다.

   → 강조 도치: Only then **did I understand** what she meant.

② can

1. He **cannot** swim now, but he will be able to swim in a month.

2. Now, you **can** go home.

3. **Could** you help me a little?

4. **Can** it be true?

③ may (might)

1. **May** I see your ID card?

2. The news **may** not be true.

3. You **may** as well do so.

4. **May** you live long!

5. She studied hard so (that) she **might** pass the exam.

④ must

1. You **must** do your homework first.

2. We **must** do our duty.

3. He **must be** Mr. Johnson.

⑤ will / shall (단순미래)

1. I **will** be a second year student next month.

2. My father **will** be 75 in May.

3. The holidays **will** soon be here.

⑥ would

1. **Would** you do me a favor?

2. I **would like** to meet you soon.

3. I **wouldn't** do that at any cost.

4. She **would** sit here often her eyes closed.

⑦ would의 관용적 용법

1. **would rather…than**
2. **would rather + 주어 + to-infinitive**

1. I **would rather stay** (at) home **than** go out.

2. Today I am busy. I **would rather you came tomorrow**.

기본 예문 2

⑦ 의지미래: 1인칭 will, 2/3인칭 shall (옛 영국영어)
(지금은 법정용어에만 남아 있다)

1. 내가 너에게 사탕 하나를 줄게. (미국영어로 표현하십시오)

_____

2. 내가 너에게 사탕 하나를 줄게. (옛 영국영어로 표현하십시오)
(지금은 영국에서도 미국영어와 같이 표현함)

_____

3. 내가 너를 10년 동안 형무소로 가게 하겠다. (법정용어)

_____

⑧ **ought to:** must와 동등한 의미를 나타내나, must만큼 빈번하게 쓰이지 않는다.

1. 너는 너의 일을 먼저 해야만 한다.

_____

2. 우리는 밤늦게까지 자지 않아서는 안 된다.

_____

⑨ **need / dare의 용법:** 여기서는 조동사의 역할만 보기로 한다.

1. 그는 그렇게까지 밤늦게 일할 필요는 없다.

_____

2. 그녀는 감히 아기를 홀로 내버려 두지는 않는다.

_____

3. 그는 벌써 출발할 필요는 없다, 그렇지?

_____

4. 그가 그것을 감히 인정하겠는가?

_____

⑩ **used to:** 과거의 규칙적 습관/행동/상태

1 그는 매일 아침 일찍 일어나곤 했다.

_____

2. 그는 사뭇 시골에서 살아왔다.

_____

⑪ **be (get) used to:** … 에 익숙해지다.

1. 그는 이제 한국 음식을 먹는 데 익숙해졌다.

_____

2. 그들은 서울에서 지하철로 출퇴근하는 데 익숙해졌다.

_____

⑦ will / shall: (의지미래)

1. I **will** give you a candy.

2. **You shall** have a candy.

3. **You shall** be prisoned for ten years.

⑧ ought to

1. You **ought to** do your work first.

2. We **ought not to** stay up late.

⑨ need / dare (조동사)

1. He **need not (needn't)** work so late.

2. She **dare not (daren't)** leave the baby.

3. He **needn't** start yet, need he?

4. **Dare** he admit it?

⑩ used to

1. He **used to** get up early every morning.

2. He **used to** live in the country.

⑪ be (get) used to

1. He **is used to** eating Korean food now.

2. They **are used to** commuting by subway in Seoul.

2　시 (time)와 시제 (tense)

UNIT

시와 시제는 전혀 다르다. 시는 전 세계의 모든 사람들이 인정하는 현재 / 과거 / 미래, 3가지로 구분된다. 그러나 시제는 언어마다 다르다. 영어에는 12 시제를 쓰고 있는데, **이 12 시제문 유형을 여기서 모두 제시한다.** 먼저 현재시제의 첫 4개 시제문의 영작을 보기로 한다.

A-1. 단순 현재형

일반적인 현재: I / We <u>work</u> everyday.

영구적인 여건(permanent situations)이나, 규칙적으로 나타나는 현재행동을 언급할 때, 현재형을 쓴다. 또 항상 되풀이되는 일에 대해서도 현재형을 쓴다. 즉, 우리들의 습관이나, 이미 결정된 일상적인 시간표, 연간 계획표 등에 따라 나타나는 시간을 언급할 때에는 현재형을 쓴다. 또 일반적인 진리, 사실, 격언 등도 현재형으로 표현한다.

포괄적인 현재시제는 이 모든 사항을 포함한 '현재시제의 용어'이다. 그리고 주절에 will이 나타날 때에, 부사절은 현재시제로 표현한다. 다음 예들을 보자.

(1) 포괄적 현재 시제

    a.　The sun <u>rises</u> in the east.　　　　　　　　　　진리
    b.　The earth <u>goes</u> around the sun.　　　　　　　진리
    c. What do frogs <u>eat</u>?　　　　　　　　　　　　일반적인 습관
    d.　Mary <u>goes to church</u> every Sunday.　　　　일반적인 습관
    e. Monica <u>gets up</u> early in the morning to go to her office.　일반적인 습관

    f.　If he <u>needs</u> money, I <u>will</u> give him the money.
       주절에 will이 오면, 종속절엔 현재
    g. I <u>will</u> give her the book, when she <u>comes</u> back.
       주절에 will이 오면, 종속절엔 현재

(2) 모든 '정해진 시간표', '연중 계획' 등은 현재시제로 표현된다.

    a. She <u>told</u> us that her class <u>begins</u> at nine in the morning.　정해진 시간표

    b. The plane <u>leaves</u> for New York at noon tomorrow.　정해진 시간표

    c. The second semester <u>begins</u> in September in Korea.　정해진 기간표

(3) 그러나 다음 when **종속절**의 예와 같이, **주절의 know 동사가 when-절을 둘** 경우에는 종속절에서도, 그대로 will을 사용한다. 위 포괄적 현재시제의 (1)의 f~g번과 비교해보자.

    a. I don't <u>know</u> when she <u>will</u> come back.

    b. Do you <u>know</u> if (whether) he <u>will</u> come here?

    c. I don't <u>know</u> the day when they <u>will</u> go there.

A-2. 현재 진행형

(1) 기본 형태: **am / are / is + …ing**

    a. I <u>am waiting</u>.

    b. <u>Are</u> you <u>listening</u>?

    c. She <u>isn't working</u> today.

(2) 지금 막 일어나고 있는 행동이나, 여건을 언급할 때, 현재진행형이 쓰인다. 말하고 있는 지금, 조금 전, 말하고 있는 동안, 또는 후에도 쓰인다.

    a. Hurry up! We <u>are</u> all <u>waiting</u> for you.　(말하기 전에 이미 기다림)

    b. What <u>are you doing</u>? I<u>'m writing</u> a letter.　(말하고 있는 동안)

    c. Why <u>are you crying</u>? Is something wrong?　(말하고 있는 현재 / 그 전 / 후)

    d. He <u>is working</u> in Saudi Arabia at the moment.　(말하고 있는 현재)

(3) 되풀이 되는 행동

    a. Why <u>is</u> he <u>hitting</u> the dog?

    b. I<u>'m travelling</u> a lot these days.

(4) 가까운 미래에 대한 이야기

    a. What **are** we **doing** tomorrow evening?

    b. Come and see us next week if you **are passing** through my town.

(5) 변화

    a. That child **is getting bigger and bigger** every day.

    b. House prices **are going up** every day.

A-3. 현재 완료형

(1) 기본형태: have / has + past participle

    a. I **have worked** all day.

    b. I **have broken** my leg.

과거에 시작해서 현재까지 지속된 일

(2) **과거** 또는 **가까운 과거**에서 시작하여 **현재까지 완결된 동작**은 **현재완료형**으로 표현한다.

    a. I have **already** finished lunch. (나는 이미 점심을 먹었다)

    b. She **has gone** to England. (그는 영국으로 가서, 지금 여기에 없다)

    c. He **has been dead** for five yours. (그분이 돌아가신 지 5년이 되었다)

    d. How long **have you been in** Korea? (한국에 오신 지 얼마나 되십니까?)

    e. **Have** you ever **been** to Hawaii? (선생님은 지금까지 Hawaii에 가보신 적이 있습니까?)

(3) 현재완료는 과거에서 시작했지만, 명백한 과거를 나타내는 부사 yesterday, ago, just now, when(의문사)과는 함께 쓰지 못한다. 그리고 현재완료는 다음과 같은 4가지 개념을 나타낸다.

    a. 계속: I**'ve been sick** in bed **for a week**.

    b. 경험: He **has** never **been** to New York.

    c. 완료: I**'ve** just **finished** my homework.

    d. 결과: She **has lost** her handbag. (She doesn't have it now)

(4) 다음 예에서 위 (3)의 **과거표시 부사**를 확인해 보자.

   a. He **has gone** to America **yesterday**.   (x) yesterday: 과거표시 부사

   b. He **went** to America **yesterday**.   (o)

   c. **When has** he **gone** to America?   (x) when: 과거표시 부사

   d. **When did** he go to America?   (o)

(5) 현재완료형에서는 부사 already, yet, ever 등은 허용된다.

   a. 긍정문에서: He has **already** arrived.   (벌써)

   b. 부정문에서: He hasn't arrived **yet**.   (아직)

   c. 의문문에서: Have the children gone to school **yet**?   (벌써)

   d. 의문문에서: Has Tom left **yet**?   (벌써)

   e. 의문문에서: Have you **ever** been to New Zealand? (여태까지, 언잰가)

A-4. 현재 완료진행형

(1) 형태: have / has been + …ing: 이 때 been은 다음 a와 같이 두 부분으로 분리시켜 생각해야
한다.

   a. **have / has** be – **en** + ing:

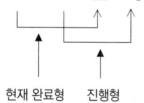

            현재 완료형   진행형

   b. I **have been thinking** about you.   (나는 당신에 대해서 생각하고 있는 중이다)

   c. **Have** you **been waiting** long?   (너는 오래 기다리고 있었니?)

   d. I **have**n't **been studying** very well recently. (나는 최근에 공부를 잘하지 못하고 있었다)

(2) 과거에 시작해서, 지금까지 지속되고 있는 행동이나 여건을 되돌아 볼 때, 우리는 현재완료 진행형
시제를 쓴다.

   a. She **has been living** in Seoul **for over three years**.
     (그녀는 3년 이상 서울에서 살아오고 있습니다)

b. She **has been waiting** to see you **since two o'clock**.
   (그녀는 2시 이래로 당신을 만나기 위해서 기다리고 있습니다)

c. He **has been learning** English **for over three years**.
   (그는 3년 이상 영어를 공부해오고 있습니다)

(3) 반복되는 행동

a. People **have been phoning** me all day.
   (사람들은 온종일 나에게 전화를 하고 있습니다)

b. I**'ve been waking up** in the night a lot. I think I'll see the doctor.
   (나는 밤에 자주 잠을 깬다. 나는 의사 선생님을 만나볼까 생각한다)

(4) How long? 이라는 표현과 함께, "얼마나 오래 무엇을 하고 있느냐" 라는 질문에는 항상 반드시 '현재완료 진행형' 을 쓴다.

   How long **have** you **been studying** English?
   (얼마나 오래 영어를 공부하고 있습니까?)

기본 예문 1

① **단순 현재형**

1. 해는 동쪽에서 뜬다.

   _____

2. 지구는 태양 주위를 돈다.

   _____

3. Mary는 일요일마다 교회에 갑니다.

   _____

4. 그녀는 우리들에게 그녀의 수업이 아침 9시에 시작된다고 말했다.

   _____

5. 그 비행기는 내일 정오에 뉴욕으로 떠날 것이다.

   _____

② 현재 진행형

1. 당신은 지금 무엇을 하고 있습니까?

   _____

2. 나는 지금 편지를 하나 쓰고 있습니다.

   _____

3. 그 애기는 매일 점점 더 커지고 있습니다.

   _____

4. 집값들은 매일 올라가고 있습니다.

   _____

5. 날씨는 점점 더워지고 있습니다.

   _____

   _____

③ 현재 완료형

1. 나는 일주일 동안 아파오고 있습니다.　　　　　　　　(계속)

   _____

2. 그는 뉴욕에 가본 적이 없습니다.　　　　　　　　　　(경험)

   _____

3. 나는 나의 숙제를 막 끝마쳤습니다.　　　　　　　　　(완료)

   _____

4. 그녀는 그녀의 핸드백을 잃어버렸습니다.　　　　(결과)

   _____

5. 그녀는 미국에 가고 없습니다.

   _____

④ 현재 완료진행형

1. 나는 당신에 대해서 계속 생각해오고 있습니다.

   _____

2. 선생님은 오랫동안 기다리고 있었습니까?

   _____

3. 그녀는 3년을 넘게 서울에 살아오고 있습니다.

   _____

4. 그녀는 2시 이후로 당신을 만나려고 계속 기다려오고 있습니다.

   _____

5. 그는 3년 이상 영어를 계속 배워오고 있습니다.

   _____

기본 예문 1의 영작

① 단순 현재형

1. The sun <u>rises</u> in the east.

2. The earth <u>goes</u> around the sun.

3. Mary **goes to church** every Sunday.

4. She <u>told</u> us that her class **begins** at nine in the morning.

5. The airplane <u>leaves</u> for New York at noon tomorrow.

② 현재 진행형

1. What <u>are you doing</u>?

2. I<u>'m writing</u> a letter.

3. That child **is getting bigger and bigger** every day.

4. House prices **are going up** every day.

5. The weather is getting hotter and hotter.

③ 현재 완료형

1. I<u>'ve been sick</u> in bed <u>for a week</u>.   (계속)

2. He <u>has</u> never **been** to New York.   (경험)

3. I've just **finished** my homework.   (완료)

4. She **has** **lost** her handbag.   (결과)

5. She has gone to America.

④ **현재 완료진행형**

1. I **have been thinking** about you.

2. **Have** you **been waiting** long?

3. She **has been living** in Seoul **for over three years**.

4. She **has been waiting** to see you **since two o'clock**.

5. He **has been learning** English **for over three years**.

B-1. 단순 과거형

(1) 형태: **동사원형** + --(e)d / 불규칙적 과거형 동사로 과거의 일을 묘사한다.

(2) **단순과거** 시제는 지금 막 끝난 행위나 사건을 물론, 오래 지속되거나, 반복되었던 상황 등 여러 가지 과거의 일들을 언급할 때 쓰인다. 다음 a, b, c, d를 보자.

  a. Peter **broke** a window last night.   (Peter는 간밤에 창문을 깨었다)
  b. I **heard** the news **an hour ago**.   (나는 한 시간 전에 그 소식을 들었다)
  c. I **spent all my childhood** in the country.   (나는 유년기를 모두 시골에서 보냈다)
  d. Regularly, **every summer**, Jane **fell in** love.   (여름만 되면, Jane은 사랑에 빠졌다)

(3) 역사적인 과거사실

  a. The Korean War **broke out** in 1950.
  b. The Republic of Korea **was liberated from** Japan in 1945.

B-2. 과거 진행형

(1) 형태: was / were + …ing.

(2) 과거진행형 시제는 **과거의 특정 시점 / 기간중에** 진행 중이었던 상황을 언급한다.

    a. I was working all day long.   (all day long이란 과거부사)
    b. Were you listening to me when I told the story?   (when I told의 과거부사)
    c. She was watching TV all evening.   (all evening이라는 과거부사)

(3) **과거의 한 시점**에 진행 중이었던 일

    What were you doing at 8 o'clock yesterday evening?
    I was watching TV.

(4) **과거진행형도 한시적인 행위**나 **상황**에 사용된다.

    a. It happened while I was living in Seoul last year.
    b. When I got home, water was runnig down the kitchen walls.

B-3. 과거 완료형

(1) 형식: had + past participles

(2) **과거완료형**의 기본 의미는 **더 이른 과거, 즉, 대과거**에 두는 것이다. 우리가 과거에 대해서 말할 때, 우리가 말하는 과거보다 그 이전에 이미 일어난 어떤 일을 분명히 하기 위해, 잠시 동안, 그 앞의 순간으로 되돌아가는 것이다.

    a. During our conversation, I realized that we had met before.
       (NOT: ~~I realized that we met before.~~)

    b. When I arrived at the party, Lucy had already gone home.

(3) 앞의 현재완료형과 같이 과거완료형도 4가지 개념을 나타낸다.

    a. 완료: I had just finished dinner when my brother came in.

    b. 경험: Sujin had never been abroad before she went to Hawaii.

    c. 결과: John had lost his wallet, so he couldn't buy anything.

    d. 계속: John had lived in Chicago before he moved to Seoul last year.

(4) **지속된 기간**을 언급할 때에는 단순과거 대신 **과거완료형**을 사용한다.

    a. She <u>told</u> me that her father <u>**had been ill**</u> since Christmas.
       (NOT: ~~that her father was ill since Christams~~.)

    b. When they <u>got married</u>, they <u>**had known**</u> each other for 15 years.
       (NOT: ~~they knew each other for 15 years~~)

(5) 실현되지 못한 희망과 소원:

    '과거완료형'은 실현되지 못한 소원이나, 표현을 할 때에도 쓰인다.

    a. I <u>**had hoped**</u> we would leave tomorrow, but it won't be possible.
       (나는 내일 떠나기를 희망했었다. 그러나 그것이 가능하지 않을 것 같다)

    b. He <u>**had intended**</u> to make a cake, but he <u>**ran out of**</u> time.
       (그는 캐이크를 만들기를 원했었다. 그러나 그는 시간이 없었다)

B-4. 과거 완료진행형

(1) 형식: had been + …ing

    a. What were you doing when we're enjoying horse riding yesterday?
       (우리가 어제 말 타기를 즐기고 있을 때, 너는 무엇을 하고 있었니?)

    b. I **had been working**. (나는 일하고 있었던 중이었다)

    c. Where **had** she **been staying** during the spring vacation?
       (그녀는 봄방학 동안에, 어디에 머물고 있었던 것인가?)

d. She **had been staying** at the school dormitory. (그녀는 학교 기숙사에 있었다)

(2) 위의 예와 같이, 과거의 어느 한 시점, 또는 바로 그 직전까지 계속되고 있었던 행동이나, 상황에는 '과거완료 진행' 형이 쓰인다.

a. <u>At that time</u>, we <u>had been living</u> in the caravan for about six months.
(그 당시 우리는 6개월 정도 이동식 주택에서 살고 있었다)

b. When I <u>found</u> Mary, I <u>could see</u> that she <u>had been crying</u>.
(내가 Mary를 찾았을 때, 나는 그녀가 울고 있었다는 것을 볼 수 있었다)

(3) 계속된 기간: 과거진행 대신 과거완료진행

더 오래된 과거부터 과거의 한 시점까지 지속된 기간을 나타낼 때는 '과거진행'이 아니라 **과거완료 진행**을 쓴다.

a. We <u>had been walking since sunrise</u>, and we <u>were hungry</u>.
(해가 뜬 이후부터 걸었더니, 배가 고팠다)
(NOT: ~~We were walking since sunrise~~)

b. When she <u>arrived</u>, she <u>had been travelling</u> for 20 hours.
(그녀가 도착했을 때, 그녀는 20시간 동안 여행을 하고 있었다)
(NOT: ~~she was travelling for 20 hours.~~)

기본 예문 2

⑤ **단순 과거형**

1. Peter는 어제 밤에 창문을 깨트렸다.

_____

2. 나는 한 시간 전에 그 뉴스를 들었다.

_____

3. 나는 나의 유년시절을 시골에서 보냈다.

_____

4. 한국 전쟁은 1950년에 일어났다.

5. 대한민국은 1945년 일본으로부터 해방되었다.

⑥ 과거 진행형

1. 나는 온종일 일하고 있었다.

2. 그녀는 저녁 내내 TV를 보고 있었다.

3. 너는 어제 저녁 8시에 무엇을 하고 있었니?

4. 내가 길을 걸어 내려가고 있었을 때, 나는 Bill을 보았다.

5. 그것은 내가 작년에 서울에 살아오고 있었던 동안 일어났다.

⑦ 과거 완료형

1. 내가 파티에 도착했을 때, Lucy는 이미 집으로 가고 없었다.

2. 나의 형이 들어왔을 때, 나는 막 저녁 식사를 끝냈다.   (완료)

3. Sujin은 하와이에 가기 전에, 해외로 나가본 적이 없었다.   (경험)

4. John은 그의 지갑을 잃어버렸다, 그래서 그는 아무것도 살 수 없었다.   (결과)

5. John은 작년에 한국으로 오기 전에, 시카고에 살았었다.   (계속)

⑧ **과거 완료진행형**

1. 우리들이 어제 승마를 즐기는 동안, 너는 무엇을 계속하고 있었니?

___

2. 나는 온종일 계속 일하고 있었다.

___

3. 봄 방학 동안에, 그녀는 어디에 머물고 있었던 것인가?

___

4. 그녀는 학교 기숙사에 머무르고 있었다.

___

5. 그 당시 우리는 약 6개월 동안 이동식 차 안에서(in the caravan) 살고 있었다.

___

기본 예문 2의 영작

⑤ **단순 과거형**

1. Peter <u>broke</u> a window <u>last night</u>.

2. I <u>heard</u> the news <u>an hour ago</u>.

3. I <u>spent all my childhood</u> in the country-side.

4. The Korean War <u>broke out in 1950</u>.

5. The Republic of Korea <u>was liberated from</u> Japan <u>in 1945</u>.

⑥ **과거 진행형**

1. I <u>was working all day long</u>.

2. She <u>was watching</u> TV <u>all evening</u>.

3. What <u>were</u> you <u>doing at 8 o'clock yesterday evening</u>?

4 As I <u>was walking down</u> the road, I <u>saw</u> Bill.

5. It happened while <u>I was living in Seoul last year</u>.

⑦ 과거 완료형

1. When I <u>arrived</u> at the party, Lucy <u>had already gone</u> home.

2. I had just finished dinner when my brother came in.　　　　　(완료)

3. Sujin had never been abroad before she went to Hawaii.　　　(경험)

4. John had lost his wallet, so he couldn't buy anything.　　　　(결과)

5. John had lived in Chicago before he moved to Seoul last year.　(계속)

⑧ 과거 완료진행형

1. What were you doing when we're enjoying horse riding yesterday?

2. I had been working all day.

3. Where had she been staying during the spring vacation?

4. She had been staying at the school dormitory.

5. <u>At that time</u>, we <u>had been living</u> in the caravan for about six months.

C-1. 단순 미래형 will / shall

앞에서 조동사를 논의할 때, 언급했지만, 2인칭 / 3인칭 의지미래의 경우도, "I will give you a candy."와 같은 표현을, "You shall have a candy."라는 표현으로는 이제 거의 사용하지 않는다. 그러나 2인칭 / 3인칭의 의지미래는 사회적으로 지위가 높고, 손위의 사람이, 아래 사람에게 권위 있고, 위엄있는, 정중한 명령이나, 판정, 판결, 권고의 의미로는 지금도 사용된다.

위에서 언급된 것 같이 1인칭 미래는, 의지미래 / 단순 미래가 모두 이제는 I will / We will로 통합되었다고 본다. 그리고 1인칭의 의문문인 경우 (Shal I···? Shall we···?)를 제외하고, 위에서 언급한 2, 3인칭의 예를 제외하고는 will이 자유롭게 사용된다.

(1) 형태: will + bare infinitive(영국영어에서는 'I/We **shall**···.' 도 역시 쓰인다.)

  a. It **will (shall) rain** tomorrow.
  b. Karen **will (shall) start work** some time next week.
  c. It will be cold tomorrow.
  d. Where will you spend tonight?

(2) 미래에 대한 정보제공 또는 예측

  a. It will be spring soon.
  b. Will all the family be at the wedding?
  c. Tomorrow will be warm, with some cloud in the afternoon.
  d. John will leave tomorrow.
  e. You will be sixteen years old in June.

(3) 그 외에 몇 가지 관용적인 표현을 보자. 가까운 미래는 다음 c의 예와 같이 진행형으로도 나타낸다.

  a. I **am going to** meet my friends at the park.
  b. What **are you going to** do this afternoon.
  c. I'**m meeting** John in the evening.
  d. Jane **is to be** married in June.
  e. When we **are about to** start, it starts to rain.

(4) 이미 알고 있는 / 결정된 미래의 일은 will을 쓰지 않고, 현재진행형 동사를 쓴다.
  a. I **am coming** to the party this afternoon.
  b. My sister is going to have a baby.

C-2. 미래 진행형

(1) 형태: will / shall be + …ing

(2) 미래의 어떤 시점, 시기부터 시작해서 그 시점, 그 시기를 지나서, 그 다음까지 계속되는 미래의 동작, 상태를 나타낼 때, 미래진행 시제가 사용된다.

- a. I wonder what **he will be doing** (at) this time tomorrow.
- b. If you don't show up, everyone **will be wondering** what has happened to you.
- c. His children **will be waiting** at the airport to meet him when he arrives.
- d. Harry **will be doing** his military service at this time next year.
- e. This time tomorrow **I'll be lying** on the beach.

C-3. 미래 완료형

(1) 형태: will have + past participles. / 영국영어 shall have + past participles

(2) 미래완료는 미래 어느 시점까지의 동작이나, 상태의 완료, 경험, 계속, 결과를 나타낸다. 따라서 미래의 어느 시점을 표현하는 부사구와 함께 쓰일 때가 많다.
다음 예를 보자.

- a. I **will have finished** my homework **by tomorrow**.
- b. **By this time next week**, I **will have crossed** the Pacific Ocean.
- c. **By this time next year**, John **will have taken** his university degree.
- d. I **will (shall) have finished** the repair **by this evening**.
- e. I **will (shall) have taught** English for twenty years **this summer**.

C-4. 미래 완료진행형 / 미래 완료수동형

(아래 (2) c도 미래 완료진행형이다)

(1) 형태: will / shall have been + '--ing' / 'past participles'

(2) 미래의 어떤 시점에 계속 진행되고 있을 일을 언급할 때는 **미래완료 진행형**을 쓴다.

a. It **will have been raining** for a week **by tomorrow**, if raining continues.
(만일 내일까지 비가 계속 온다면, 일주일 동안 비가 계속 오게 되는 것입니다)

b. She will have been studying English for three years **by the next month**, if she continues studying of English.
(그녀가 영어공부를 계속한다면, 다음달까지, 3년 동안 영어를 계속 공부하고 있을 것이다)

c. We **will have been married** (for) thirty years by the next May.
(미래완료 수동) (우리는 다음 5월까지 30년 동안 결혼해서 살아오고 있는 것입니다)

이 문장에서는 진행형의 '--ing' 형태는 없지만, 전체의 의미가 수동진행의 의미를 갖기 때문이다.

(3) 진행형은 미래완료 진행형까지 다양한 형태를 보이기 때문에 진행형의 유형을 가장 간단한 것에서부터 차례로 다시 한 번 살펴보자.

a. She is studying English **now**.   (현재 진행)
b. She was studying English **when I visited him**.   (과거 진행)
c. She has been studying English for two hours **by noon**.   (현재완료 진행)
d. She had been studying English **when I came home**.   (과거완료 진행)
e. She will be studying English for two years **by the next month**,
   if she continues studying of English.   (미래 진행)
f. It **will have been raining** for a week **by tomorrow**, if raining continues.
                                                                       (미래완료 진행)

기본 예문 3

⑨ **단순 미래형**

1. 내일은 비가 올 것이다.

_____

2. Karen은 다음 주 언제쯤 일을 시작할 것이다.

_____

3. 네가 오늘 밤을 어디서 보낼 것인가?

_____

4. John은 내일 떠날 것이다.

_____

5. 너는 6월이면 16세가 될 것이다.

_____

⑩ 미래 진행형

1. 나는 그가 내일 이때쯤 무엇을 하고 있을까 궁금하다.

_____

2. 그가 도착할 때, 공항에서 그를 만나려고, 그의 어린이들이 기다리게 될 것이다.

_____

3. Harry는 내년 이때쯤 그의 군복무를 하고 있을 것이다.

_____

4. 내일 이때쯤, 나는 해변에 누워있을 것이다.

_____

5. 제가 요즈음(근일) 어느 날, 선생님을 뵙고 오려고 합니다.

_____

⑪ 미래 완료형

1. 나는 나의 숙제를 내일까지 끝마칠 것입니다.

_____

2. 나는 다음 주 이때쯤, 태평양 횡단을 마칠 것입니다.

_____

3. 내년 이때까지, John은 그의 대학 졸업장을 받게 될 것이다.

_____

4. 나는 이 수리작업을 오늘 저녁까지 끝낼 것이다.

_____

5. 나는 이번 여름이면, 20년 동안, 영어를 가르치게 될 것입니다.

_____

⑫ 미래완료 진행형 / 미래수동 진행형

1. 만일 비가 계속된다면, 내일까지, 비가 1주일 동안 오게 되는 것입니다.

_____

2. 만일 그녀가 영어공부를 계속한다면, 다음 달까지, 그녀는 3년 동안 영어를 계속 공부하게 되는 것
   입니다.

   _____

3. 우리는 다음 5월까지, 30년을 결혼하게 되어지는 것입니다.

   _____

4. 그녀는 정오까지, 2시간 동안 계속 영어를 공부하게 될 것입니다.

   _____

5. 그 일꾼들은 이 건물을 완공하기 위해 이달 말까지 2년 5개월 동안 일하게 될 것이라고 말한다.

   _____

기본 예문 3 영작

⑨ 단순 미래형

1. It **will (shall) rain** tomorrow.

2. Karen **will (shall) start work** some time next week.

3 Where will you spend tonight?

4. John will leave tomorrow.

5. You will be sixteen years old in June.

⑩ 미래 진행형

1. I wonder what **he will be doing** (at) this time tomorrow.

2. His children **will be waiting** at the airport to meet him when he arrives.

3. Harry **will be doing** his military service at this time next year.

4. This time tomorrow I'**ll be lying** on the beach.

5. I'**ll be seeing** you one of these days.

⑪ 미래 완료형

1. I **will have finished** my homework **by tomorrow**.

2. **By this time next week**, I **will have crossed** the Pacific Ocean.

3. **By this time next year**, John **will have taken** his university degree.

4. I **will (shall) have finished** the repair **by this evening**.

5 I **will (shall) have taught** English for twenty years **this summer**.

⑫ 미래 완료진행형 / 미래 완료수동진행형

1. It **will have been raining** for a week **by tomorrow**, if raining continues.

2. She will have been studying English for three years **by the next month**, if she continues studying of English.

3. We **will have been married** (for) thirty years by the next May.

4. She has been studying English for two hours **by noon**.

5. The workers say that they **will have been working** (for) two years and five months by the end of this month to complete this building.

영어에서 표현되는 기본적인 12 시제문을 모두 제시하고, 연습해 보았다. 이것은 정확한 영어작문을 위해 가장 중요한 부분이라고 생각된다.

3 | To-부정사 (To-Infinitives)

To-부정사는 Ⓐ 명사적 용법, Ⓑ 형용사적 용법, Ⓒ 부사적 용법으로 크게 분류되고, 또 다음 Ⓓ와 같이, **능동 / 수동 / 완료부정사 / 완료 수동부정사**로도 변형될 수 있다.

Ⓓ

능동/수동 시제	능동	수동
단순 부정사	to do	to be done
완료 부정사	to have done	to have been done

일반적으로, to-부정사는 다음 A의 ① a, b와 같이, 가주어 / 진주어로 나타난다.

A. To-부정사의 명사적 용법

① a. <u>It</u> <u>is</u> <u>difficult</u> <u>to lose weight in a week or a month</u>.
  가주어 vi   C(A)   진주어 S

b. <u>To lose weight in a week or a month</u> <u>is</u> <u>difficult</u>.
      진주어 S   vi   C(A)

a. <u>To learn English</u> <u>is</u> not <u>an easy job</u>.
      S   vi   C(N)

b. <u>To make good friends</u> is important.

c. <u>To perfect my English</u> <u>requires</u> <u>me</u> <u>years of hard study</u>.
      S   vt   IO   DO

다음 ②의 예는 모두 be 동사의 **명사보어**이다. 아래 j / k번의 예문을 우리나라에서는 모두 **형용사 보어**로 해석하는데, 이것은 전혀 **형용사** 보어가 아니다. 다음 쪽 해설을 참조하기 바란다.

② a. <u>To see</u> <u>is</u> <u>to believe</u>.
       S   V   C(N)   (C(N)은 이때 '명사보어')

   b. To teach <u>is to learn</u>.

   c. All you have to <u>is to put parts together</u>.

   d. Who <u>is to blame</u>?

   e. The thing you have to do <u>is</u> <u>to pretend you didn't hear</u>.

   f. My wish <u>is</u> <u>to have a friend of native speakers of English</u>.

   g. To know her <u>is</u> <u>to like her</u>.

   h. My aim <u>is</u> <u>to help you</u>.

   i. You <u>are</u> <u>to be congratulated.</u>

   j. We <u>are</u> <u>to meet</u> at 10 in the morning.

   k. You <u>are</u> <u>to start</u> at once.

be + to-infinitive 구조는 **명사보어**이다. 위 j에서 "우리는 아침 10시에 만나는 <u>것이다</u>." 여기에서 "만나는 것이다"라는 명사적 용법을 알고서, '좀 자연스럽게' '만나게 될 것이다'로 해석하는 것은 허용된다. k번도 마찬가지로 명사적 보어이다. "너는 즉시 떠나야 하는 <u>것이다</u>." **이것은 필자의 주장이 아니라, Hornby(1975: 20-21)과 Michael Swan(2005: 265)를 참조. 그리고 더 구체적인 것은, 앞 56쪽, 동사유형 (2-12)를 참조.**

다음 ③의 예는 타동사의 목적어이다.

③ a. <u>We</u> <u>like</u> <u>to study English</u>.
       S   vt   C(N)

   b. I prefer <u>to start early</u>.

   c. Do you want <u>to go</u>?

   d. He promised <u>to go with me</u>.

   e. He agreed not <u>to let</u> the family know.

   f. I hope <u>to see you soon</u>.

또 다음 ④와 같이 목적어 명사보어로도 나타나고, ⑤와 같은 주격 명사보어로도 나타난다.

④ a. <u>We</u> <u>asked</u> <u>him</u> <u>to help us</u>.
      S   vt   IO   C(N)

  b. He doesn't want anyone <u>to know about it</u>.

  c. He likes his wife <u>to dress colorfully</u>.

  d. She can't bear me <u>to be unhappy</u>.

  e. We all wouldn't want another war <u>to break out.</u>

⑤ seem, appear, happen 등의 자동사 다음에 '명사보어'로도 나타난다.

  a. <u>This</u> <u>appears</u> <u>(to be) an important matter</u>.
       S   vi   C(N)

  b. She appears <u>to have many friends</u>.

  c. You seem <u>to be enjoying the party</u>.

  d. I seem <u>to remember meeting him somewhere</u>.

  e. The survey appears <u>to have revealed some interesting facts</u>.

  f. It happened <u>that I was not in Seoul but in my home town in the country</u>.

⑥ 의미상의 주어와 형용사적 용법으로 쓰는 to-부정사의 관용구조

의미상의 주어 다음에 나타나는 to-부정사 구조는, to-부정사의 의미상의 주어와 함께, to-부정사의 형용사적 용법으로, 그 앞에 나타나는 명사를 수식한다. 다음 예를 보기로 하자. **for me, for us, for them, for him, for her** 등 의미상의 주어를 쓰는 것은 중요한 영작문의 구조이다.
다음에 제시된 ⓐ-ⓜ의 의미를 살펴보면, 우리가 쓰고 싶은 표현이 많이 포함되어 있다. 영작문은 이와 같은 구조들에서부터 시작하면 효과가 있을 것이기 때문이다.

예: <u>명사</u> + <u>for</u> + <u>의미상의 주어</u> + <u>to-부정사 구조의 연습</u>
           ↑   누구가   '…할'

ⓐ 내가 사랑할 여자친구: a girl-friend <u>for me</u> to love.

ⓑ 나와 이야기할 친구: a friend <u>for me</u> to talk to / with.

ⓒ 나와 함께 놀 여자친구: a girl-friend **for me** to play with.

ⓓ 나를 도와줄 친구: a friend who can help me. / a friend to help.

ⓔ 내가 해야할 숙제: homework **for me** to do

ⓕ 내가 초대할 사람들: people **for me** to invite.

ⓖ 그녀가 사랑할 남자: a man **for her** to love.

ⓗ 우리가 살 집: a house **for us** to live in.

ⓘ 내가 써야 할 초대장: an invitation card **for me** to write.

ⓙ 손님이 앉을 의자: a chair **for a guest** to sit on.

ⓚ 내가 의지해야 할 친구: a friend **for me** to rely on.

ⓛ 두려워할 것 같은 어떤 것: something **to be afraid of**.

ⓜ 그들이 좋아할 것 같은 어떤 것: something **for them to be fond of.**

기본 예문 1

① 이 영작문은 It…to-부정사 구조로도 표현할 수도 있고, 또 to-부정사 구가 바로 주어로 나타나는 구조를 선택해도 상관없다. 위 ⑥의 명사수식 어구를 충분히 활용해서 영작을 해보기 바란다.

1. 우리들 자신을 아는 것은 쉽지 않다.

   _____

2. 영어를 배우는 것은 쉽지 않은 일이다.

   _____

3. 좋은 친구를 가지는(두는) 것은 중요하다.

   _____

4. 한 달까지 노력한 후에, 우리들의 몸무게를 줄이는 것은 어렵다.

   _____

5. 거짓말 하는 것은 나쁜 것이다.

   _____

② 이 영작은 반드시 to-부정사를 주어로 나타내십시오.

1. 가르치는 것이 배우는 것이다.

   _____

2. 보는 것이 믿는 것이다.

_____

3. 너의 의무를 다하는 것은 중요하다.

_____

4. 우표를 모으는 것이 나의 취미이다.

_____

5. 당신을 도우는 것이 나의 목적이다.

_____

③ 이 영작은 목적보어를 **to-부정사구**를 쓰면서 표현하라. 그리고 필요하다면, 앞 ⑥의 예들을 이용하시기 바란다.

1. 아무도 또 다른 전쟁이 일어날 것을 원하지 않는다.

_____

2. 나는 나를 도와줄 친구가 없습니다.

_____

3. 나는 내가 이야기할 친구가 필요하다.

_____

4. 나는 나의 영작문을 고쳐줄 원어민이 필요하다.

_____

5. 나는 내가 좋아할 여자친구를 가지기를 원한다.

_____

기본 예문 1의 영작

① 1. It is not easy to know oneself / ourselves.
   = To know oneself / ourselves is not easy.

2. To learn English is not easy.
   = It is not easy to learn English.

3. It is important to have a good friend.
   = To have a good friend is important.

4. It is difficult to lose our weight in a month.
   = To lose our weight in a month is difficult.

5. It's wrong to tell a lie. (It's wrong to lie.)
   = To tell a lie is wrong.

② 1. To teach is to learn.

2. To see is to believe.

3. To do your duty is important.

4. To collect stamps is my hobby.

5. To help you is my aim.

③ 1. No one wants another war to break out.

2. I have no friend who can help me.
   = I have no friend to help me.
   = I have no friend for him to help me.

3. I need a friend **for me** to talk to / with.

4. I need a native speaker of English **for him** to **check up** my English composition.

5. I want to have a girl-friend **for me** to love.

B. To-부정사의 형용사적 용법

① anything, something, somebody 등을 수식하는 형용사는 그 뒤에 to-부정사로 나타난다.

a. Would you like something **to drink**?
b. Please give me something **to eat**.

② 일반 명사도 뒤에 to-부정사로 된 형용사 수식어를 갖기도 한다.

a. Fall is the best season **to study**.
b. He has a lot of homework **to do today**.
c. I have no friends **to play with.**
d. She doesn't have enough time **to think about it**.
e. Is there any good method **to learn English**?
f. He is the only qualified person **to do the job**.

③ 주어명사(대명사)가 to-부정사의 의미상의 주어가 되는 경우

a. He is not **a person to neglect his duty**.
b. She is **the only lady to have been selected in the committee**.

위 a에서 to-부정사는 바로 앞의 명사 a person의 의미상의 주어가 되고, b에서도 the only lady가 to-부정사의 의미상의 주어이다. 그런데 이 두 개의 명사는 또 그 앞의 문의 주어 He와 She의 주격보어이다. 따라서 위 a, b의 to-부정사는 문의 주어 He와 She의 의미상의 주어가 된다.

④ to-부정사 앞의 명사가 의미상의 목적어가 되는 경우

a. She has bought **a new dress to wear at the party**.
b. We don't have **time to lose.**

⑤ 〈형용사적 용법으로 쓰이는 관용적 구조〉

1. 용감하게도 …을 하다: have the courage to do.
2. 운이 좋게도 …을 하다: have the fortune to do.
3. 친절하게도 …을 하다: have the kindness to do.
4. 대담하게도 …을 하다: have the baldness to do.
5. 뻔뻔스럽게도 …을 하다: have the impudence to do

① 1. 먹을 어떤 것을 (먹을 것을) 좀 주십시오.

_____

2. 마실 것을 드시겠습니까? / 마실 어떤 것을 좋아하십니까?

_____

3. 가을은 공부하기에 가장 좋은 계절입니다.

_____

4. 그는 오늘 해야할 많은 숙제가 있습니다.

_____

5. 나는 함께 놀 친구가 없습니다.

_____

② 1. 영어공부를 하는 어떤 좋은 방법이 있습니까?

_____

2. 그녀는 그것에 대해서 생각할 충분한 시간이 없었다.

_____

3. 그는 그 일을 할 자격을 갖춘 유일한 사람입니다.

_____

4. 그는 그의 의무를 게을리 할 사람이 아닙니다.

_____

5. 그녀는 그 위원회에서 선출된 유일한 여성이다.

_____

③ To-부정사가 앞의 목적어 명사를 수식하는 경우

1. 그녀는 파티에서 입을 새로운 드레스를 샀습니다.

_____

2. 우리는 낭비할 시간이 없습니다.

_____

3. 나는 유람선 여행에서 읽을 책 한권을 샀습니다.

_____

4. 그는 역에까지 가는 길을 나에게 가르쳐줄 친절함을 갖고 있었다.

_____

5. 그는 대통령에게 질문을 할 용기를 가졌다.

_____

기본 예문 2의 영작

① 1. Please, give me something to eat.

2. Would you like something to drink?

3. Fall is the best season to study.

4. He has a lot of homework to do today.

5. I have no friend to play with.

② 1. Is there any good method to study English?

2. She does't have enough time to think about it.

3. He is the only qualified man to do the job.

4. He is not a man to neglect his duty.

5. She is the only lady **to have been elected** in the committee.

위 5의 **to have been elected** 는 맨 앞 도포 ⑩에서 지적한 to-부정사의 '완료 수동부정사'

③ 1. She has bought a new dress to wear at the party.

2. We have no time to lose.

3. I have bought a book to read in a cruise ship journey.

4. He had the kindness to show me the way to the station.

5. She had the courage to ask a question to the President.

C. To-부정사의 부사적 용법

① 부사는 동사, 형용사, 다른 부사를 수식하는 요소이므로, to-부정사의 부사적 용법도 동사, 형용사, 다른 부사를 수식한다. 다음 각 예문에서, to-부정사는 앞에 있는 어떤 품사를 수식하는지 살펴보자.

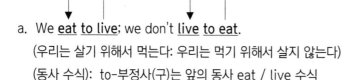

a. We **eat** **to live**; we don't **live** **to eat**.

(우리는 살기 위해서 먹는다: 우리는 먹기 위해서 살지 않는다)

(동사 수식): to-부정사(구)는 앞의 동사 eat / live 수식

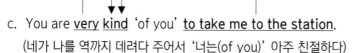

b. I am very **pleased** **to hear that** you've won the scholarship to study abroad.

(나는 네가 외국유학을 가는데 장학금을 탔다는 것을 듣고 대단히 기쁘다)

(형용사 수식): to-부정사(구)는 앞의 형용사 pleased 수식

c. You are **very** **kind** 'of you' **to take me to the station**.

(네가 나를 역까지 데려다 주어서 '너는(of you)' 아주 친절하다)

(형용사 수식): to-부정사(구)는 very와 함께, 앞의 형용사 kind 수식

d. How **stupid** he is **to believe such a non-sense!**

(그가 그와 같은 실없는 소리를 믿다니 얼마나 바보스러운가!)

(형용사 수식): to-부정사(구)는 부사 How와 함께 앞의 형용사 stupid 수식

e. I **thank** you **very** **much** for your kindness.

(선생님의 친절에 대단히 많이 감사합니다)

(다른 부사 수식): very는 다른 부사 much를 수식하고, much는 앞의 동사 thank를 수식한다.

② 부사적 요인: 아래, a에서 f까지 부사적 요인이 제시되어 있고, 또 화실표가 수식하는 동사, 형용사, 다른 부사 등을 지적해주고 있다. 무엇이 무엇을 수식하는지 살펴보자.

a. 목적

She <u>got up</u> <u>early</u> <u>to watch the sunrise</u>.
① to watch the sunrise는 early 수식
② early는 앞의 동사 got up수식
(그는 해가 뜨는 것을 보기 위해서 일찍 일어났다)

He <u>raised</u> his hand <u>to ask a question</u>.　　　　앞의 동사 raised 수식
(그는 질문을 하기 위해서 그의 손을 들었다)

b. 원인

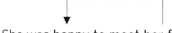

She was <u>happy</u> <u>to meet her family again</u>.　　앞의 형용사 happy 수식
(그녀는 그녀의 가족을 다시 만나서 기뻤다)

We were <u>pleased</u> <u>to hear his quick recovery</u>.　　앞의 pleased 수식
(그가 빨리 회복한 것을 듣고서 우리는 기뻐했다)

c. 이유/ 판단의 근거

She must be <u>foolish</u> <u>to believe such a thing</u>.　　앞의 형용사 foolish 수식
(그녀는 그와 같은 것을 믿다니 바보스러움에 틀림없다)

<u>How</u> <u>rude</u> of her <u>to say that to her teacher</u>!

앞의 부사 How와 함께 형용사 rude 수식
(그녀가 그것을 그녀의 선생님께 말하다니 얼마나 무례한가!)

d. 결과

① He <u>left</u> his home town, <u>never to return</u>.의 town 다음의 컴마(,)는, 접속사 and/when/after 등의 의미를, 그 문장의 의미에 맞게 사용하라는 의미이다. 따라서 and와 같은 접속사의 역할을 한다.(그는 그의 집을 **떠난 후**, 결코 다시 돌아오지 못했다)

위 ①을 영어의 다른 표현으로는 "He left his home <u>and</u> never to return."으로 된다. 76쪽, 동사유형 (2-23)을 참조.

② The good old days <u>have gone</u>, <u>never to come</u>. 에서도, have gone 다음의 컴마(,)도 위 ①과 같이, 접속사 and/when/after 등의 의미로 쓰인다(그 좋은 옛날은 **가고**, 결코 다시 돌아오지 않을 것이다).

영어의 다른 표현으로는 The good old days have gone <u>and</u> never to return.으로 표현된다. 76쪽, 동사유형 (2-23) 참조.

e. 조건 / 양보

<u>To hear him speak English</u>, <u>you take him for an American</u>.
(그가 영어를 하는 것을 듣는다면, 당신은 그를 미국인이라고 생각할 것이다)
(to-부정사는 문부사의 역할을 함)   79쪽 동사유형 (2-24)의 8번 참조.

She shudders, <u>to think of it</u>. (to-부정사는 문부사의 역할을 함)
(그것을 생각하면, 그녀는 온 몸이 떨린다)   79쪽 동사유형 (2-24)의 8번 참조

f. 형용사 / 다른 부사수식

a. She is <u>anxious to leave</u>. (그녀는 떠나기를 갈망하고 있다) (형용사 수식)

b. I <u>thank</u> you <u>very</u> <u>much</u>   (부사 very는 다른 부사 much 수식하고, much는 앞의 동사 thank를 수식한다)

g. 독립적인 to-부정사

to tell (you) the truth
사실을 말하면,

to begin with
우선, 먼저

so to speak
말하자면

to make the matter worse
설상가상으로

to be sure
확실히

to be frank (with you)
솔직히 말하면 (너에게)

strange to say
말하긴 이상하지만

to be brief
간단히 요약하면

기본 예문 3

① 1. 그는 첫 버스를 타기 위해, 아침 일찍 일어나야만 했다.

_____

2. 당신을 다시 만나게 되어서 대단히 기쁩니다.

_____

3. 그가 그와 같은 실없는 말을 하다니, 얼마나 바보스러운가?

_____

4. 그는 너무나 정직해서, 거짓말을 못한다.

_____

5. 당신에게 도움이 된다면, 매우 기쁘겠습니다.

_____

② 1. 그 좋은 옛날은 가고, 다시 돌아오지 않는다.

_____

2. 그가 영어하는 것을 듣는다면, 우리들은 그를 원어민이라고 생각할 것이다.

_____

3. 그녀는 그 일을 생각하면, 치가 떨린다.

_____

4. 그녀는 자라나서, 훌륭한 음악가가 되었다.

_____

5. 그는 그의 고향을 떠나서, 다시는 돌아오지 못했다.

_____

③ 1. 그녀는 그 소식을 듣고서 대단히 놀랐다.

_____

2. 그는 그의 식사에 대해서 불평을 하지 않을 나이가 되었다.

_____

3. 네가 나를 공항에 전송하러 나와서 대단히 친절하다.

_____

4. 나는 네가 좋은 직장을 구했다는 것을 알고 대단히 기쁘다.

_____

5. 그녀는 너무나 화가 나서 말을 하지 못했다.

_____

④ 1. 사실로 말하자면, 그가 그 직업에 가장 자격을 갖춘 유일한 사람이다.

_____

2. 설상가상으로, 우리는 돈이 모자라고 날씨도 추워지기 시작했다.

_____

3. 솔직히 말하자면, 그녀는 북한에서 보낸 스파이였다.

_____

4. 말하기는 이상하지만, 그녀는 여자인 것 같지 않고, 남자인 것 같다.

_____

5. 무엇보다 먼저, 이 모임의 목적을 말씀해주시겠습니까?

_____

작문에 필요한 문법 및 어휘

다음 ①의 5번에 해당하는 영어문법

a. It's **of** no use crying over the spilt milk.

   ➜ of no use = useless

b. It's **of** a great importance.

   ➜ **of** a great importance = great important

c. **It was of a great help to me.** = greatly helpful

   ➜ It was greatly helpful to me.

d. It is **of** great value.

   ➜ It is greatly valuable.

기본 예문 3의 영작

① 1. He has to get up early in the morning to catch the first bus.

   2. I am very glad to see you again.

   3. How foolish of him to say such non sense words.

   4. He is too honest to tell a lie.

   5. I should be very glad **to be of any help to you**.

② 1. The old good days have gone, **never to return**.

   2. To hear of him speaking, we take him a native speaker of English.

   3. She shudders, to think about it.

4. She grew up to be a great musician.

5. He left his home town, **never to return**.

③ 1. She was very surprised to hear the news.

2. He is old enough not to complain about his meals every day.

3. You're very kind of you to come to the airport to see me off.

4. I am happy/delighted to hear that you've got a good job.

5. She was too angry to speak.

④ 1. **To tell you the truth**, he is the only qualified man for the job.

2. **To make the matter worse**, we are short of money and the weather was getting colder.

3. **To speak frankly**, she was a spy **to be sent** from the North Korea.

4. **Strange to say**, she seems not to be a woman, but a man.

5. **To begin with**, would you please tell me what's the purpose of this meeting?

UNIT

4 원형부정사 (Bare Infinitives)

원형 부정사(bare infinitive)는 사역동사 및 감각동사가 나타나는 구조에서 나타난다. 즉, 이 두 유형의 동사 다음에 목적어가 오고, 그 다음에 원형부정사가 온다. 그런데 아래 **A**의 e번 know 동사는 사역동사나 지각동사가 아니지만, 완료형으로 나타나면, 그 다음에 목적어가 오고, 원형동사가 온다. 그리고 **A**의 f번 have 동사도 "무엇을 하기를 바라는가?" 뜻으로 사용될 때는 원형동사가 사용된다. 다음 A, B, C, D의 예를 보자.

A. 다양한 유형의 원형동사

see, hear, feel, watch, notice, observe 등의 감각동사와 make, have, let 등 사역동사 뒤에 나타난다.

기본 예문의 설명

a. I <u>saw</u> <u>the man</u> <u>cross</u> the road.   동사유형 (5-7)
　　 V 　　O 　　원형 동사

b. Did anyone <u>hear</u> <u>John</u> <u>leave</u> the house?   동사유형 (5-7)
　　　　　　 V 　 O 　원형동사

c. We <u>felt</u> <u>the ground</u> <u>shake</u>.   동사유형
　　 V 　　O 　　　원형동사

d. What <u>makes</u> <u>you</u> <u>think</u> so?   동사유형 (5-8)
　　　 V 　　O 원형동사

e. I <u>have never known</u> <u>her</u> <u>lose</u> her temper.   동사유형 (5-8)
　 동사 know의 현재완료형 　O 　원형동사

　 (나는 그녀가 '화를 냈다는 (lose her temper)' 것을 들어 본 적이 없습니다)

f. What would you <u>have</u> <u>me</u> <u>do</u>?   동사유형 (5-9)
　　　　　　　 V 　 O 원형동사

　 (저에게 무엇을 시키려고 하십니까?)

B. 추가 예문

a. I <u>saw</u> <u>him</u> <u>play</u> the piano.　　　　　　　　　동사유형 (5-7)
　　 V　　O　　원형동사

b. I <u>felt</u> <u>myself</u> <u>shiver</u> with freezing cold.　　　동사유형 (5-7)
　　 V　　　O　　　원형동사

c. We <u>watched</u> <u>soccer players</u> <u>play</u> soccer games.　　동사유형 (5-7)
　　　　 V　　　　　O　　　　　원형동사

d. We <u>noticed</u> <u>Peter</u> <u>study</u> in his room.　　　　　동사유형 (5-7)
　　　 V　　　O　　원형동사

e. They <u>observed</u> <u>pigeons</u> <u>fly out</u> from their nests.　동사유형 (5-7)
　　　　 V　　　O　　　원형동사

f. We <u>listened to</u> <u>her</u> <u>sing</u>.
　　　 V　　O　원형동사

h. <u>Look</u> <u>at</u> him <u>eating</u>.　　(영국영어)　(예외)
　 <u>Look</u> <u>at</u> him <u>eat.</u>　　(미국영어)

C. 사역동사

make, let, help, <u>have known</u>　　　　　　　　　동사유형 (5-8)
have　　　　　　　　　　　　　　　　　　　　동사유형 (5-9)
get　　　　　　　　　　　　　　　　　　　　　동사유형 (5-20)

a. We can't <u>let</u> <u>the matter</u> <u>rest</u> here.　　　　　동사유형 (5-8)
　　　　　 V　　　O　　　원형동사

b. Shall I <u>help</u> <u>you</u> <u>carry</u> your bags?
　　　　　 V　　O　원형동사

c. Can we <u>make</u> <u>the murder</u> <u>look</u> like an accident?
　　　　　 V　　　　O　　　원형동사

d. <u>Let</u> <u>justice</u> <u>be</u> done.
　　 V　　　O　　원형동사 (수동형)

e. Please <u>have</u> <u>the porter</u> <u>take</u> these suitcases upstairs.　동사유형 (5-9)
　　　　　 V　　　O　　　원형동사

_D._ 관용적인 표현

a. Did you <u>listened</u> <u>to him</u> <u>sing</u> songs?
                 V   O   원형동사

b. She <u>looked at</u> <u>him</u> <u>go out</u> of the room.
             V   O   원형동사

c. You <u>would (had) better</u> <u>come and talk</u> to me.
                VI   원형동사

d. I <u>would rather stay here</u> <u>than</u> <u>go out</u>.
          clause   접속사 원형동사

e. You <u>may as well</u> <u>go home and rest</u>.
          조동사   원형동사   원형동사

f. He does <u>nothing but</u> <u>write</u> letters on a piece of paper without saying a word.
             관용어구   원형동사

g. I <u>could not but</u> <u>admire</u> the ingenuity for Mr. Smith.
          관용어구   원형동사

h. I had <u>no choice but</u> <u>to</u> follow his advice. (예외)
          관용어구   to-부정사

위 h번은 'have no choice but' 다음에 원형동사가 아닌, to-부정사가 온 것으로, 앞의 원형부정사
와 다른 예문이다.

_E._ 사역동사 중에서 have와 get의 차이점:

get은 목적어 다음 'to-부정사' 를 둘 수 있다.

a. get: I   got | him (사람) | <u>to prepare</u> my bags.   (5-20)

b. get: I can't get | the car (사물) | <u>to start</u>.

위의 예와 같이 사역동사 get은 to-부정사와 함께 쓰이는데, 사람 / 사물에 동시에 사용되나, 부탁 /
설득/ 권유의 의미와, 어려움이 있었음을 나타내는 경우에 쓰인다.

기본 예문

Ⓐ 1. 나는 그녀가 길을 <u>건너는 것을</u> 보았다.

_____

2. 나는 그녀가 길을 <u>건너가고 있는 것을</u> 보았다.

_____

3. 우리는 John이 집을 나가는 것을 보았다.

_____

4. 무엇이 당신을 그렇게 생각하게 만들었는가?

_____

5. 우리는 지진으로 땅이 흔들리는 것을 느꼈다.

_____

6. 당신은 저에게 무엇을 시키려고 하십니까?

_____

Ⓑ 1. 나는 그녀가 피아노를 치는 것을 보았다.

_____

2. 그는 농구선수들이 농구경기를 하는 것을 지켜보았다.

_____

3. 우리는 Mr. Smith의 영어수업을 참관했다.

_____

4. 그녀는 Peter가 그의 방에서 공부하고 있는 것을 인지(notice)했다.

_____

5. 그는 그녀가 노래하는 것을 들었다.

_____

6. 그가 밥을 먹는 것을 보았니?

_____

Ⓒ 1. 당신이 가방(bag)을 나르는 것을 도와드릴까요?

_____

2. 공정하게 합시다.

_____

3. 나는 그녀가 '화를 냈다(lose her temper)'는 것을 들어본 적이 없습니다.

_____

4. 너는 그녀가 노래하는 것을 들어본 적이 있니?

_____

5. 너는 나에게 와서 이야기 하는 것이 좋을 것 같다.

_____

6. 나는 Smith씨의 재능에 감탄하지 않을 수 없었다.

_____

기본 예문의 영작

Ⓐ 1. I saw her **cross** the road.

2. I saw her **crossing** the road.　　　　　(원형동사도 쓰고, 현재진행형도 쓸 수 있다)

3. We saw / heard John **go out** of the house.

4. What makes you think so?

5. We felt the ground shake by an earthquake.

6. What would you have me do?

Ⓑ 1. I heard / saw her play the piano.

2. We watched basketball players play their games.

3. We have observed Mr. Smith teach his English class.

4. She noticed Peter study in his room.

5. He listened to her sing songs.

6. Did you looked at him **eat**? (미국영어)

© 1. Shall I help you carry your bags?

2. Let justice be done.

3. We have never known her lose her temper.

4. Have you ever listend to her sing songs?

5. You would better come and talk to me.

6. I couldn't but admire the ingenuity of Mr. Smith.

5 동명사 (Gerunds)

A. 동명사의 일반적인 용법

동명사는 to-부정사와 같이, 주어의 역할도 할 수 있고, 2형식에서는 be 동사의 보어도 되고, 3형식에서 타동사의 목적어 역할도 하고, 5형식에서 목적어의 명사보어의 역할도 한다. 그리고 동명사는 다음 도표와 같이 변형될 수도 있다.

시제 \ 태	능동	수동
단순형	doing	being done
완료형	having done	having been done

우선 다음 예를 보자.

기본 예문의 설명

1. <u>Learning English</u> is not an easy job.　　　　　동명사 주어
   　S (영어를 배우는 것은)

2. <u>Traveling by car</u> is a good way to see the country-sides.
   　S (승용차로 여행하는 것은)

3. My hobby is <u>riding horses</u>.　　　　　　　　　2형식 동명사 보어
   　　　　　　　　C

4. I will <u>have</u> <u>you all</u> <u>speaking English well</u>.　　5형식 목적어 명사보어
   　　　　V　　O　　　　목적 보어

5. I <u>remember</u> <u>seeing her</u> somewhere before.　　동사유형 (3-3)
   　　　V　　　　O

6. I will never <u>forget</u> <u>meeting him</u> at the party for the first time.　　(3-3)
　　　　　　　　V　　　　　O

7. <u>Try</u> <u>cleaning it</u> with gas. (시험 삼아 휘발유로 닦아보아라)　　(3-3)
　　V　　　O

8. I <u>enjoy</u> <u>reading detective stories</u>.　　(3-3)
　　　V　　　　　　O

9. The garden <u>needs</u> <u>watering. (= to be watered)</u>.　　(3-5)
　　　　　　　　V　　　O

10. I can't <u>understand</u> <u>him</u> <u>leaving so suddenly</u>.　　(5-13)
　　　　　　　V　　　O　　OC (명사 목적보어)

11. Do you <u>remember</u> <u>Tom</u> <u>telling us about it</u>?　　(5-13)
　　　　　　　V　　　O　　OC (명사 목적보어)

B. 동사유형으로 나타나는 동명사

(1) 1. There is <u>no knowing</u> what may happen in the future.　　(2-5)

　　2. There is <u>no accounting</u> for tastes.
　　　(좋고 싫은 데엔 다 이유가 있다 = 사람마다 취향이 다 다르다: 속담)

(2) 1. It is so nice <u>sitting here with you</u>.　　(2-9)
　　2. It won't be much good <u>complaining to them</u>.
　　3. It wouldn't be any good <u>my talking to him</u>.

(3) 1. She enjoys <u>playing tennis</u>.　　(3-3)
　　2. Have you finished <u>talking</u>?
　　3. I couldn't help <u>laughing</u>.

(4) 1. She likes <u>swimming</u>.　　(3-4)
　　2. He began <u>talking about</u> his family.
　　3. Don't start <u>borrowing money</u>.

(5) 1. The garden needs <u>watering</u>. (= to be watered)　　　　(3-5)

　　2. He will need <u>looking after</u>. (= to be looked after / cared for)

　　3. My shoes want <u>mending</u>. (= need to be repaired)

(6) 1. I found him <u>dozing</u> under a tree.　　　　(5-11)

　　　　(그가 졸고 있는 것)

　　2. They found the lifeboat <u>floating</u> upside down.

　　　　　　(구명정이 떠있는 것)

　　3. We mustn't keep them <u>waiting</u>.

　　　　　　(그들을 계속 기디리게 하는 것)

(7) 1. I can't understand him/his <u>leaving</u> so suddenly.　　　　(5-13)

　　2. Can you imagine me/my <u>being</u> so <u>stupid</u>?

　　3. Does this justify you/your <u>taking</u> legal action?

C. 동명사는 완료형, 수동형, 부정형으로도 표현된다.

　a　완료형: <u>Having slept</u> for seven hours, I feel marvellous.　　　　(분사구문)

　b. 수동형: She loves <u>being looked at</u>.　　　　(수동형)

　　　　(그녀는 남들에게 보이게 되는 것을 좋아한다)

　c. 부정문: <u>Not knowing</u> what do to, I went home.　　　　(부정 동명사)

　　　　She's angry about <u>not having been invited</u>.　　　　(부정 구문)

　　　　　　(초대받지 못한 것에)

D. 동명사를 유도하는 품사

　(1) 어떤 <u>동사가</u> 동명사를 목적어로 선택하고,

　(2) <u>전치사가</u> 동명사 / 명사를 목적어로 선택하고,

　(3) 또 <u>형용사도</u> 동명사를 목적어로 선택한다.

E. 동명사의 관용적 표현

(1) feel like …ing	(…을/를 하고싶다)
(2) be worth …ing	(…할 가치가 있다)
(3) cannot help …ing	(…하지 않을 수 없다)
(4) be used to …ing	(…에 익숙해져 있다)
(5) be opposed to …ing	(…에 반대하다)
(6) devoted oneself to…ing	(…에 전념하다)
(7) When it comes to…ing	(…이라 한다면)
(8) with a view to…ing	(…을 기대하여)
(9) What do you say to…ing)?	(…하는 것이 어때?)
(10) look forward to…ing	(…을 기대하다 / 고대하다)
(11) object to…ing	(…을 반대하다)
(12) It goes without saying	(…은 말할 필요도 없이)
(13) On (Upon) …ing	(…를 하자마자)
(14) make a point of…ing	(…를 규칙/습관으로 하고 있다)
(15) be on the point of …ing	(막…을 하려던 참이었다)
(16) be far from …ing	(결코 …이 아니다)
(17) A prevents B from …ing	(A가 B를 막다)

기본 예문

1. 보는 것이 믿는 것이다.

   _____

2. 나의 취미는 말을 타는 것이다.

   _____

3. 나는 여러분들 모두가 영어를 잘하게 만들어 드리겠습니다.

   _____

4. 나는 그녀를 일주일 전에 파티에서 본 기억이 난다.

   _____

5. 나는 그녀를 처음으로 파티에서 만난 것을 결코 잊을 수가 없을 것이다.

   _____

6. 나는 탐정 소설을 읽는 것을 즐깁니다.

_____

7. 나는 그가 갑자기 떠나는 것을 이해할 수가 없습니다.

_____

8. 시험 삼아 휘발유로 닦아 보아라.

_____

9. 낚시라고 하면, 그가 최고이다.

_____

10. 도착하자마자, 그는 사진을 찍기 시작했다.

_____

기본 예문 1의 영작

1. Seeing is believing.

2. My hobby is horse riding.

3. I will have you all speaking English well.

4. I remember seeing her at the party a week ago.

5. I will never forget meeting her at the party for the first time.

6. I enjoy reading detective stories.

7. I can't understand him (his) leaving so suddenly.

8. Try cleaning it with gas.

9. When it comes to fishing, he is the best.

10. Upon arriving, he began to take pictures.

1. 그는 이제 한국음식을 먹는 데 익숙해졌다.

2. 막 나는 너에게 전화를 걸려고 하던 참이었다.

3. 1주일의 중노동을 한 후라, 나는 온천에서 푹 쉬고 싶다.

4. 경주를 방문할 가치가 있는가?

5. 나는 봄 방학에 고향방문을 기대하고 있다.

6. 그녀는 슬픈 영화를 울지 않고는 못 본다.

7. 그녀는 너무나 이상하게 보여서 웃지 않을 수가 없었다.

8. 나는 당신의 건강을 위해서 술마시는 것을 반대한다.

9. 그녀는 수학은 물론 영어도 잘하는 것은 말할 것도 없다.

10. 그녀의 일이 완벽하게 되려면 아직도 갈 길이 멀다.

기본 예문 2의 영작

1. He is (gets) used to eating Korean food now.

2. I was just on the point of calling you.

3. I feel like relaxing at a hot spring after a week of hard work.

4. Is it worth-while visiting Kyongju?

5. I am looking forward to visiting my home town during the spring vacation.

6. She cannot see a sad movie without crying.

7. She looks so funny that I cannot help laughing.

8. I am opposed to drinking for your health.

9. It goes without saying that she is good at English as well as Math.

10. Her work is far from being satisfactory.

6 분사 (Participles)

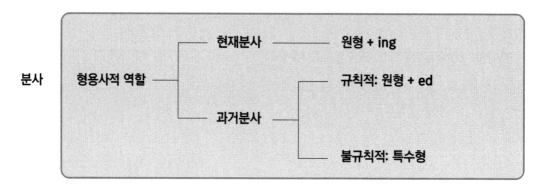

분사는 명사의 앞 / 뒤에서 명사를 수식하는 형용사 역할을 한다. 또 2형식 / 5형식에서 보어의 역할을 한다.

A. 분사의 용법

① 한정적 용법

분사가 명사의 **앞** / **뒤**에서 명사를 수식하는 용법.

(1) 분사가 단독으로 쓰일 때는 명사의 앞에서 명사를 수식한다.
(2) 목적어 / 보어 / 부사(구)로 쓰이거나 대명사를 수식할 때는 이들의 뒤에서 수식한다.

기본 예문 1

1. 이들은 떨어진 낙엽들이다.
   _____

2. 그는 퇴역한 장성이다.
   _____

3. 모자를 쓴 신사는 나의 삼촌이다.
   _____

4. 그녀는 불어를 쓰는 캐나다 사람이다.

_____

5. 저기에 자고 있는 어린이는 누구인가요?

_____

1. These are <u>fallen</u> leaves.   동사유형 (2-1)

2. He is a <u>retired</u> general.   동사유형 (2-1)

3. The gentleman <u>wearing</u> a hat is my uncle.   동사유형 (2-1)

4. She is a French <u>speaking</u> Canadian.   동사유형 (2-1)

5. Who is the child <u>sleeping</u> over there?   동사유형 (2-1)

② 서술적 용법

분사는 형용사 같이 **주격보어나 목적격 보어로도** 쓰인다.

1. 그는 뛰어서 왔다.

_____

2. 그 수업은 아주 흥미로웠다.

_____

3. 나는 누가 내 어깨를 만지는 것을 느꼈다.

_____

4. 그들은 때때로 누군가에 의해 감시를 받고 있다는 것을 느꼈다.

_____

5. 그녀는 영어로 의사소통을 할 수 없다.

_____

6. 그는 그의 시계를 수리해 받았다.

_____

7. 그들은 그들의 가방을 도난당했다.

_____

기본 예문의 영작

1. He came <u>running</u>.   (2-21) (주격 부사보어)

2. The lesson was very <u>interesting</u>.   (2-2) (주격 형용사보어)

3. I felt someone <u>touching</u> my shoulder.   (5-12) (목적보어)

4. They sometimes felt themselves <u>watched</u> by someone. (5-19) (목적보어)

5. She can't make herself <u>understood</u> in English.   (5-19) (목적보어)

6. He had his watch <u>repaired.</u>   (5-19) (목적보어)

7. They got their bags <u>stolen</u>.   (5-21) (목적보어)

③ 주격 부사보어

기본 예문 3

1. 우리는 장보러 간다.

_____

2. 우리는 사냥하러 간다.

_____

3. 우리는 스케이트타러 간다.

_____

4. 우리는 야영하러 간다.

_____

5. 우리는 춤추러 간다.

_____

6. 그는 팔짝팔짝 뛰어왔다.

_____

7. 그들은 서둘러 갔다.

_____

8. 그들은 기어갔다.

_____

9. 그는 자전거를 타고 왔다.

_____

10. 그는 그의 승용차를 몰고 왔다.

_____

기본 예문 3의 영작

1. We go <u>shopping</u>.   (2–21) (주격보어)

2. We go <u>hunting</u>.

3. We go <u>skating</u>.

4. We go <u>camping</u>.

5. We go <u>dancing</u>.

6. He came <u>hopping</u>.

7. They went <u>hurrying</u>.

8. They went <u>creeping</u>.

9. He came <u>riding a bike</u>.

10. He came <u>driving his car</u>.

기본 예문 4

1. 저쪽에서 어떤 여성과 이야기하고 있는 그 남학생은 나의 아들입니다.

   _____

2. 물에 빠진 사람은 지푸라기라도 잡을 것입니다. (속담)

   _____

3. 그들은 공원을 청소하기 위해, 낙엽을 모두 끌어 모았습니다.

   _____

4. 그는 방과 후에 그의 어머님과 함께 장보러 갔습니다.

   _____

5. 그녀가 그녀의 집을 떠날 때에는, 그녀는 항상 앞문을 계속 잠가 둡니다.

   _____

6. 그 요리사는 부엌에서 무엇이 타고 있는 냄새를 맡았습니다.

   _____

7. 당신은 중국어로 의사소통을 할 수 있습니까?

   _____

8. 이웃에 살고 있던 그 스파이(spy)는 항상 어떤 사람에 의해서 감시를 받고 있다는 것을 느꼈다.

   _____

9. 버스를 오랫동안 기다리던 그 남자는 택시를 타기로 결정을 했습니다.

   _____

10. 나는 당신이 수술로부터 완전히 회복되기를 희망합니다.

    _____

11. 우리는 개울을 건너서, 들판에 캠프를 쳤습니다.

    _____

12. 우리들은 빨리 자라는 나무를 거리를 따라 심기를 원합니다.

    _____

13. 우리들은, 논의된 문제들 중에서, 어느 것에도 합의를 볼 수가 없었다.

    _____

14. 질문을 받은 그 사람들은 대단히 다양한 의견을 내놓았습니다.

    _____

15. 저는 유일하게 남은 표 한 장을 구입했습니다.

    _____

16. 그녀는 방 안에 뛰어든 한 마리의 쥐로 인해 깜짝 놀랐습니다.

기본 예문 4의 영작

1. The boy student **talking** to a lady over there is my son.

2. A **drowning** man will catch at a straw. (속담)

3. They have gathered **fallen** leaves to clean the park.

4. He went **shopping** with his mother after school.

5. When she leaves her home, she always kept the front door locked.

6. The chef smelled something **burning** in the kitchen.

7. Can you make yourself **understood** in Chinese?

8. The spy in neighborhood felt himself **watched** by someone all the time.

9. The man **waiting for** the bus for a long time has decided to take a taxi.

10 I hope you are fully **recovered** from your operation.

11. We were **camped** in the field across the stream.

12. We want to plant **quick growing** trees along the streets.

13. We couldn't agree on any of the problems **discussed**.

14. The people **questioned** gave very different opinions.

15. I have got the only ticket **left**.

16. She was **frightened** by a mouse that ran into the room.

B. 분사구문(Participle Clauses)

① 분사구문이란 무엇인가?

분사구문은 **접속사 + 동사**의 역할을 해서, 부사절과 같은 역할을 할 때, 이런 절(clause)을 분사구문(Participle Clauses)이라 한다.

② 분사구문 작성 방법: 분사구문에서 생략되는 요소

1. 주절의 주어와 부사절의 주어가 같은 경우

    a. 접속사(when, as, while, after)를 먼저 삭제한다.

    b. 부사절의 주어와 주절의 주어가 동일하면, 부사절의 주어를 삭제한다.

    c. 부사절의 동사원형에 **-ing**을 붙인다.

    예: ~~When I~~ enter the house, I unlock the front door.

      ➜ Entering the house, I unlock the front door.

2. 주절의 주어와 부사절의 주어가 다를 경우, 부사절의 주어는 그대로 두고, 접속사만 생략한다.

    a. ~~As~~ it is fine, we went on a picnic.

    b. ➜ It being fine, we went on a picnic.

3. 완료 분사구문

부사절의 시제가 주절의 시제보다 앞서는 경우, **완료분사 구문(having + p. p.)**를 쓴다. 이때, 접속사와 부사절의 주어만 생략한다.

    a. ~~As he~~ had finished his homework, he went out to play.

    b. ➜ Having finished his homework, he went out to play.

4. 진행형 분사 및 수동진행형 분사구문인 **being running, being compared** 또 완료진행의 **having been + 과거분사**에서 **being**과 **having been**은 생략될 수 있다. 다음 예를 보자.

    a. ~~When I~~ was running to school in a hurry, I heard someone calling me behind.

      ➜ (Being) running to school in a hurry, I heard someone calling me behind.

    b. ~~If he~~ is compared with her, he learns faster.

      ➜ (Being) compared with her, he learns faster.

c. **As he** was born and brought up in Canada, he speaks English well.

→ (Having been) born and brought up in Canada, he speaks. English well.

위 a, b, c의 내용은 본동사를 제외한 '조동사'는 삭제될 수 있다는 것을 의미한다.

5. 접속사 + 분사구문
다양한 접속사나, 전치사 뒤에 **--ing 형**의 분사구문을 쓸 수도 있다. 많이 쓰이는 전치사 / 접속사는 after, without, before, since, when, while 등이 있다.

a. <u>After</u> talking to you, I always feel better.
   (너와 대화를 나누고 나면, 늘 기분이 좋아진다)

b. <u>When</u> telephoning from abroad, dial 1865, not 01865.
   (해외에서 전화를 걸 때, 01865가 아니라, 1865를 돌려라)

c. Depress clutch **before** changing gear.
   (기어를 바꾸기 전에, 컬러치를 풀어라)

d. <u>On</u> being introduced, Americans often shake hands.
   (미국인들은 소개를 받으면, 보통 악수를 한다)

e. They left **without** saying goodbye.
   (그들은 작별인사도 없이 떠났다)

f. She's been quite different <u>since</u> coming back from America.
   (그녀는 미국에서 돌아온 후, 아주 달라졌다)

③ 비-인칭 독립 분사구문
strictly speaking: '엄격히 말해서'
judging from: '…으로 판단하건대'
frankly speaking: '솔직히 말해서'
roughly speaking: '대충 말해서'
considering: '…을 고려해 보면 / …을 감안해서'
generally speaking: '일반적으로 말해서'
talking (speaking) of: '이야기가 나왔으니 말인데'

④ 분사구문의 다양한 의미

1. 시간을 나타내는 경우

    a. <u>Opening the door</u>, I found newspapers on the floor.   (when)
    b. <u>Putting down the book</u>, I went to the door to open it.   (after)

2. 이유를 나타내는 경우

    a. <u>Feeling cold</u>, he put on his coat.   (as)
    b. <u>Not knowing what to do next</u>, I asked my friend to help me.   (because)

3. 조건을 나타내는 경우

    a. <u>Turning to left</u>, you will find a book store.   (if)
    b. <u>Other conditions being equal</u>, this is better than that.   (if)

4. 양보를 나타내는 경우

    a. <u>Living next door in the same apartment</u>, we often don't meet.   (though)
    b. <u>Being rich</u>, we can't buy happiness.   (though)

5. 연속 동작을 나타내는 경우

    a. The train left Seoul at 7, <u>reaching</u> Taejon at 8.   (and reached)
    b. The fire-fighters rushed into the burning house,
      <u>searching</u> for anyone who might still be trapped inside.   (and searched)

6. 동시 동작을 나타내는 경우

    a. They went away, <u>waiving their hands</u>.
    b. <u>Smiling brightly</u>, she entered her new house.
    c. She sat on the rock with her hair <u>streaming in the wind</u>.

7. 부대상황: '…한 채로'

    a. He sat <u>with his eyes closed</u>.
    b. He was looking at the pictures <u>with his arms folded</u>.

기본 예문 1

1. 그는 무엇을 해야 할지 몰라서, 도와 달라고 그의 형에게 전화했다.

   _____

2. 그녀는 그녀의 눈을 감은 채, 피아노를 칠 수 있다.

   _____

3. 그는 그의 숙제를 끝내고, 놀러 나갔다.

   _____

4. 그는 그의 머리 위에 높이 국기를 흔들면서 그의 팀을 응원했다.

   _____

5. 오후에 할 일이 없었기 때문에, 그녀는 장보러 갔다.

   _____

6. 아침에 날씨가 좋았기 때문에, 그들은 소풍을 갔다.

   _____

7. 거리를 걸어가다가, 그는 그의 친구를 마주치게 되었다.

   _____

8. 그 공포영화는 나에게 별로 무섭지 않았다.

   _____

9. 아침에 면도하다가 그는 얼굴을 좀 베었다.

   _____

10. 나의 선생님이 교실에서 나를 야단쳤을 때, 나는 완전히 창피함을 느꼈다.

   _____

기본 예문 1의 영작

1. Not **knowing** what to do, he called his brother for help.   262쪽 ④_2의 이유

2. She can play the piano with her eyes **closed**.   262쪽 ④_7의 부대 상황

3. He finished his homework, **going out** to play.   262쪽 ④_5의 연속적 동작

4. He cheered his team with his national flag **waiving** high up over his head.

   262쪽 ④_6의 동시 동작

5. <u>There being nothing</u> to do in the afternoon, she went shopping.   260쪽 ④_2의 이유

6. <u>It being fine</u> in the morning, they went on a picnic.   260쪽 ④_2의 이유

7. <u>Walking along</u> the street, he came across a friend of his.   260쪽 ④_6의 동시 동작

8. The horrior movie wasn't very <u>frightening</u> to me.

9. He cut himself, as <u>shaving</u> in the morning.

10. I felt completely <u>humiliated</u> when my teacher scolded me in class.

기본 예문 2

1. 그녀는 부유했기 때문에, 이웃 사람들로부터 시샘을 받았다.

    _____

2. 베이징에서 살았기 때문에, 그녀는 중국어가 유창했다.

    _____

3. 그들에 대해서 아무 소식을 듣지 못해서, 나는 대단히 걱정이 되었다.

    _____

4. 뉴질랜드에서 태어나 성장했기 때문에 그는 영어를 잘 했다.

    _____

5. 그녀와 비교하면, 그는 스케이트를 빨리 배운다.

    _____

6. 한국에서 매일 김치를 먹었었기 때문에, 김치를 더 이상 먹고 싶지 않았다.

    _____

7. 날씨가 비올 것 같아서, 그녀는 우산을 가지고 갔다.

    _____

8. 온종일 비가 왔었기 때문에, 시골의 비포장 도로는 대단히 질었다.

    _____

9. 몸이 불편했기 때문에, 어제 나는 학교에 갈 수 없었다.

    _____

10. 오랫동안 걸어서 지쳤기 때문에, 그는 곧 잠들었다.

기본 예문 2의 영작

1. <u>Being rich</u>, she was envied by the people in her neighborhood.

2. <u>Having lived</u> in Beiging, she is fluent in Chinese.

3. <u>Not hearing</u> anything about them, I was very worried.

4. (Having been) Born and brought up in New Zealand he speaks English well.

5. <u>Being campared with</u> her, he leanrs skating faster.

6. <u>Having eaten</u> a lot of kimchi every day in Korea, he doesn't feel like eating it any more.

7. <u>It being likely</u> to rain, she took an umbralla with her.

8. It <u>having rained</u> all day, unpaved roads in the country-sides were very muddy.

9. <u>Not feeling well</u>, I wasn't able to go to school yesterday.

10. <u>Being tired with</u> long walking, he soon fell asleep.

7 수동태 (Passive Voice)

A. 수동태의 기본 형식

a. He loves her. ➜ She is loved by him.
b. Mr. Kim worte our text books. ➜ Our text books were written by Mr. Kim.

(1) 기본예제

a. They speak English in New Zealand.
b. English is spoken in New Zealand (by them).
c. More rice and meat will be needed in the future.

위의 예에서 능동문과 수동문의 성격을 비교 분석해보면, 주어가 동작을 나타내는 문장이 능동문이고, 주어가 동작을 받아들이는 문장이 수동문이다. 위 **A**_a의 예에서는 인칭대명사가 사용되었기 때문에 목적어가 수동문에서 주어로 나타나면, her에서 she로 바뀐다. 그러나 **A**_b의 고유명사나, 일반 명사는 그런 변화가 나타나지 않는다. 그리고 능동문의 동사가 현재이면, 수동문의 동사도 현재이어야 하고, 과거면 과거이어야 한다. 그 다음 수동문에서는 동사가 **be + 과거분사 + by + 명사**의 형태로 변한다.

1. John kicks the ball. ➜ The ball is kicked by him.
2. Mary visited him. ➜ He was visited by her (Mary).

위의 예에서 John과 Mary는 고유명사일지라도 여성/남성이 구별되므로 수동문에서는 대명사로 변하여 나타나고, 시제는 능동/수동에 그대로 반영된다. 그리고 위 (1)_c에서는 수동문이지만 'by + 명사가' 구가 나타나지 않았다. 이것은 능동형이 없거나, 행위자를 나타낼 필요가 없다고 생각될 때에는 나타내지 않기 때문이다. 다음 예를 보자.

예: Many people were killed in the Korean war in 1950s.

(2) 문의 12개의 시제문 유형 중에서, 첫 8개 유형만 수동형이 가능하다.

① 현재	② 과거	③ 미래:	3개의 기본시제 문장
④ 현재완료	⑤ 과거완료	⑥ 미래완료:	3개의 완료형 문장
⑦ 현재진행	⑧ 과거진행	⑨ 미래진행:	3개의 진행형 문장
⑩ 현재완료진행	⑪ 과거완료진행	⑫ 미래완료진행:	3개의 완료진행형 문장

앞에서부터 8개 시제문까지의 목적어만 수동형의 주어로 변형시킬 수 있다. 그러나 나머지 4개, 즉 ⑨ 미래진행, ⑩ 현재완료진행, ⑪ 과거완료진행, ⑫ 미래완료진행형은 논리적으로 수동문을 만들 수는 있지만, 실제로 사용되지 않는 문장이다. 다음 8개 시제문 유형의 목적어만 수동문의 주어가 된다. 다음 예를 보자.

B. 수동구문이 허용되는 8개 시제문

(1) 8개 시제문 유형의 능동문   **수동문**

1. He writes a letter. ➡   A letter <u>is</u> written by him.
2. He wrote a letter. ➡   A letter <u>was</u> written by him.
3. He will write a letter. ➡   A letter will <u>be</u> written by him.
4. He has written a letter. ➡   A letter has <u>been</u> written by him.
5. He had been written a letter. ➡   A letter had <u>been</u> written by him.
6. He will have been written a letter. ➡   A letter will have <u>been</u> written by him.
7. He is writing a letter. ➡   A letter <u>is being written</u> by him.
8. He was writing a letter. ➡   A letter <u>was being written</u> by him.

위의 **A_(2)**에 제시된 12개의 기본 시제문 중에서 ①현재~⑧과거진행까지는 수동구문이 가능하다. 특히, [진행문 수동유형] 중에서는 ⑦현재진행/⑧과거진행까지만 수동구문이 허용된다. 나머지 ⑨~⑫번은 논리적으로 수동구문을 만들 수는 있지만, 실제로는 사용하지 않는다. 즉, ⓐ **미래 진행수동형**, ⓑ **현재완료 진행수동형**, ⓒ **과거완료 진행수동형,** ⓓ **미래완료 진행수동형**은 실제로 쓰이지 않는다.

(2) 수동 구문이 허용되지 않는 4개 수동진행형

9. 미래 진행수동형: (x) A letter will (shall) **be** being written by him.
10. 현재완료 수동진행형: (x) A letter has **been** being written by him.
11. 과거완료 수동진행형: (x) A letter had **been** being written by him.
12. 미래완료 수동진행형: (x) A letter will (shall) have **been** being written by him.

C. 여러 가지 '진행 / 완료' 수동형

우리는 시제가 단순한 현재/과거형으로 된 다음 (3), (6)번의 수동형을 주로 사용하지만, 원어민들은 다음 (2), (4), (5), (7), (8)과 같은 **진행 / 완료 수동형**도 많이 쓰고 있다.

(1) 미래 수동형: [will (shall) be + p.p.]   Shall은 영국영어(BrE)

    You **will be told** (the story) soon enough.
    (너는 곧 [그 이야기를] 충분히 듣게 될 것이다)

(2) 여러 가지 **완료 수동형**에서, 조동사 **been**의 역할은 다음 (2) b, c와 같이 분석된다.

  a. Everything **will have been done** by Monday.
     (모든 일이 월요일까지 완료되어질 것이다)

  b. 위 been을 'be – en' 으로 나누어 다음 c와 같이 두 부분으로 생각해야 한다.

     'be 동사의 원형'   'en' 은 be 동사의 '과거분사 어미접사' 이다

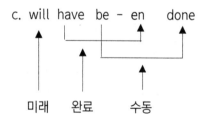

  c. will have be – en   done

     미래   완료   수동

(3) 단순현재 수동형: [am / are / is + p.p.]

    English **is spoken** here. (여기서는 영어가 쓰여집니다)

(4) 앞 7/8의 두 가지 **진행수동형**도 다음 (4) c와 같이 being을 **be-ing**으로 나누어 생각해야 논리적으로 **진행수동형**을 이해할 수 있다.

   a. Excuse the mess; the house **is being** painted.
      (지저분한 것을 용서해 주십시요; 집을 페인트로 칠하고 있는 중입니다)

   b. 위 a의 being을 다음 c와 같이 두 부분으로 나누어 생각해야 된다.

   c. is be – ing painted

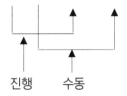

        진행   수동

(5) 현재완료 수동형: [have/has been + p.p.] (이 **완료 수동형**도 위 (2). b, c와 같이 분석된다)
   Has Mary **been told** the story? (Mary는 [그 이야기를] 들었습니까?)

(6) 단순과거 수동형: [was/were + p.p.]
   I **was not invited**, but I went. (나는 초대 받지 않았지만, 나는 갔다)

(7) 과거진행 수동형: [was/were being + p.p.] (**진행 수동형**도 위 (4) b, c와 같이 분석된다)
   I felt as if I **was being watched**. (나는 감시받고 있었던 것처럼 느꼈다)

(8) 과거완료 수동형: [had been + p.p.] (이 **완료 수동형**도 위 (2). b, c와 같이 분석된다)
   I knew why I **had been chosen**. (나는 왜 선발되었던 것인지 그 이유를 알았다)

D. 수동형의 be 대신으로 쓰이는 get 동사

위에서는 지금까지 수동형의 기본구조로서 **be + p.p.**의 형태만 제시했는데, 영어에서는, be 동사 대신에 **get 동사**를 쓰는 경우가 많다. 다음 예를 보자.

1. My watch **got broken** while I was playing with the children.
    (나는 아이들과 노는 동안 내 시계가 고장났다)
2. He **got caught** by the police driving at 120 mph.
    (시속 120키로로 운전하다가 경찰에 붙잡혔다)
3. I **get paid** on Friday. (나는 금요일에 봉급을 받는다)

E. 4형식 수여동사의 수동형 문제

(1) 다음 a와 같은 문장이 있다면, 아래 (1) c와 같이 DO인 the book가 IO 앞으로 이동하면 IO 앞에 전치사 to가 필요하다. 이것은 수동화 문제를 논의하기 전에 반드시, 확인해 두어야 할 문제이다. 왜냐하면, 수동화 이동이 나타나면, 자동적으로 IO와 DO의 위치가 바뀌어지기 때문이다.

to-전치사에 관한 것은, 이 책 107쪽, 109쪽의 동사유형 (4-2)와 (4-5)를 참조하고, IO 앞에 전치사 for를 붙이는 경우는 107쪽, 111쪽의 동사유형 (4-3)과 (4-6)을 참조하자. 그리고 전치사 of를 첨가하는 유형은 아래 ⓐ~ⓒ와 같은 한 가지 동사와 목적어 question에 한정되어 있다.

a. <u>He</u> gave <u>her the book</u>.
b. He gave <u>the book to her</u>.   IO 앞에 전치사 to가 필요함

c. <u>The book</u> was given <u>to her</u>. (by him).   IO 앞에 전치사 to가 필요함
d. <u>She</u> was given <u>the book</u>. <u>(by him)</u>.   IO의 수동주어

ⓐ He <u>asked me a question</u>.
ⓑ <u>I</u> was asked <u>a question by him</u>.   IO의 수동주어
ⓒ <u>A question</u> was asked <u>of me by him</u>.   IO 앞에 전치사 of가 필요함

(2) 4형식 문장에서 의미상으로 어색한 '부적절한' IO(간접목적어)와 DO(직접목적어)가 나타나는 문제.

아래에 정상적인 4형식 문장으로 제시되는 a의 "My father bought me a new cell-phone."이나, d의 "He wrote her a long letter."에서 간접목적어인 me나 her를 주어명사로 변형시켰을 때, b 와, e는 정문이 될 수 없다.

a. <u>My father</u> bought <u>me a new cell-phone</u>.
b. *<u>I was bought</u> <u>a new cell-phone by my father</u>.   (X)
     (I was sold)
c. <u>A new cell-phone</u> was bought <u>for me by my father</u>.   (O)
d. <u>He</u> wrote <u>her</u> <u>a long letter</u>.
e. *<u>She was written</u> <u>a long letter</u> by him.   (X)
f. <u>A long letter was written</u> by her.

위 (2)의 b에서 buy의 수동형이 왜 잘못되었나 하는 것을 설명하는 g, h, i의 예를 보자.

g. In the eighteenth century, many Afro-Americans <u>were bought</u> and <u>sold</u> in the slave markets.

(19세기에 많은 아프리카 흑인들이 노예시장에서 사고, 팔려졌다)

h. <u>I was bought</u> for a house maid by someone.

(나는 누군가에 의해서 식모로 사졌다)

i. She <u>was sold</u> at the slave markets for a house maid.

(그녀는 노예시장에서 식모로 팔렸다)

(3) 앞의 (2) b, e와는 반대로 save, call 등의 동사가 4형식 문에 사용되면, 이번에는 **직접목적어가 수동문의 주어**로 나타나면 어색한 문장이 되는 경우가 있다.

다음 예를 보자. 아래 (3) c와 g는 비문법적 표현이다. c에서 직접목적어 **a lot of time**이 간접목적어 **us** 앞에 나타날 때, d와 같이, us 앞에 전치사 for를 사용해야 정문이 된다. 또 아래 g에서도 접목적어 **A taxi**가 간접목적어 me 앞에 나타나면, 그 앞에 전치사 for가 삽입되어야 정문이다. 즉, 아래 h와 같이 전치사 for가 필요하다. 수동문의 직접목적어와 간접목적의 이동도 전치사를 필요로 하는 경우가 있다.

a. <u>Computers</u> saved <u>us</u> <u>a lot of time</u>.

b. <u>We</u> were saved <u>a lot of time</u> <u>by computers</u>.

c. *<u>A lot of time</u> was saved <u>us by computers</u>.　　　　　(X)

d. A lot of time was saved <u>for us</u> by computers.　　　　　(O)

e. <u>He</u> called <u>me</u> <u>a taxi</u>.

f. <u>I</u> was called <u>a taxi</u>. (by him).　　　　　(O)

g. *<u>A taxi</u> was called <u>me</u> (<u>by him</u>).　　　　　(X)

h. A taxi was called <u>for</u> me. (by him)　　　　　(O)

(4) 다음 예의 **explain---to**나 **suggest---to**는 4형식의 수여동사처럼 보이지만, 앞 **E** (1)의 수여동사 유형에 속하지 않는 동사들이다. 동사유형 ㉝ (4-7)에 해당되는 동사들은 항상 고정된 전치사와 함께 나타난다.

a. The problem was <u>explained</u> <u>to</u> the children.

b. ~~The children were explained the problem.~~　　　　　(X)

a. A meeting place was suggested to us.

b. (~~**We were suggested a meeting place**~~)　　　　　(X)

F. 5형식 문장의 수동형 문제

5형식 문의 유형에서 목적어는 수동문의 주어가 될 수 있다. 명사로 나타나는 **목적보어**는 부분적으로 수동문의 주어가 될 수는 있지만, 3개의 명사가 서로 완벽하게 수동문의 주어는 될 수 없다. 이 말이 무엇을 의미하는지, 다음 예문을 보자.

5형식의 문장

1. <u>We</u> called <u>him</u> <u>John</u>.   (3개의 명사가 나타남)
   (1)   (2)   (3)

2. <u>He</u> was called <u>John</u>. (<u>by us</u>)   (간접목적어는 수동문의 주어가 됨)   (O)
   (2)   (3)   (1)

3. *<u>John</u> <u>was called</u> <u>him</u> (<u>by us</u>). (목적보어 John은 수동문 주어가 될 수 없음)   (X)
   (3)   (2)   (1)

4. <u>We</u> made / elected / appointed <u>John</u> <u>president of the committee</u>.
   (1)   (2)   (3)

위 1과 같은 문장은 **주어, 목적어, 목적보어 명사**라는 3가지 요소가 있는데, 수동문으로 변형시켰을 때, 위 2와 같은 경우에는 3가지 요소가 다 나타날 수 있다. 그러나 위 3과 같이 목적보어 명사를 수동문의 주어로 나타낼 경우, 능동문의 주어 John은 그 문장의 수동주어로 쓸 수 없다. 왜냐하면, 2와 같이 He가 그의 이름인 John으로 불려질 수는 있으나, John을 him으로는 불려질 수 없기 때문이다.

이런 이유 때문에, 목적보어가 수동문의 주어로 나타나면, 능동문의 주어는 수동문에 나타날 수 없다. 다음 또 하나의 5형식 문장을 보자. 아래 a에서는 3개의 독립된 명사가 나타났다. 그러나 b에서는 (1)번의 John은 나타날 수 없다.

a. <u>John</u> was elected (as) <u>the president of the committee</u> <u>by us</u>.
   (1)   (2)   (3)

b. <u>The president of the committee</u> was elected <u>by us</u>. (이 때, 주어 John은 제외 됨)
          (2)   (3)

왜 능동문의 주어 John이 나타날 수 없는가? 그 이유는 John과 the president of the committee 가 같은 사람이기 때문이다. 즉, 위 a번의 (1)과 (2)는 같은 사람이어서 b에서는 함께 쓰일 수 없기 때문이다. 이런 이유 때문에 5형식의 '목적보어 명사'는 위 3의 수동문과 b의 문장에서는 함께 나타날 수 없다.

G. 사역동사가 나타난, 다음 1을, 2의 수동형으로 변형시키면, 'to-부정사'가 나타난다.

1. He made <u>him</u> go there.
2. <u>He</u> was made <u>to go</u> there by him.   137쪽의 (5-10)의 해설 참조

위 2번의 경우는, 사역동사나/감각동사가 아닌, allow/compel/permit 등의 동사가 나타날 때와 동일한 형태가 나타난다. 다음 3~5의 예문을 보자.

3. We were <u>allowed to go</u> there by him.   ⋯ He allowed us to go there.
4. We were <u>compelled to go</u> there by him.   ⋯ He compelled us to go there.
5. We were <u>permitted to go</u> there by him.   ⋯ He permitted us to go there.
         수동문   능동문   (5-7)

H. 조동사가 있는 문장의 수동태

(1) 조동사가 나타난 문장의 경우에는 조동사와 함께, 'be + p. p.'를 사용한다.

1. You should do it <u>right now</u>.
2. It should be done <u>right now</u>. (by you).

그러나 do / does / did도 조동사이지만, 위 1, 2와 같이 함께 따라가지 않는다. 다음 예를 보자. 즉, 아래 3의 능동문의 본동사 do는 4에서 done으로 나타나고, 3의 부정문의 조동사 does는 4에서 나타나지 않는다.

3. She <u>does</u> not <u>do it</u>.
4. It is not <u>done</u> by her.

(2) '자동사 + 전치사 (숙어)'가, 타동사의 역할을 하는 경우에는 한 단어처럼 취급한다. laugh at, run over 등이 그런 예이다.

1. A car <u>ran over</u> the dog.   ➡   2. The dog <u>was run over</u> by a car.
3. He <u>laughed at</u> her.   ➡   4. She <u>was laughed at</u> by him.

(4) well이 포함된 동사구가 수동형이 되면, well은 동사구의 맨 앞에 나타난다.

1. She spoke <u>well</u> of him. (그녀는 그를 칭찬했다) ➡ 수동
2. He was <u>well</u> spoken by her.

I. 의문문의 수동형

의문사가 주어인 경우 **By + 의문사 (목적어)**가 문의 앞에 나타난다. 그러나 목적격 의문사는 **who(m)** 와 함께 표현되고, 전치사 by는 문의 끝에 나타나는 유형이 가장 흔하게 쓰인다. 즉, 다음 2번보다 3번이 더 많이 쓰인다.

1. Who made the box? (능동문)
2. <u>By whom</u> was the box made? (수동문)
3. <u>Who(m)</u> was the box made <u>by</u>? (수동문) 3번의 수동형이 더 일반적으로 쓰인다.

'의문부사'가 앞에 나타날 경우 [when/where +조동사 + 주어 + p.p.]의 순서로 나타난다.

4. <u>When</u> did he make <u>the box</u>?
5. <u>When</u> was <u>the box</u> made by him?

J. 주절은 능동이고 종속절 (sentence)이 '수동주어로 나타날' 때, 수동문의 변형

(1) 1. 주어 + think/believe/report/say + <u>that</u> + 수동주어 + be + P.P. -- (능동문)
　 2. It + be + thought/believed/reported/said + <u>that</u> + 수동주어 +be-- (수동문)

　 3. 수동주어 be + thought/believed/supposed/expect + said +to + 동사-- (수동문)

(2) 위 1~3의 구조를 실제문장으로 나타내면, 다음 1~3과 같다.

1. <u>They report</u> that <u>three people were killed</u> in the accident. (주절 능동)
2. <u>It is reported</u> that <u>three people were killed</u> in the accident. (주절만 수동)
3. <u>Three people are reported</u> <u>to have been killed</u> in the accident.
　　　　　　　　　　　　　　　(종속절의 수동주어를 주절의 수동주어로 인상한다)

위의 예에서, 1은 능동문: 2는 It--that의 구조로 되어, 가주어 It가 수동문의 주어가 된 것이고, 3에서는 종속절의 주어가 수동문의 주어로 나타난 것이다. 다음은 주절/종속절이 모두 능동인 경우의 예를 보자.

1. They say that he is honest. (능동)
2. It <u>is said</u> that he is honest (by them). (상위절만 수동)
3. <u>He is said</u> <u>to be honest</u>. (종속절의 주어가 수동문의 주어로 인상됨)
4. That he is honest is said by them. (문법적으로 가능하나, 잘 쓰지 않음)

(3) 마지막으로, 다른 예 하나만 더 보기로 한다. 주절의 동사가 say, think, feel, report, presume, understand로 나타나고, 종속절에 유도부사 there가 주어로 나타나면, 접속사 that는 아래 2와 같이, to-부정사(구)로 변형되고, there는 to be의 주어로 나타난다. 그다음 아래 3에서처럼 there가 상위문의 수동주어로 인상된다. 4번도 유도부사 there가 수동문의 주어가 되는 예이다.

1. They think that <u>there are</u> more than 3,000 different languages in the world. (능동문)

2. <u>It is thought</u> <u>there to be more than 3,000 different languages</u> in the world.
   (상위문만 수동주어 It로 됨)
   2의 유도부사 there는 아래 3/4에서 모두 상위문의 수동주어로 인상된다.

3. <u>There are thought</u> <u>to be more than 3,000 different languages</u> in the world.
   (종속절의 there가 상위문의 It의 위치로 이동하여, 수동주어로 인상됨)

4. <u>There was said</u> to be disagreement between minsters.
   위의 예문 중에서, 3의 수동문이 가장 흔히 사용되고, 2번의 수동도 적절한 예문이 된다.

K. 목적절의 주어의 성격에 따라 술부의 표현이 달라지는 경우

1. We won't think that <u>the lady</u> can buy happiness. (종속절의 주어가 사람인 경우)

   → a. It won't be thought that <u>the lady</u> can buy happiness.
      (상위절의 we/they와 같은 주어는 앞의 J_(2) 1~2와 같이 가주어 It로 변형되고, 그
      It 위치에 종속절의 주어가 J_(2)의 3과 같이 수동주어로 인상됨)

   → b. <u>The lady</u> won't <u>be thought to be able to</u> buy happiness.
      (바로 the lady가 상위절의 수동주어로 인상된다. 그런데 종속절의 주어를 다음 2와 같이
      money로 바꿀 수도 있다.

2. We won't think that <u>money</u> can buy happiness.   (종속절의 주어가 무생물인 경우)

➔ a. It won't <u>be thought</u> that <u>money</u> can buy happiness.

➔ b. <u>Money</u> won't <u>be thought to be capable of</u> buying happiness.
   (관용구인 be capable of 도, be able to와 같은 의미로 쓰일 수 있기 때문에, 다른 형용사구
   의 표현인, be capable of로도 표현할 수 있다)

L. 'by + 명사형' 이 아닌, 관용적인 수동형의 표현

수동형의 표현에서는 일반적으로 행위자는 전치사 by 뒤에 나타나지만, 타동사의 과거분사와 관용적
으로 함께 사용되는 전치사는, 여러 가지 다른 전치사로 나타난다. 다음 예를 보자.

1. be covered with / in	6. be worried about
2. be interested in	7. be crowded with
3. be satisfied with	8. be surprised at / by
4. be pleased with	9. be made of / from
5. be known to	10. be filled with

전치사 by를 사용하지 않는 관용적인 수동문의 예문

1. The mountain is <u>covered with snow</u> / <u>in snow</u>.
2. She is <u>interested in</u> biology.
3. The bride was <u>satisfied with</u> the diamond ring.
4. She was very <u>pleased with</u> the gift given by her boy-friend.
5. The doctor was <u>well known to</u> the people of the town.
6. They were <u>worried about</u> their examination next day.
7. The shopping mall was <u>crowded with</u> customers.
8. They were very <u>surprised at</u> the news.
9. The box was <u>made of</u> wood.
10. The room was <u>filled with</u> many visitors.

M. 명령문에서 수동형

1. Don't close the door. ➡ Let not **be closed** the door.
2. Do it right now. ➡   Let it **be done** right now.

N. 부정주어 (Nobody / Nothing / No one) 등은, 수동형에서 anything / anyone / anybody 형으로 변형된다.

1. <u>Nothing</u> pleased her. ➡   She was not pleased with <u>anything</u>.
2. None of them asked about it. ➡   <u>It</u> was not asked about <u>by anyone of them</u>.
3. Nobody thanked me. ➡   I was not thanked <u>by anybody</u>.

O. 수동형으로 변형되지 않는 자동사

1. occur / happen / consist of / exist / appear, disappear / grow up / increase, decrease / change 등

2. cost / resemble / lack / have / posses / belong to / meet 등
   consist of는 수동형이 불가능하나, composed of는 수동형이 가능하다.

예: a. The accident **was occurred** last night.   (X)
   b. I'm afraid something bad will **be happened** if we leave them here.   (X)
   c. Water **is consisted of** hydrogen and oxygen.   (X)
   d. No vending machines **were existed** in Korea until the late 1970s.   (X)
   e. Tall buildings began to **be appeared** after in Seoul in the late 1960s.   (X)
   f. Her symptoms **were disappeared** after she took the medicine.   (X)
   g. She **was grown up** in Cheongju, but she went to college in Seoul.   (X)
   h. The population of Taegu has **been increased** recently.   (X)
   i. In recent years, her skin color **was changed**.   (X)
   j. The girl was met at the party by me.   (X)

1. 그녀는 모든 사람들의 사랑을 받았다.

_____

2. 한국 전쟁은 1950년에 발발했다.

_____

3. 그는 그의 생일날에 선물을 받을 것이다.

_____

4. 그 건물은 여전히 건축 중이다.

_____

5. 그 건물은 지난 2년 간 건축해 오고 있다.

_____

6. John은 만장일치로 그 클럽의 회장으로 선출되었다.

_____

7. 그 책장은 누구에 의해서 만들어졌나?

_____

8. 그 차 사고에서 세 사람들이 죽었다고 보도되었다.

_____

9. 그녀가 영화관에 들어가는 것이 보였다.

_____

10. 사람들은 그가 정직하다고 말한다.

_____

기본 예문의 영작

1. She was loved by all people.

2. The Korean War was broken out in 1950.

3. He will be given a present on his birthday.

4. The building is still being built.

5. That building has been built for last two years.

6. John has unanimously been elected President of the club.

7. Who(m) was the book case made by?
   → By whom was the book case made?

8. Three people are reported to have been killed in the car accident.
   → It is reported that three people were killed in the car accident.

9. She was seen to enter the movie theater.

10. People say that he is honest.
    → It is said that he honest.
    → He is said to be honest.

기본 예문 2

1. 그 의사 선생님은 그의 지역사회에서는 잘 알려져 있습니다.

   _____

2. 그녀는 그녀의 인색한 행동에 대해서 모든 사람들로부터 비웃음을 받았다.

   _____

3. 이 꽃은 영어로 무엇이라 불리나요?

   _____

4. 산들은 연중 내내 눈으로 덮여있다.

   _____

5. 그들은 지역사회의 봉사활동에 관심을 보여왔다.

   _____

6. 이 도서관은 연중 내내 문을 닫지 않습니다.

   _____

7. 그녀는 무엇으로도 기뻐하지 않습니다.

   _____

8. 그것은 그들 중 어느 누구로부터도 요청받지 못했습니다.

   _____

9. 그녀는 방 안으로 뛰어든 쥐 때문에 대단히 놀랐다.

_____

10. 모든 학생들에게 각 수업시간 사이에 15분의 휴식시간이 주어진다.

_____

11. 이 세계에는 3,000개 이상의 언어가 존재한다고 생각된다.

_____

12. 장관들 사이에 의견의 불일치가 있었다고들 합니다.

_____

기본 예문 2의 영작

1. The doctor was well known to everyone in his community.

2. She was laughed at her mean behaviors by everyone.

3. What is this flower called in English?

4. The mountains are covered **with / in** snow all the year around.

5. They have been **interested in** social work for their community.

6. This library will never be closed all the year around.

7. She was not pleased with anything.

8. It was not asked about by anyone of them.

9. She was very surprised at the mouse that ran into the room.

10. 15 minutes is given to all students for their break time between each class.

11. It is thought there to be more than 3, 000 languages in the world.
    → There are thought to be more than 3,000 languages in the world.

12. There was said to be disagreement between ministers.

8 기원법 (Subjunctive Mood)

𝐴. 서법 (Mood)

영어에서 문장을 기술하고 서술하는 방법을 서법(敍法)이라 하는데, 이 서법을 영어로는 mood라 한다. 그런데, 우리나라에서는 서법의 세 가지 종류 중, 마지막 3번을 잘못 해석하고 있다.

(1) 1 **직설법**: 어떤 사실을 있는 그대로 표현하는 방법; 평서문, 의문문, 감탄문 등.

   2 **명령법**: 상대방에게 명령, 요구, 금지 등을 표현할 때 쓰임.

   3 **가정법** (Subjunctive): 사실과 다른 것을 가정하거나, 상상할 때 쓰임.   (X)

위 (1)의 3번인 'Subjunctive'는 가정법이 아니라, '기원법(Subjunctive)'이다. 따라서 가정법 (Subjunctive)이라는 표현은 잘못된 번역이다.

(2) 영어에서는 세 가지의 법(mood)의 유형이 있는데, 첫째, 직설법(Indicative Mood), 둘째, 명령법(Imperative Mood), 셋째 기원법(Subjunctive Mood)이 있다. 우리나라에서 발행된 모든 영어 사전 및 영어문법책에서 Subjunctive Mood를 '가정법'으로 표현하고 있으나, 이것은 완전히 잘못된 '문법용어'라는 것을 지적하고, 이것을 정정할 것을 강조한다. **Subjunctive Mood는 '가정법' 이 아니라, 소원을 비는 '기원법/소원법'을 의미한다.**

우리들의 사전의 2쪽 반 정도를 할애하면서 모든 가정법 유형을 다 설명하고 있다. 이런 이유 때문에, 우리의 핸드폰이나 스마트폰으로, Subjunctive나 Subjunctive Mood를 찾아보면, '가정법'으로 나타난다. 원어민들은 결코 가정법을 Subjunctive Mood로 표현하지 않는다.

이것은 반드시 시정되어야 하기 때문에, 이 책에서 이것을 강조하고자 한다. 우리가 알고 있는 가정법을 원어민들은 'Conditions(조건),' 'Conditions and Suppositions(조건과 가정),' 'Contrary-to-fact Statements(사실과 반대의 표현)', 'Contrary to Fact Condition(사실과의 반대 조건)', 'If-clause' 등 원어민 학자들마다, 여러 가지 다른 문법용어를 쓰지만, '가정법'을 절대로 'Subjunctive Mood'로는 표현하지 않는다.

B. Collins Cobuild의 subjunctive 정의

Collins Cobuild(2001: 1554)의 'English Dictionary for Advanced Learners'를 보면 'subjunctive'의 정의를 다음과 같이 제시하고 있다.

> "In English, a clause expressing a wish or suggestion can be put in Subjunctive, or in the subjunctive mood, by using the base form of a verb or were."

> (영어에서 소원이나 또는 제안을 표현하는 절(clause)에서는, 동사의 **원형**이나 **were**를 사용해서, **기원 또는 소원법**으로 표현될 수 있다).

그리고 다음과 같은 예를 제시했다.

(a) He asked that they **be** removed.
(b) He asked that she **do** the work right now.
(c) I wish I **were** somewhere else.

위 세 가지 예가 기원법의 예문이다. 여러 가지 가정법의 If-절은 전혀 나타나지 않는다. 또 다음 Michael Swan(2005: 559)의 표현도 보기로 하자.

C. What is the subjunctive?

> Some languages have special verb forms called "subjunctive", which are used especially to talk about "unreal" situations' things which are (a) **possible**, (b) **desirable**, (c) **imaginary**. Older English had subjunctives, but in modern English they have most been replaced by uses of **should, would** and other modal verbs.

> "기원법"이란 무엇인가?
> 어떤 언어는 "기원법"이라 불리는 특별한 형태의 동사를 가지고 있다. 이 동사들은 특별하게 (a) 가능한 것 (b) 바람직한 것/소망스러운 것 (c) 상상적인 것을 포함한 비현실적인 여건의 일들을 논의할 때 쓰인다. 옛 영어에서는 기원법이 있었다. **그러나 현재 영국영어에서는 이들이 모두 should, would 및 다른 서법조동사로 대체되었다.**

이제 Michael Swan(2005)의 예를 보자.

(1) a. It is essential that **every child have** the same educational opportunities.

　　　(모든 아이들이 동일한 교육기회를 가져야만 한다는 것은 중요한 일이다)

　　b. It was important that **James contact** Arthur as soon as possible.

　　　(James가 Arthur를 가능한 한 즉시 만나는 것이 중요했다)

　　c. Our advice is that the **company invest** in new equipment.

　　　(우리들의 권유는 그 회사가 새로운 기계의 구입에 투자해야 한다는 것이다)

　　d. The judge recommended that **Simons remain** in prison for life.

　　　(그 판사는 Simon은 평생 동안 감옥에 투옥할 것을 [추천했다] 판결했다)

위 (1)의 a, b, c, d는 모두 **가능한/소망스러운/바람직한 것**들을 표현한 공식적인 기원법의 표현으로서, 내포절의 주어의 인칭에 상관없이 **원형동사**를 쓰고 있는 것이 특징이다. 가정법의 if-절은 전혀 없다. 그래서 원어민들은 이 문장들을 기원법의 문장이라고 한다.

D. 기원법을 유도하는 3가지 유형

기원법(Subjunctive)은 상위절에서, 특별한 동사, 형용사, 또는 명사 유형이 기원법을 유도한다. 그리고, 이 기원법의 **종속절**에서는 주어의 인칭에 관계없이 <u>동사의 **원형**이나, 또는 I wish I were a bird.와 같은 문장에서는 **were**가 쓰인다.</u> 특히 미국영어(AmE)에서는 that-절에서, 중요하고, 소망스러운 일을 <u>제안하거나, 추천하고, 요구할 때, 상위절에 다음과 같이 3가지 유형이 기원법을 유도한다.</u> Barron's TOEFL(1987: 50-51). **그러나 종속절이 아닌 평범한 It···to-부정사 구조에서는 영국영어와 미국영어 간에 전혀 차이가 없다.**

　　ⓐ 주절에 ask, demand, desire, insist, prefer, recommend, require, suggest 등의 동사가 나타나는 유형

　　ⓑ 가주어 It과 함께, 주절에 be + vital, essential, important, necessary 등의 형용사가 나타나는 유형

　　ⓒ recommendation, requirement, suggestion, demand 등 명사가 주절의 주어나, 목적어 및 보어로 나타나는 유형으로 구분된다.

E. 기원법 예제

앞의 283쪽 **D**의 기원법을 유도하는 상위절의 3가지 유형에 따라 제시된, 미국식 영어(AmE)의 예와 영국영어(BrE)의 예를 제시하니 참고하기 바란다. 이 두 언어 간의 기원법의 차이는 너무나 간단하고 규칙적이기 때문에, 다음 예를 본 후에 바로 연습문제로 넘어가기로 한다. 다음 (1)번에서 한가지 기억해둘 것은 미국영어의 부정 기원문에서는, 부정문의 조동사 do / does / did 등을 쓰지 않는 점이 특이하다.

(1) The doctor **suggested she not smoke**.
　　(의사 선생님은 그녀가 담배를 피우지 않도록 제안했다)

　　1. should not smoke　　　　(BrE)
　　2. not smoke　　　　　　　(AmE)

(2) Mr. Johnson **prefers** that she **(should) speak** with him personally.
　　(Johnson씨는 그녀가 직접 그와 이야기해야 하는 것이 좋겠다고 했다)

　　1. should speak　　　　　(BrE)
　　2. speak　　　　　　　　(AmE)

(3) 주절에 사용되는 주어명사 recommendation, suggestion 등이 **머리명사(head nouns**나, **보어명사** 또는 **목적어**로 나타나도 동일한 현상을 나타낸다.

　　The recommendation / **suggestion** that we **(should) be** evaluated was approved.
　　(우리들이 당연히 평가를 받아야만 한다는 충고/제안은 승인되었다)

　　1. should be　　　　　　(BrE)
　　2. be　　　　　　　　　(AmE)

(4) 주절에 가주어 It가 나타나고, be + important, essential, imperative, necessary와 같은 형용사가 나타나도 that-절 내에 동일한 현상이 나타난다.

　　It is **important** / **essential** that the data **(should) be** verified.
　　(그 자료가 당연히 입증되어야 하는 것은 중요하다 / 필수적인 것이다)

　　1. should be　　　　　　(BrE)
　　2. be　　　　　　　　　(AmE)

(5) 이 기원법의 유형에서, 미국영어의 경우에는, 부정문에 조동사 do/does를 쓰지 않는 것이 특징이다.

> We felt it <u>desirable</u> that he <u>not leave</u> school before eighteen.
> (우리는 그가 18세 전에 학교를 <u>그만두지 않아야만 하는 것이</u> 바람직하다고 느꼈다)

    1. should not leave   (BrE)

    2. not leave   (AmE)

아래 (6)~(8)에서 a번에서는, 영국/미국 영어의 용법에 차이가 없고, b번의 종속절에서만 차이가 있다.

(6) a. It is imperative <u>to be</u> on time.   (당신이 정시에 오는 것은 명령적이다)

     b. It is imperative that you <u>be</u> on time

    1. a. to be   b. should be   (BrE)

    2. a. to be   b. be   (AmE)

(7) a. <u>It is essential to file</u> all applications and transcripts no later than July 1.

       (모든 구비 서류와 성적증명서는 7월 1일 이전에 제출하는 것은 필수적이다)

     b. <u>It is essential</u> that all applications and transcripts <u>be filed</u> no later than July 1.

    1. a. to file   b. should be filed.   (BrE)

    2. b. to file   b. be filed   (AmE)

(8) a. <u>It is imperative to sign</u> your identification card.

      (너의 신분증에 서명을 하는 것은 명령적이다)

     b. <u>It is imperative</u> that your signature <u>appear</u> on your identification card.

    1. a. to sign   b. should appear   (BrE)

    2. a. to sign   b. appear   (AmE)

F. were 기원법

그런데, 이 기원법에서 흔하지는 않지만, If 다음에, 1인칭과 3인칭 단수의 **'I / he / she / it were'**를 쓰는 경우가 있는데, 이 형태는 가정법에서 If 대신에, were를 쓰는 경우와 동일하다. 그래서 가정법의 쓰임과 동일하다고 오해할 수도 있다. 그러나 그 의미가 가정법의 내용과 다르다. '기원법'에서는 [희망 / 소원]의 의미로 쓰는 것이 '가정법'과 다르다. 다음 예문의 해석을 참조하자.

(1) a. I wish I were a bird.   **기원법 (희망 / 바램)**

    I wish you could come tomorrow.   **기원법 (희망 / 바램)**

  b. I <u>wish</u> I were a bird. ➡ 기원법은 '…을 바란다'는 이 **wish**를 강조하고,

  c. I wish I were a bird. ➡ 가정법은 '…<u>이라면</u>'이라는, **가정에 중점을 두는 점이 서로 다르다.**

다음 (2)번의 예에서는 가정법의 if의 의미로 쓰이고 있다. 이 한 가지 유형 이외에는 기원법에서 if의 구절이 전혀 나타나지 않는다. 아래 표현에서 비공식적인 경우는 were 대신에 was를 쓰기도 한다.

(2) a. <u>If I were you</u>, I should stop smoking.

    (내가 너라면, 나는 금연을 할 것을 **희망한다**)

  b. If I (were / was) rich,…   **(가정적/기원적** 양쪽의 의미로 현대영어로 표현)

  c. <u>If she (were / was) to do something</u> like that, …

  d. He spoke to me <u>as if I (were / was) deaf</u>.   (가정적인 의미)

G. 고정된 표현(fixed phrases)

1. <u>God save</u> the Queen!   2. Long <u>live the King</u>!
3. <u>God bless</u> you!   4. <u>Heaven forbid</u>!

위의 고정된 표현에서 주어와 동사 간의 3인칭 단수, 현재의 규칙이 전혀 나타나지 않는다. 이 고정된 표현에서는 영국영어에서도, 기원법의 형식적인 규칙이 나타나고 있다. 그리고 기원법에서, 영국식 영어와 미국식 영어를 비교해보면, 미국식 영어가 특별한 기원법을 쓰고 있다. 영국식 영어는 항상 조동사 should을 사용하기 때문에, 한국인으로 본다면, 별 문제가 없다. 그러나 미국식 영어만이 특이한 용법을 쓰고 있기 때문에 주의를 해야 한다.

H. Quirk, Greenbaum, Leech, Svartvik(1972)

A Grammar of Contemporary English(1972: 76-77)의 필자인, 영국식 영문법 학자들인 Quirk, Greenbaum, Leech, Svartvik의 내용을 보기로 하자. 이들도 **현대 영국영어에서는 기원법은 중요한 문법항목이 아니라고** 말하고 있다. 다음 그들의 주장을 살펴보기로 하자.

현대영어에서는 이 **기원법/소원법(Subjunctive)**은 중요한 항목이 아니며, 일반적으로 다른 표현으로 대체되고 있다. 이 기원법은 다음 Ⓐ, Ⓑ, Ⓒ와 같이 세 가지 분야로 구분할 수 있다고 했다.

Ⓐ That-절에 나타나는 **명령적인 기원법(mandative subjunctive)**에서는 동사가 원형동사(V)의 형태를 갖는다. '명령적'이라는 말은 종속절에서 명령적으로, **동사원형**을 쓰게 한다는 의미이다. 따라서 3인칭 단수, 현재 형에서도 주어와 동사 간에 나타나는 정상적인 일치의 형태는 없다. **이 기원법의 사용은 주로 형식적(formal style)인 미국영어에서 나타나며**, 비형식적인 문체에서는 일반적으로 to-부정사 구조나, 또는 **should + 원형동사** 형을 쓴다고 했다. 다음 각 예문에서 (a) 형은 형식적 기원법이고, (b) 형은 비형식적인 영국영어 문장이다.

(a) We ask that individual citizen watch closely any developments in this country.
  (각 시민은 이 나라의 어떤 개발이라도 주의 깊게 주시할 것을 요청하는 바이다)

(b) We ask that individual citizen to watch closely any developments in this country.

(a) It is <u>necessary</u> that <u>every member</u> <u>inform</u> himself of these rules.
  (모든 회원들이 이 규칙들을 스스로 숙지하는 것이 절대적으로 필요하다)

(b) It is <u>necessary</u> that <u>every member</u> <u>should inform himself</u> of these rules.

(a) There was <u>a suggestion</u> that <u>Brown be dropped</u> from the team.
  (Brown을 팀에서부터 탈락시키자는 제안이 있었다)

(b) There was <u>a suggestion</u> <u>to drop Brown</u> from the team.

Ⓑ 고정된 기원문(The Formulaic Subjunctive)에서도 역시 '원형동사(V)'로 구성되어 있기 때문에, 주어가 3인칭 단수일지라도, 본동사로 쓰였다. 주어와 동사 간에, 3인칭 단수의 일반적 규칙이 적용되지 않는다. 오직 몇 가지 고정된 표현에서만 이 형태가 쓰이기 때문에, 고정된 구조 전체를 알아두어야 한다고 했다.

a. God <u>save</u> the Queen!   (하느님께서 여왕을 구해주소서!)
b. So <u>be</u> it then!   (그렇다면 좋다!)
c. <u>Suffice</u> it to say that…   (…라 말해두자/ …라 말해두면 충분하다.)
d. Heaven <u>forbid</u> that…   (하느님께서 결코 그런 일이 없도록 하소서!)

© 'were-기원법의 형태'는 그 의미에서 가정적인 의미가 있고, 기원적인 동사 wish와 같은 조건적이고 양보적인 절 다음의 쓰인다. 이 기원법은 오직 한 가지 'were-형태'에서만 쓰이고, 이 형태는 1인칭과 3인칭 단수 현재에서 'be 동사형'에만 쓰인다. 이것은 직설법의 was에 해당되는 것으로, 비형식적인 문체에서는 to-부정사를 쓴다.

(1) If I (were / was) rich, ⋯

If she (were / was) to do something like that, ⋯

(2) He spoke to me as if I (were / was) deaf.

(3) I wish I (were / was) dead.

I. Hornby(1975: 214-217)의 현대적 표현의 기원법

Hornby(1975: 214-217)에서는 'Subjunctive Mood의 의미'를 '소원(whishes), 희망(hopes), 편애/선호성(preferences)'으로 요약하고, 현대영어로 된 다양한 용법을 제시했다. 먼저 may를 사용한 다음 (1)과 같은 표현이 더 평범한 표현이라고 했다. 미국영어도 다음 (1)과 같은 표현을 쓰지만, 기원법의 '형식적 문법'을 여전히 쓰고 있는 점이 영국영어와 다르다.

(1) 1. __May__ God bless you!   (하느님이 당신에게 축복을 주시기를!)

2. __May__ you have a long and happy life!   (당신이 오래 사시고 행복한 인생이 되기를!)

3. Long __may__ you live to enjoy it!   (장수하고 인생을 즐겁게 사시도록!)

4. Much good __may__ it do you!   (그것이 당신에게 많이 유익하시기를!)

(2) may와 might를 that-종속절에서 사용하는 것은, 다음 예의 괄호 내의 will, would를 쓰는 것보다 <u>좀 격식을 차리지 않은</u>, 비형식적인 표현이라 했다.

1. I trust that this arrangement __may__ (will) meet with your approval.   (less formal)

2. I hope he (will) __may__ succeed.   (less formal)

3. I hoped that he __might__ (would) succeed.   (less formal)

(3) 동사 wish나 또는 if only는 that-종속절에서도 쓰인다. 이때 접속사 that은 언제나 생략된다. **바라는 내용이 현재나 미래의 일에 대한 것일 경우에는 절 내에서 과거시제가 쓰인다. 또 과거에 실현되지 못했거나, 실현되지 않았던 소원을 표현하는 경우에는 과거완료시제가 쓰인다.**

1. I wish I __knew__ how to do it.   (그 방법을 알고 있으면 좋겠는데. 몰라서 미안하다)
2. I wish I __had known__ how to do it.   (그 방법을 알았더라면 좋았는데. 몰라서 미안했다)
3. I wish I __hadn't gone__.   (나는 가지 않더라면 좋았는데, 실제는 가고 말았다)
4. I wish I didn't have to go there.   (안 가도 되면 좋겠는데. 실제로는 가야만 한다)
5. __If only__ the rain would stop!   (비가 그쳐주기만 하면 좋겠는데!)   (감탄문)
6. __If only__ I knew!   (알고 있으면 좋겠는데!) (감탄문)
7. __If only__ I had known!   (그때, 알고 있었다면 좋았는데!) (감탄문)

𝒥. A~I의 Subjunctive의 논의에서, 가정법의 내용은 전혀 없다.

그런데 '가정법에 대한 용어'는 원어민 학자들에 따라 완전히 통일된 하나의 '문법용어'는 없다. 대체로, 'Conditions', 'Conditions and Suppositions', 'If Clause', 'Contrary-to-fact statements' 등으로 표현한다. 따라서 'Subjunctive Mood'는 '가정법'을 표현하는 문법용어가 아니다. 위에 제시된 여러 원어민 영문법 학자들의 주장을 보아도, 'Subjunctive', 또는 'Subjunctive Mood'가 가정법을 의미하는 것이 아닌 것은 확실하다. 예컨대, 가정법 현재, 가정법 미래, 가정법 과거, 가정법 과거완료, 혼합 가정법 등, 중요한 주된 가정법은 전혀 논의되지 않았다. 가정법의 의미가 가미된, 앞 '285쪽 **F**의 were 기원법'과, 동일한 유형의 '288쪽 **H**_ⓒ의 were 기원법'을 제외하고는 전혀 가정법은 논의되지 않았다.

그런데 마지막으로 강조하고자 하는 문제는, 현재 미국영어에서는 이 기원법이, 여전히 공식적인 문법적 표현으로 일반사회에 널리 쓰이고 있다. David Crystal의 The Cambridge Encyclopedia of The English Language. Second Edition(2003)의 311쪽에서, 미국영어에서는 여전히 Subjunctive 표현이 쓰이고 있음을 확인하고 있다. 따라서, TOEFL / TOEIC 시험문제에도 나오기 때문에, 미국영어를 주로 사용하는 한국인으로서는 중요하게 생각해야 한다. 이 Subjunctive Mood로 본다면 미국영어와 영국영어의 견해가 전혀 다르다. 즉, 영국영어는 옛날 영어로 보지만, 미국영어는 현재 공식적으로 사용하는 문법적인 표현이다.

다음 각 예문의 공란에 영국영어(BrE)와 미국영어(AmE)의 용법을 분명히 구별해서 영작문을 하기로 한다. 아래에 제시된 공란에 적확한 어휘를 써보라.
기본 예문 (8)~(10)의 It…to-infinitive 구조의 단문에서는 영국영어와 미국영어의 표현은 동일하다. 다만 종속절에서 차이가 있다는 것을 참고하라.

(1) 의사 선생님은 **그녀가 담배를 피우지 말기를(않기를)** 권유했다.

The doctor suggested that she _____

1. (BrE) _____

2. (AmE) _____

(2) 모든 아이들이 동일한 교육기회를 **가져야만 한다는 것은** 중요한 일이다.

It is essential that every child _____ the same educational opportunities.

1. (BrE) _____

2. (AmE) _____

(3) James가 Arthur를 가능한 한 즉시 **만나는(접촉하는)** 것이 중요하다.

It is important that James _____ Arthur as soon as possible.

1. (BrE) _____

2. (AmE) _____

(4) 우리들의 권유는 그 회사가 새로운 기계구입에 **투자해야 한다**는 것이다.

Our advice is that the company _____ in new equipment.

1. (BrE) _____

2. (AmE) _____

(5) 그 판사는 Simon은 형무소에서 평생동안 **머무는(투옥할) 것을** 추천했다 / 판결했다.

The judge recommended that Simon _____ in prison for life.

1. (BrE) _____

2. (AmE) _____

(6) 나는 네가 다른 사무실로 **옮겨야 한다고** 추천(권유) 했다.

I recommended that you _____ to another office.

1. (BrE) _____

2. (AmE) _____

(7) Helen은 그 서류를 서명할 때 **참석하는 것이** 중요하다.

It is important that Helen _____ present when we sign the papers.

1. (BrE) _____

2. (AmE) _____

(8) 당신은 정시에 **오는 것은** 명령적이다.

1 a. It is imperative _____ on time.
2. b. It is imperative that you _____ on time.
1. a. (BrE) _____   b. _____
2. a. (AmE) _____   b. _____

(9) 모든 구비서류와 성적증명서는 7월 1일 이전에 **제출하는 것은** 필수적이다.

It is essential _____ all application and transcripts no later than July 1.
It is essential that all application and transcripts _____ no later than July 1.

1. a. (BrE) _____   b. _____
2. b. (AmE) _____   b. _____

(10) 1. It is imperative _____ your identification card.
   (너의 신분증에 **서명을 하는 것은** 명령적이다)

2. It is imperative that your signature _____ on your identification
   card. (너의 신분증에 너의 서명을 나타내어야 하는 것은 명령적이다)

1. a. (BrE) _____   b. _____
2. b. (AmE) _____   b. _____

기본 예문의 영작

(1) 1. (BrE) should not smoke
   2. (AmE) not smoke

(2) 1. (BrE) should have

2. (AmE) have

(3) 1. (BrE) should meet

2. (AmE) meet

(4) 1. (BrE) should invest

2. (AmE) invest

(5) 1. (BrE) should remain

2. (AmE) remain

(6) 1. (BrE) should move

2. (AmE) move

(7) 1. (BrE) should be

2. (AmE) be

(8) 1. a. (BrE) to be / b. should be

2. b. (AmE) to be / b. be

(9) 1. a. (BrE) to file / b. should be filed

2. a. (AmE) to file / b. be filed

(10) 1. a. (BrE) to sign / b. should appear

2. a. (AmE) to sign / b. appear

위 (8)-(10)번의 a 예문에서, 정상적인 가주어 It와 진주어 to-부정사 구조에서는, 미국영어(AmE)와 영국영어(BrE)에서, to be의 구조는 동일하고, 오직 종속절에서만, 양국의 영어표현이 전혀 다르다.

9 UNIT

가정법
(Conditions and Suppositions)

A. 가정법 현재

가정법 현재형은 **현재사실의 불확실성**을 표현할 때에 쓰이며, 많은 유형이 있지만, 여기서는 가장 많이 쓰이는 2가지 유형만 제시한다. 실용회화에서는 가정법 현재형이 가장 빈번하게 쓰인다.

(1) 주절, if-절에서 모두 현제시제

a. **If** he comes, what are we to do?
b. What can we do, **if** he doesn't come?
c. **Provided (if)** the weather keeps like this, the farmers have no need to worry about the crops.
d. It doesn't matter where you put it **so long as (if)** you make a note of where it is.

(2) 주절은 미래시제이고, if-절은 현재시제.
이 유형에서 주절은 의문문 또는 명령문으로도 나타난다.

a. **If** it's ready, he'll bring it tomorrow.
b. What shall we do, **if** it rains?   b. 주절: 의문문
c. What are you going to do, **if** it rains?   c. 주절: 의문문
d. Come indoors at once, **if** it rains   d. 주절: 명령문
e. Don't come, **unless** I tell you to come.   e. 주절: 명령문

B. 가정법 미래

가정법 미래형은 미래에 대한 불확실 및 미래에서도 실현불가능한 일을 표현할 때에 쓰인다. 이 유형의 구조는, 주절에 조동사 would, should, could, might, ought 중 어느 하나가 쓰이고, 그 다음에 **원형동사**가 온다. if-절에는 **were to** 또는 **should** 중 어느 하나가 쓰인다. 다음 예를 보자.

a. If he <u>were to / should</u> hear of your marriage, he <u>would be</u> surprised.

b. He <u>wouldn't do</u> it, unless you <u>were to</u> specially ask him.

c. If you <u>should be</u> passing my house, you <u>might</u> return the book you borrowed from me.

d. If you <u>were to</u> start early tomorrow morning, you would / should / could / might / ought to / <u>be</u> at your destination by evening.

C. 가정법 과거

가정법 과거(현재사실의 정반대)는 현재시에 대한 또는 현재시와 미래시 양쪽에 대한 **실현불가능한 일** 또는 **가상의 경우를 표현할 때**에 쓰인다. 주절에 조동사 would, should, could, might의 어느 하나 가 쓰이고, 그 다음에 **원형동사**가 온다. if-절에는 과거시제의 동사가 쓰인다. be 동사의 경우는 성, 수, 인칭에 상관없이, **were**가 사용되고, 일반 동사의 경우는 <u>단순과거형</u>이 사용된다. 다음 예문을 보 자:

a. If I <u>had</u> the money, I <u>should pay</u> you.

b. If he <u>heard of</u> your marriage, he <u>would be</u> surprised.

c. He <u>wouldn't do</u> it **unless** you specially <u>asked</u> him.

<u>I wish</u>와 <u>only if</u>의 가정법에서는 위 가정법 과거의 예문에 제시된, if-절의 과거동사나 아래에 제시 되는 <u>가정법 과거완료</u>의 시제를 그대로 사용하는 것이다. 의미는 가정법 과거나 가정법 과거완료의 의미와 동일하다.

D. 가정법 과거완료

가정법 과거완료형은 과거사실의 정반대 현상을 기술하거나, 가정할 경우에 쓰이며, 또 **과거 시에 관 한 가정의 경우, 과거 시에 있어서의 결과에 대해 가상을 기술하는데 쓰인다.** 주절에는 조동사 would, could, should, might의 어느 하나에, 완료부정사를 함께 사용하는 형식이 쓰인다. (현재완료형을 사용해서, 언급된 내용이 현시점에서 보는 결과라고 한다면,) 조건절 (if-절)에는 과거완료시제가 쓰 인다.

a. If he <u>had heard of</u> your marriage, he <u>would have been surprised</u>.

b. I <u>should never have got</u> here in time, if you <u>hadn't given</u> me a lift (BrE) / = a ride (AmE) in your car.

c. If <u>you'd been</u> at the meeting, I <u>should have seen</u> you yesterday.

E. 혼합가정법

혼합가정법에서, **If-절은 가정법 과거완료형이 나타나나, 주절에는 가정법 과거형태가 쓰이며, now, today와 같은 현재를 표현하는 부사가 반드시 나타난다.** 이런 이유 때문에 혼합가정법이라 한다.

a.   If she <u>had taken</u> my advice, she <u>would be</u> happy <u>now</u>.
b.   If it <u>hadn't snowed</u> last night, the road <u>would not be</u> icy <u>today</u>.
c.   If I had taken your advice <u>then</u>, I would be a doctor <u>now</u>.

F. If ···should: If ···happen to

어떤 일의 실현 가능성이, **있을 것 같지 않거나(unlikely)**, 특히 가능성이 희박할 경우에(not particularly probable)는, **If-절에 would를 쓰는 것이 아니라, should를 쓴다.** 다음 예를 보자.

a. If you **should run into Peter**, tell him he owes me a letter.
b. If you **happen to** pass a supermarket, perhaps you could get some eggs.
c. If he **should** be late, we'<u>ll have to start without him</u>.

G. If-절에 의존하지 않는 가정법 'I wish--'

이 표현은 앞에서 언급한 Subjunctive [기원법/소원법])와 중복이 되지만, 앞에서 언급한 것 같이, 그 의미가 다르다. 기원법에서는 소원/희망을 나타낸다.

(1) I wish + '가정법 과거의 If-절의 동사구'"
a. If I were a bird, I could fly in the sky.
b. I wish I were a bird. (I'm sorry, but I am not a bird).

(2) I wish + '가정법 과거완료의 If-절 / 주절의 동사형 사용'
a. If you had been at the meeting, I could have seen you yesterday.
b. <u>I wish</u> I had been at the meeting <u>yesterday</u>.
c. <u>I wish</u> I could have seen you at the meeting <u>yesterday</u>.

(3) 과거형 wished:
a. I wished **I were rich.** 는 '내가 부자였다면' 하고 '<u>원했다.</u>'

b. I wished **I had been rich.** 는 '내가 부자였었다면' 하고 '**원했다.**'

c. He talked **as if** he were a doctor. 도 '그는 의사인 것처럼' '말했다.'

d. He talked **as if** he had been a doctor. 도 '그는 의사였었던 것처럼' '말했다.'"로 된다.

(3) **As if (though)** + 가정법 과거의 If- 절의 동사구

a. He talks **as if** he were my father. (In fact, he isn't my father).

b. She talks **as though** she had seen a ghost. (In fact, she didn't see a ghost).

(4) **Without (But for):** (…이 없었다면)

a. Without his help, I would have great difficulty.

b. But for your assistance, I would have great difficulty.

(5) It's (high) time + 가정법 과거: (…할 시간이다)

a. It's time you went to bed.　　　(네가 잠자러 갈 시간이다)

b. It's time children went to bed.　　(아이들이 잠자러 갈 시간이다)

(6) **To-부정사(구):** (…한다면 / …이 된다)

a. To hear him speak English, you would take him an American.

b. I would be happy, **to be of help** to you.

H. If가 생략된 가정문: 도치된 구문이 나타남

다음 예에서는 도치현상이 나타나 if가 생략된다. 다음 3가지 예문을 보자.

a. Were I rich, I could buy the car.

　➜ If I were rich, I could buy the car.

b. Had I known about her, my whole life would have been changed.

　➜ If I had known about her, my whole life would have been changed.

c. Should you change your mind, I would be very happy.

　➜ If you should change your mind, I would be very happy.

위의 예문에서, 도치현상이 일어나면, if는 삭제되고, 동사나/조동사가 주어 앞으로 나타난다.

I. If의 대용어

a. provided (providing) (that) = only if
b. in case = (…에 대비하여) / = if
c. on condition that = if
d. as (so) long as = only if
e. supposing (supposed) that = if
f. granted (that) = even if
g. unless = if …not
h. otherwise = if--not
i. but for = 그것이 아니라면 / --없다면
j. 접속사 and와 or도 if의 의미를 지닌다.

기본 예문

1. 그가 정직하다면, 나는 그를 채용하겠다.   (가정법 현재)

_____

2. 내가 부자라면, 새 아파트를 살 수 있을 것인데.   (가정법 과거)

_____

3. 내가 충분한 돈이 있다면, 나는 당신에게 그 돈을 갚았을 것이다.   (가정법 과거)

_____

4. 만일 네가 그 파티에 왔었다면, 나는 어제 너를 볼 수 있었을 것인데.   (가정법 과거완료)

_____

5. 그녀가 나의 충고를 받아들였다면, 그녀는 지금 행복할 것이다.   (혼합 가정법)

_____

6. 내일 비가 오면, 우리는 어떻게 하지?   (가정법 현재)

_____

7. 비가 오면, 즉시 집안으로 들어와라.   (가정법 현재)

_____

8. 내가 오라고 하지 않으면, 오지 마십시오.   (가정법 현재)

_____

9. 만일 그녀가 너의 결혼 소식을 듣는다면, 그녀는 놀랄 것이다.　　　　(가정법 미래)

_____

10. 만일 너와 나 사이에 저 바다가 마른다면, 나는 너와 결혼하기 위해, 너에게 달려갈 것이다.
　　　　　　　　　　　　　　　　　　　　　　　　　　　　　(가정법 미래)

_____

기본 예문 1의 영작

1. If he is honest, I will employ him.

2. If I were rich, I could buy a new apartment.

3. If I had enough money, I would pay you the money.

4. If you had been at the party, I could have seen you yesterday.

5. If she **had taken** my advice, she **would be** happy **now**.

6. What shall we do, if it rains tomorrow?

7. Come indoors at once, if it rains.

8. Don't come, **unless** I tell you to come.

9. If she **were to** hear of your marriage, she would be surprised.

10. If the sea between you and me **were to** dry up, I would run to you to marry you.

기본 예문 2

1. 나는 원어민 친구가 있었으면 하고 원한다.

_____

2. 지금이 바로 그가 직장을 가져야 할 때이다.

_____

3. 그는 마치 의사였었든 것처럼 말했다.

_____

4. 나는 어제 모임에 갔었더라면, 하고 원한다.

_____

5. 내가 만일 그녀에 대해서 알았더라면, 나의 전 인생이 바뀌었을 것인데.

_____

6. 당신의 도움이 없었더라면, 우리는 성공할 수 없었을 것이다.

_____

7. 당신의 마음을 바꾸어 주신다면, 나는 행복할 것인데.

> ※ 'If …should'와 'If …happen to'는 실현 가능성이 없거나, 희박할 때, would가 아니라, should
> 를 쓴다.

_____

8. 그들이 나를 도와주었다면, 나는 그 일을 끝낼 수 있었을 것인데.

_____

9. 그가 만일 앞으로 열심히 공부한다면, 그는 다음 시험에 합격할 것이다.

_____

10. 그들은 그 회의를 연기해야 한다고 주장했다.

_____

기본 예문의 영작

1. I wish I **could have** a friend of native speakers.
   → I wish I **had** a friend of native speakers.

2. It is **high time** he **got** a job.

3. He talked **as if** he had been a doctor.

4. I wish I had been at the party yesterday.

5. If I had known about her, my whole life would have been changed.
   → **Had I known** about her, my whole life **would have been** changed.

6. If we had not had your help, we would not have succeeded.
   → **Without (But for)** your help, we **would not have succeeded**.

7. If you **should** change your mind, I would be very happy.
   → **Should** you change your mind, I would be very happy.

8. If they **had helped** me, I **could have finished** the work.

9. If he worked (studied) hard from now on, he might pass the examination.

10. They **insisted** that **the meeting be** postponed.
    (10번은 기원법의 동사유형이다. 이 책 283쪽 제8장 기원법의 동사유형 참조)

UNIT 10

관계대명사
(Relative Pronouns)

A. 일반 예문 및 전체 개관

1. I know a boy <u>who</u> speaks three languages.
2. I met people <u>that</u> smile a lot.   (사람에게 who / that을 동일하게 쓴다)
3. I met a man <u>whose</u> <u>name</u> I had forgotten.
4. Do you understand <u>what</u> I said?
5. Tennis is the sport <u>which</u> she likes most.
6. People <u>who</u> take physical exercises live longer.
7. There is a program tonight <u>which</u> you might like.

B. 관계대명사의 역할: 접속사 + 대명사

1. She is **the lady** **who** admired him very much.
          선행사   관계대명사

2. 관계대명사의 선행사와 격

선행사 \ 격	주격	소유격	목적격
사람	who	whose	whom
사람, 동물	which	whose (of which)	which
사람, 동물, 사물, 사람 + 동물, 형용사의 최상급, 서수사(first, second...), the only, the very, all, every 등을 포함한 표현	that	X	that
자체 내에 선행사 포함	what	X	what

C. 관계대명사 주격

(1) who: 앞 동사의 목적어 및 뒤 문장의 주어(object and subject)의 역할

1. I met a boy **who** lives in the same apartment as I do.
2. I met a man **who** has the same name as mine.

D. 관계대명사 소유격: whose

1. Children **whose parents** are lost must be taken care of by the government.
2. I have a friend **whose brother** lives in Jaeju-do.
3. He's written a book **whose name** I've forgotten.

E. 관계대명사 목적격 whom
타동사의 목적어 / 전치사의 목적어도 된다.

1. The man is my English teacher **whom** you **met** at the bus stop.
2. He married a girl **whom** he worked **with** at the same office.

F. 관계대명사 which(주격), whose (of which)(소유격), which(목적격)

(1) which: 주격

1. This is the wine **which** was made in France.
2. This is an apple tree **which** was planted by my grandfather.

(2) whose (of which): 소유격

1. She has glasses **whose legs** are broken.
2. She is an actress **whose father** is also an actor.
3. The house **whose roof** was damaged by the last heavy storm.

(3) which: 목적격(타동사의 목적어)

1. The money **which** I **left** on the desk has disappeared.
2. Do you like the smart-phone **which** I bought you yesterday?

G. 관계대명사: that

ⓐ 사람 / 동물 / 사물 등으로 된 선행사 다음에 나타날 수 있다.

ⓑ that은 소유격은 없고, 전치사가 앞에 나타날 수 없다. 또 that은 제한적인 용법에만 쓰이고, 계속 적인 용법은 없다.

ⓒ 특히 선행사가 형용사의 최상급일 때, 또 서수(first, second …)나 the only, all, any(thing), every(thing), some(thing), no(thing), none, little, few, much, the same, the very 등이 수식을 받을 때

ⓓ 의문대명사 who로 시작되는 의문문에서는, 관계대명사로 that을 사용한다.

1. It is the **best movie that** I have ever seen so far.
2. She gave him **all** the money **that** she had.
3. Do you have **anything that** belongs to me?
4. This is one of **the few** really good books **that** this author has written.
5. I hope **the little that** I've done has been useful.
6. **All that** you say is certainly true.
   (네가 말한 모든 것은 확실히 사실이다)
7. **Who** is the lady **that** is talking with John?
   (John과 이야기하고 있는 저 숙녀는 누구냐?)
8. She was **the only person that** survived the terrible bus accident.
   선행사가 '사람 + 동물'일 경우에도 관계대명사 that을 쓴다.
9. Look at **the boy and his dog that** are walking together on the road!

H. 관계대명사: what

관계대명사 what은 선행사를 그 안에 내포하고 있다. 즉, what = the thing which (that)와 같은 것으로, 해석은 '(…한 것)'으로 해석된다.

(1) what의 일반적인 예문

1. **What she said** made me angry.
2. I hope you are going to give me **what I need**.
3. This is exactly **what I wanted**.
4. He is not **what he was**. (관용적인 표현으로 '그는 옛날의 그가 아니다.')

(2) what의 관용적인 예들

1. He is 'what you call' 'a jack-of-all-trades.'
   (그는 '소위 말하는' '팔방미인'이다. 이 표현도 관용적인 표현이다.)
2. what one is = 사람의 됨됨이, 상태, 성격, 인격 등을 표현할 때 what이 쓰인다.
3. what you call = what is called. '소위', '이른바'의 관용적 표현
4. what is better (worse) = 더욱 좋은 (나쁜) 점은

I. 관계대명사의 '제한적 용법' (수식을 받는 경우)

제한적인 용법이란 '관계대명사 절'이 그 앞의 선행사를 수식하고, 의미를 한정시키는 구조를 말한다. 다음 예를 보자.

1. She has "two sons and a daughter" who all became teachers.
2. What's the name of "the tall man" who just came in?
3. "People" who take physical exercise live longer.
4. Who owns "the car" which is parked outside?

J. 관계대명사의 '비제한적 / 계속적 용법'

그러나 다음의 예들은 비제한적인 용법으로 해석된다. 비제한적인 용법으로 해석할 때에는, 먼저 관계대명사 앞에 반드시 컴마(,)가 있어야 하고, 해석할 때는, 접속사의 의미로 '그러나 / 그리고 / 그래서'를 추가해서 해석한다. 앞 문장의 의미 전체를 지칭할 때는, '그것은 / 그것이 / 그것을'의 의미로 해석한다. 다음 예를 보자.

1. She has two sons and a daughter, **all of whom** became teachers.
   (그녀는 두 아들과 한 딸을 두고 있다. 그런데 그들 모두가 선생이 되었다)
2. I called Jane, **who** didn't answer the phone.
   (나는 Jane에게 전화를 했다. 그러나 그녀는 전화를 받지 않았다)
3. He gave her some advice, **which** she neglected.
   (그는 그녀에게 충고를 좀 했다. 그런데 그녀는 그것을 [내가 그녀에게 충고를 준 것을] 무시했다)
4. I tried to open the door, **which** was impossible.
   (나는 그 문을 열려고 했다. 그러나 그것 [내가 문을 열려고 한 것]은 불가능했다)

K. 관계대명사의 생략

(1) 목적격 관계대명사의 생략

관계대명사가 **타동사나 전치사의 목적어로 쓰일 때만 생략될 수 있다.** 단 제한적인 용법에서만 생략이 가능하고, 비제한적인 용법에서는 생략되지 않는다. 다음 1번의 whom은 타동사 meet의 목적어이고, 2번의 which는 전치사 at의 목적어이기 때문에 생략이 가능하다. **그러나 3번과 같이 전치사 at 다음에 바로 관계대명사가 따라오면 생략되지 않는다.**

1. The man (**whom**) she is going to <u>meet</u> is her boy friend.
2. What's the name of the hotel (**which**) you stay <u>at</u>?
3. What's the name of the hotel <u>at which</u> you stay?   (생략 불가)

(2) 주격 관계대명사의 생략

주격 관계대명사는 **'주격관계 대명사 + be 동사'의 경우에 가능하다.**

1. The boy (**who is**) standing over there is a friend of mine.
2. The house (**which was**) repaired and remodeled looked much better.

기본 예문 1

1. 나는 영어공부를 해오고 있는 한 학생을 만났다.

_____

2. 나는 그의 이름을 잊어버린 옛 친구를 만났다.

_____

3. 운동을 하는 사람들은 오래 산다.

_____

4. 테니스는 그녀가 가장 좋아하는 운동이다.

_____

5. 네가 버스 정류장에서 만난 그 남자는 나의 영어선생님이시다.

_____

6. 그는 같은 사무실에서 함께 일했던 그녀와 결혼했다.

_____

7. 내가 오늘 아침에 책상 위에 두었던 그 돈이 없어졌다.

_____

8. 이것은 프랑스에서 만들어진 포도주이다.

_____

9. 이것은 우리 할아버지께서 심은 사과나무이다.

_____

10. 너는 내가 어제 사준 그 스마트폰을 좋아하니?

_____

기본 예문 1의 영작

1. I met **a student** **who** has been studying English.

2. I met an old friend of mine **whose name** I have forgotten.

3. **People** **who** take physical exercise live longer.

4. Tennis is **the sport** **which** she likes most.

5. The man is my English teacher whom you met at the bus top.

6. He married **a girl** **whom** he worked **with** at the same office.

7. **The money** **which** I left on the desk this morning disappeared.

8. This is **the wine** **which** is made in France.

9. This is an apple tree which was planted by my grandfather.

10. Do you like **the smart-phone** **which** I bought you yesterday?

1. 그는 그가 가지고 있던 모든 것을 그녀에게 주었다.

    _____

2. 그녀는 그에게 그녀가 가지고 있던 모든 돈을 다 주었다.

    _____

3. 나는 내가 한 조그마한 일이 유용하기를 희망한다.

    _____

4. 네가 말하는 모든 것은 분명한 사실이다.

    _____

5. John과 이야기 하는 저 숙녀는 누구인신가?

    _____

6. 그녀는 그 끔찍한 버스 사고에서 살아남은 유일한 사람이었다.

    _____

7. 그녀가 말한 것이 나를 화나게 했다.

    _____

8. 네가 나에게, 내가 필요한 것을 주기를 희망한다.

    _____

9. 그는 옛날의 그가 아니다.

    _____

10. 이것은 바로 내가 원했던 것이다.

    _____

11. 그녀는 모두 선생님이 된 두 아들과 딸 한 명을 두고 있다.

    _____

12. 그녀는 두 아들과 딸 한 명을 두고 있는데, 그들은 모두 선생님이 되었다.

    _____

13. 나는 Jane에게 전화를 했는데, 그녀는 전화를 받지 않았다.

    _____

14. 그는 그녀에게 충고를 했는데, 그녀는 그것을 무시했다.

    _____

15. 나는 문을 열려고 했는데, 그것은 불가능했다.

    _____

1. He gave her **everything** **that** he had.

2. She has given him **all the money** **that** she had.

3. I hope **the little thing** **that I have done**, has been useful.

4. **All** **that you say** is certainly true.

5. **Who** is the lady **that** talks with John?

6. She is **the only person** **that** survived the terrible bus accident.

7. **What** **she said** made me angry.

8. I hope you are going to give me **what I need**.

9. He is not **what** **he was**.

10. This is exactly what I needed.

11. She has two sons and a daughter who all became teachers.

12. She has two sons and a daughter, **who** all became teachers.

13. I called Jane, **who** didn't answer the phone.

14. He gave her some advice, **which** she neglected.

15. I tried to open the door, **which** was impossible.

11 관계부사 (Relative Adverbials)

A. 관계부사

관계부사는 when, where, why, how 등으로 분류되는 데, 다음 도표에서처럼 선행사를 갖게 되고, 또 도표의 우측에 제시한 것 같이 관계부사는 **전치사 + 관계대명사**로 바꿀 수도 있다. 다음 예를 보자.

(1) when: That was the time **at which** (when) I had met her.
(2) where: This is the house **in which** (where) I live
(3) why: This is the reason **for which** (why) I came over here.
(4) how: This the way (**how**) I have solved the problem.

그런데 관계부사 how만은, 선행사와 관계부사를 함께 사용하지 않는다. 그리고, 관계부사 when, where, why가 일반적으로 쓰일 때, 각각 선행사, the time, the place, the reason을 쓴다. 그러나 그 사용방법에는 다음 **B**의 세 가지 (1), (2), (3) 표현 중에서, 어느 하나를 선택하고, 나머지 둘은 포기해도 된다. 다음 예를 보자.

B. 관계부사의 선택 사항

1. I don't know ((1) the time / (2) when / (3) the time when) the traffic accident happened.
2. This is ((1) the place / (2) where / (3) the place where) the President was born.
3. Tell me ((1) the reason / (2) why / (3) the reason why) you were absent from school.

다음의 표에서 마지막 how는 선행사가 the way이지만, the way how라고 함께 사용하지 않는다. 두 개의 요소 중에서, 하나만 사용한다. 즉 선행사 the way를 사용하든가, 관계부사 how를 사용해야 한다. 그러나 how가 아닌 **the way that**로는 사용할 수 있다. 더 구체적인 선택 항목의 예는 다음 **C**의 1, 2, 3을 보라.

관계부사	선행사	관계부사는 '전치사 + 관계대명사' 로 바꾸어 쓸 수 있다.
when	the day, the time, the year	when: at / on / in which
where	the place, the town, the city	where: at / in / in which
why	the reason	for which
how	the way	the way in which 는 the way로 쓴다

C. 관계부사의 생략

앞 ②의 세 가지 예에서처럼 '관계부사의 선택사항' 에서 (1)번을 선택했을 때에는 (2)번과 (3)번을 생략하고 선행사만 사용한 예이다. 다음 예를 보자.

1. This is (1) the place the President was born. (선행사만 사용한 예)
2. This is (2) where the President was born. (관계부사만 사용한 예)
3. This is (3) **the place where** the President was born. (선행사/관계부사를 함께 사용한 예)

위 1에서는 선행사를 선택하고 (2)의 관계부사를 포기할 수도 있고, 반대로 2에서는 관계부사를 선택하고, (1)의 선행사를 포기했다. 3에서는 (1)의 선행사와 (2)의 관계부사 모두를 선택할 수도 있다. 이 내용을 설명한 것이 앞 **B**의 '관계부사의 선택사항' 에서 제시된 1, 2, 3의 예문이었다.

D. 관계부사의 계속적 용법

관계부사에서는, when과 where만이 계속적인 용법으로 쓰이고, 나머지는 계속적인 용법으로 사용되지 않는다. 다음 예를 보자.

1. I went to San Francisco, **where** I met him.
   (나는 San Francisco에 갔다. <u>그런데 거기서</u> 나는 그를 만났다)

2. I was just about to go out, __when__ she called on me.

   (나는 막 나가려고 했다. 그런데 그때 그녀는 나를 방문했다)

_E._ 관계대명사와 관계부사의 '양면성' (두 가지 방법으로 표현하는 법)

앞 관계부사의 도표 오른쪽을 보면, '관계부사'를 '관계대명사'로 바꿀 수 있다고 했다. 즉, when, where, why는 대부분 선행사와 함께 관계부사로도 표현되고, 동시에 관계대명사로도 표현할 수 있다.

다음 예에서 1번은 관계부사로 표현한 것이고, 2번은 관계대명사로 표현한 예이다. 'here'와 같은 부사가 아닌 'in the house'라는 전치사구로 나타나면, 관계대명사로 표현하는 것이 원칙이다. 더욱이 아래 예문 '2의 b (1)'은 전치사와 관계대명사가 함께 나타난 예이고 '2의 b (2)'에서는 전치사가 관계대명사구의 맨 뒤에 나타나는 것이 특징이다. 그런데 전치사가 관계절의 끝에 나타나는 표현은 비공식적인(informal) 것으로 회화체에서 많이 사용된다.

1. a. This is an old house.
   b. He was born __here__.

      ➔ This is the old house (__where__) he was born.

2. a. This is an old house.
   b. He was born "in the house."

      ➔ (1) This is the old house (in which) he was born.

         (2) This is the old house (which) he was born __in__.

_F._ 복합 관계대명사(관계대명사 + ever 유형)

자체 내에 선행사를 포함하고 있으며, ① 주격/목적격 명사절과 ② 양보의 부사절을 이끈다.

①. 복합 관계대명사는 모두 그 자체 내에서 **anyone / anything**과 같은 선행사를 포함하고 있기 때문에, whoever는 (…하는 사람은 누구나), whomever는 (…하는 사람은 누구에게나), whichever는 (…하는 것은 어떤 것이나), whatever (…하는 것은 무엇이나)로 해석된다. ②. 동시에 이 단어들이, 그대로 **양보의 부사절**을 이끈다. 다음 도표 ⒶJ를 참조.

(1) 복합 관계대명사의 경우는 '주격/목적격 명사와 양보의 부사적 역할'을 한다.

    a. <u>Whoever phoned just now</u> was very polite.

       (지금 막 전화를 건 사람은 누구이든 그는 대단히 정중했다)   (주어 명사)

    b. Send the invitation letter to <u>who(m)ever is willing to come</u>.

       (기꺼이 오려고 하는 사람이라면 누구에게나 초대장을 보내라)   (목적어 명사)

    c. I'm not opening the door, <u>whoever you are</u>.

       (당신이 <u>누구라 할지라도</u>, 나는 문을 열지 않을 것이다)   (양보의 부사절)

Ⓐ

복합 관계대명사	① 복합 관계사의 명사절	② 양보의 부사절
whoever	anyone who⋯ (⋯하는 사람은 누구나~)	no matter how (누가 ⋯할지라도~)
whomever	anyone whom⋯ (⋯하는 누구를/에게~)	no matter whom (누구를/에게 ⋯할지라도)
whichever	anything that⋯ (⋯하는 것은 어느 것이나~)	no matter which⋯ (어느 것을⋯할지라도~)

위 Ⓐ의 도표에서 whoever는 그대로 두 가지 역할을 한다. 즉, ①의 항목에서는, 복합 관계대명사의 역할을 하고, ②에서는 부사의 양보적인 의미를 갖는다. 예컨대, whoever는 복합 관계대명사일 경우에는 그 의미가 '⋯하는 사람은 누구나'로 해석되지만, ②의 양보의 부사절인 경우에는 '누가 ⋯라 할지라도'의 의미를 갖는다. 한 단어가 한 번은 명사가 되고, 두 번째에는 부사의 역할을 된다.

(2) whenever, wherever, however의 관계부사는 ①. **시간/장소의 부사절**과 ②. **양보의 부사절**을 이끈다. 다음 도표 Ⓑ를 참조.

<u>시간/장소의 부사절과 양보의 부사절을 이끄는 예문</u>

    a. <u>Whenever</u> I see her, she smiles at me.   (시간의 부사절)

       (내가 그녀를 볼 때는 언제나, 그녀는 나에게 미소를 짓는다)

    b. <u>Whenever you come</u>, you'll be welcome.   (양보의 부사절)

       (네가 언제 올지라도, 너는 환영을 받을 것이다)

c. **No matter how hard you try**, you cannot achieve it.　　　　(양보의 부사절)

　　(당신이 아무리 열심히 시도해본다 할지라도, 그것을 성취할 수 없다)

이제 아래 도표 ⑧에서 복합관계 부사가 두 가지 다른 역할을 하는 예를 보자.

⑧

복합 관계부사	① 시간 / 장소의 부사절	② 양보의 부사절
whenever	any time when⋯ (⋯할 때는 언제나~)	no matter when (언제 ⋯할지라도~)
wherever	any place where (⋯하는 곳은 어디나~)	no matter where⋯ (어디에서 ⋯할지라도)
however	X	no matter how (아무리 ⋯할지라도~)

(3) 앞 ⑧의 도표에서 <u>가장 특이한 것은</u> 명사절을 유도하는 whoever, whichever, whatever 등은 '주어/목적어'에도 사용되고, 동시에 이 단어들이 '양보절'에도 그대로 쓰인다. 즉, 하나의 명사가 <u>명사의 역할도 하고</u>, 동시에 <u>부사의 역할을 하는 것이다</u>. 다음 예를 보자.

1. Whoever (=anyone who) comes will be warmly welcomed.　주어 (복합관계사)
　<u>(오는 사람은 누구나</u> 따뜻하게 환영받을 것이다)

2. Give it to **who(m)ever wants it**.　　　　　　　　　　목적어 (복합관계사)
　(그것을 원하는 사람은 누구에게나 주어라)

1. If you love her, **whatever she does**, you'll like it.　　　양보절 (관계부사)
　(만일 당신이 그녀를 사랑한다면, <u>그녀가 무엇을 할지라도</u>, 당신은 그것을 좋아할 것이다)

2. **Whoever you are**, you have to follow the rules.　　　　양보절 (관계부사)
　(당신이 누구이든 간에, 당신은 규칙을 따라야만 합니다)

(4) **양보의 부사절을 유도하는 의미**와 **시간/장소**를 의미하는 차이는, 전체문장을 해석해보면 알 수 있다. 예컨대 아래 3번에서, when을 먼저 해석해서, '언제 당신이 거기에 간다 할지라도'로 해석해야 한다. '당신이 갈 때는 언제나'로 해석해서는 안 된다. 즉, 다시 말하면, <u>wh-words (wh-로 된 단어)</u><u>를 먼저 해석해야 양보의 의미가 나온다.</u>

1. <u>Whatever (= no matter what) you say,</u> they may not believe you.
2. <u>Whichever (= no matter which) you choose,</u> the result will be the same.
3. <u>Whenever (= no matter when) you go there,</u> you will be welcome.
4. <u>Wherever (= no matter where) you go,</u> she will follow you.
5. <u>However (= no matter how) hard you try,</u> you will not be satisfied.
6. <u>However (= no matter how) late you go there,</u> you will find your reserved seat.

위의 양보의 부사절만 아래에 다시 해석해 보면, 다음과 같다.

1. <u>무엇을</u> 당신이 말한다 할지라도,
2. <u>어느 것을</u> 당신이 선택한다 할지라도,
3. <u>언제</u> 당신이 거기에 간다 할지라도,

4. <u>어디를</u> 당신이 간다 할지라도,
5. <u>얼마나</u> 열심히 당신이 노력한다 할지라도
6. <u>얼마나</u> 늦게 당신이 거기에 간다 할지라도,

기본 예문

아래 1~4번과 5~8번은 동일한 우리말 표현이다. **그러나 1~4번은 관계부사로 영작을 하고, 5~8번은 전치사를 쓰는 관계대명사로 영작을 하라.**

1. 3월 1일이 내가 태어난 날이다.

2. 이것이 우리가 사는 집이다.

3. 이것이 내가 여기에 온 이유이다.

4. 이것이 내가 그 문제를 푼 방법이다.

5. 3월 1일이 내가 태어난 날이다.

6. 이것이 우리가 사는 집이다.

_____

7. 이것이 내가 여기에 온 이유이다.

_____

8. 이것이 내가 그 문제를 푼 방법이다.

_____

9. 내가 San Francisco에 갔는데, 거기서 나는 그를 만났다.

_____

10. 내가 막 나가려고 했는데, 그 때 그녀가 나를 방문해 왔다.

_____

11. 그는 서울로 이사를 왔는데, 거기서 그는 대학입학시험 준비를 계속했다.

_____

12. 당신이 누구일지라도, 나는 문을 열지 않을 것이다.

_____

13. 내가 그녀를 볼 때는 언제나, 그녀는 나에게 미소를 짓는다.

_____

14. 당신이 어디를 가든지, 당신은 교통규칙을 지켜야 한다.

_____

15. 당신이 아무리 열심히 시도한다 할지라도, 당신은 그것을 1년 이내에 이룰 수 없다.

_____

16. 당신이 언제 간다할지라도, 당신은 따뜻한 환영을 받을 것이다.

_____

17. 당신이 한국에서 어디를 가든지, 프랑스 제과점 '파리 바게트'를 볼 수 있다.

_____

기본 예문의 영작

1. March first is __the date__ __when__ I was born.

2. This is __the house__ __where__ we live.

3. This is **the reason why** I came over here.

4. This is the way I have solved the problem.

5. March first is **the date on which** I was born.
   March first is **the date which** I was born **on**.

6. This is **the house in which** we live.
   This is **the house which** we live **in**.

7. This is **the reason for which** I came over here.
   This is **the reason which** I came over here **for**.

8. This is **how** I have solved the problem.   (X) **the way how**.
   This is **the way that** I have solved the problem.   (O) the way that.

9. I went to San Francisco, **where** I met him.

10. I was just about to go out, **when** she called me on.

11. He moved to Seoul, **where** he continued his study for the college entrance exam.

12. I am not opening the door, whoever you are.

13. Whenever I see her, she smiles at me.

14. Wherever you go, you have to follow (observe) the traffic rules.

15. However hard you try, you cannot achieve it in a year.

16. No matter when you go, you will be welcome.

17. No matter where you go in Korea, you will be find French bakery, Paris Baguette.

UNIT 12

비교와 대조
(Comparisons and Contrasts)

A. 두 개의 물건을 동등하다는 점에서 비교할 때(원급비교)

(1) 두 개의 물건, 사람, 성질, 정도를 등을 동등하다는 점에서 비교할 때, 우리는 **동등성의 비교 (comparison of equality)**의 형식을 쓴다. 그 형식은 **as + 형용사 / 부사 +as**이다. 앞의 as는 부사이고, 뒤의 as는 접속사이다.

a. Your house is <u>as large as</u> mine.
b. Does John work <u>as hard as</u> Harry?
c. I earn <u>as much money as</u> you.

(2) 배수표현을 할 때는 two times / three times 등을 쓴다.

a. I can walk <u>three times faster than</u> her.
b. It was <u>ten times more difficult than</u> I expected.
c. He works five <u>times harder than</u> her.

(3) 원급이 사용되는 중요 표현들

a. 'as + 원급 + as possible': '가능한 …하게'
   He walked <u>as fast as possible</u>.

b. 'as + 원급 + can be': '매우', '극도로', '더할 나위 없이 …한'
   She is <u>as kind as can be</u>. (그녀는 '더할 나위 없이' 매우 친절했다)

c. not so much A as B; A라기 보다는 차라리 B.
   He is <u>not so much a scholar as a politician</u>. (그는 학자라기보다 오히려 정치가이다)

d. as good as: '…와 같은', '…와 다를 바 없는'
   He is <u>as good as</u> (no better than) a begger. (그는 거지와 다를 바 없다)

e. She was <u>as good as</u> her words.
   (그녀는 약속을 이행하였다)

⑷ 동등성 비교에서 '같지 않다'는 부정의 의미를 나타낼 경우

a. Your house is <u>not quite so large as</u> mine.
b. Your house <u>isn't as/so large as</u> mine.
c. John <u>doesn't work as/so hard as</u> Harry.

B. 두 개의 물건 중, 한 쪽이 '더 …하다'로 비교할 때(비교급 비교)

(1) 2개의 물건 중 '**한 쪽이 더 …하다는 점에서**' 비교할 때, **비교급을 쓴다.**

    a. He is <u>much older than</u> her.   (그는 그녀보다 더 나이가 많다)
    b. Your house is <u>larger than</u> mine.   (너의 집은 나의 집보다 더 크다)
    c. My house is <u>smaller than</u> yours.   (나의 집은 너의 집보다 더 작다)
    d. John works <u>harder than</u> Harry.   (John은 Harry보다 더 열심히 일한다)

(2) 비교급이지만 Latin어에서 나온 superior / inferior / senior / junior / prior 등의 단어에서 than 대신에 to를 쓴다.

    a. He is <u>superior to</u> me in mathematics.
      (그는 수학에서 나보다 더 우수하다)

    b. The men are <u>superior to</u> the women in hard labor work.
      (남성은 힘든 노동일에서 여성보다 더 우수하다)

    c. The women's positions are <u>inferior to</u> men's in most companies.
      (대부분의 회사에서 여성의 위치는 남성들의 위치보다 열등하다(아래이다))

    d. The most senior students are <u>one year senior to</u> the junior students.
      (대부분의 4학년 학생들은 3학년 학생보다 한 살 위이다)

    e. Freshmen are one or two years <u>junior to</u> junior and senior students.
      (1학년 학생들은 3학년, 4학년 학생들보다 한 살 또는 두 살 아래이다)

C. '열세(劣勢)의 비교(comparison of inferiority)' 로도 나타낸다. 그 형식은 less… than이다.

a. The new edition is <u>less expensive than</u> the old edition.
(신판은 구판보다 덜 비싸다)

b. His new novel is <u>less interesting than</u> his earlier ones.
(그의 새로운 소설은 그의 그전의 소설보다 덜 재미있다. / 재미가 적다)

c. He earns <u>less money than</u> I do. (그는 나보다 돈을 덜 번다)

D. 'The + 비교급, --the + 비교급' 의 표현

(1) 비교나 대조는 또한 '**the + 비교급, … the + 비교급**' 을 사용해서도 나타낸다. 이 표현은 두 가지가 평행해서 더해지거나 덜해지는 것을 나타낸다.

a. <u>The more learned</u> a man is, <u>the more modest</u> he usually is.
(사람은 학식이 많으면 많을수록 더욱 겸손해진다)

b. <u>The longer</u> we stayed there, <u>the more</u> we liked the place.
(우리가 거기에 더 오래 머물면 머물수록, 우리는 그곳을 더 좋아한다)

c. <u>The sooner</u> you start, <u>the sooner</u> you'll finish.
(네가 더 일찍 일을 시작하면 할수록, 일을 더 일찍 끝낼 것이다)

d. <u>The more</u> he read, <u>the less</u> he understood.
(그가 더 많이 읽으면 읽을수록, 그는 더 이해를 못할 것이다)

(2) 비교급 + and + 비교급: '점점 더 …한'

a. It is <u>getting hotter and hotter</u>. (날씨가 점점 더 더워진다)
b. <u>More and more people</u> are using the Internet.
(점점 더 많은 사람들이 인터넷을 사용한다)

(3) 동일한 사람이나, 동일한 사물이 갖는 두 가지 다른 성격을 비교할 때는, -er을 쓰지 않고, 형용사나 부사 앞에 more를 쓴다.
She is <u>more wise than</u> intelligent. (그녀는 지적이라기보다는 차라리 현명하다)

E. 비교급 + than을 포함한 관용적 표현

(1) **no more than:** 단지 '…일 뿐(=only)'

I have <u>no more than</u> two dollars.

(2) **no less than = as many / much as:** '…만큼이나'

He is <u>no less clever than</u> his elder brother. (그는 형만큼이나 현명하다)

(3) **not more than = 보다 많지 않다 / '많아야' : at most**

There are <u>not more than</u> 20 books in his bookshelf.

(4) **not less than = 보다 나을망정 못지않은: '적어도' : at least**

He has <u>not less than</u> 10 children.

(5) A is no less … than B: A는 B만큼 …하다.

A is not less …than B: A는 B에 못지않게 …하다.

(6) A is no more B than C is D: C가 D가 아닌 것처럼 A도 B가 아니다.

A whale is no more a fish than a horse is (a fish).

(말이 물고기가 아닌 것처럼, 고래도 물고기가 아니다)

(7) as … as의 관용어

• as cold as ice:

Her attitude was <u>as cold as ice</u>.

(그녀의 태도는 얼음같이 차가웠다)

• as hard as nails:

He was strongly built <u>as hard as nails</u>.

(그는 무쇠같이 강건했다)

• as black as night:

The lunar eclipse caused us to be dark <u>as black as night</u>.

(월식이 우리들을 한밤처럼 어둡게 했다)

F. 최상급의 용법

최상급에는 항상 정관사 the를 쓴다.

(1) the + 최상급 + of + 복수명사

    a. She is the tallest of all students in her class.

    b. He is the cleverest of his classmates.

(2) the + 최상급 + in + 장소/집단

    a. Seoul is the largest city in Korea.

    b. I am the happiest in the world.

(3) *** 최상급에서 the를 쓰지 않는 경우

    a. 부사의 최상급일 때.

    She <u>ran fastest</u> in her team.

    b. 비교할 대상이 없는 동일 사항, 사람 등

    The ceiling of this dome is <u>highest</u> at this point.

(4) 관용적인 표현

    a. as poor as a church mouse: (아주 가난한)

    b. as cool as a cubumber: (아주 침착한)

    c. as busy as a bee: (아주 바쁜)

    d. as wise as Solomon: (매우 현명한)

    e. Tom is <u>the last man</u> to tell a lie.   (Tom은 거짓말할 사람이 아니다)

    f. That doesn't matter <u>in the least</u>.   (그것은 조금도 염려할 바가 아니다)

(5) 최상급을 표현하는 여러 가지 방법:

    a. John is <u>the tallest student</u> in my class.

    b. <u>No student in my class</u> is taller than John.

    c. John is <u>taller than any other student</u> in my class.

    d. <u>No student</u> in my class is <u>as (so) tall as John</u>.

⑹ 그러나 group 구성원이 단 두 사람이거나, 두 개의 물건 중에서, 두 개의 여건 중에서, 더 큰 것이나, 더 좋은 것을 언급할 때는, 비교급 앞에서도 정관사 the를 쓴다. 다음 예 a, b, c를 보자.

  a. I like Betty and Mary, but I think Betty is **the nicer (nicest) of the two**.
  b. I will give you **the bigger (biggest) steak**: I am not hungry.
  c. You'll sleep **the sounder (=more soundly)** after a day in the fresh air.

기본 예문 1

1. 너의 집은 나의 집만큼 크다.
   _____

2. Harry는 John만큼 열심히 일하나?
   _____

3. 나는 너 만큼 많은 돈을 번다.
   _____

4. 나의 손은 얼음 같이 차다.
   _____

5. 그는 할 수 있는 한 빨리 걸었다.
   _____

6. 그는 거지나 다를 바 없다.
   _____

7. 너의 집은 나의 집만큼 크지 않다.
   _____

8. 이 상자는 저 상자보다 크지 않다.
   _____

9. 그는 그녀보다 더 나이가 많다.
   _____

10. 그 애기는 너보다 더 매력적이다.
    _____

11. 그는 나보다 돈을 덜 번다(적게 번다).
    _____

12. 나는 그 전보다 적은 문제들을 갖고 있다 (그 전보다 문제가 적다).
    _____

13. 그는 수학에서 나보다 우수하다.

14. 대부분의 회사에서 여성의 지위는 남성들의 지위보다 열등하다.

15. 대부분의 4학년 학생들은 3학년 학생들보다 한 살 위이다.

기본 예문 1의 영작

1. Your house is as large as mine.

2. Does John work as hard as Harry?

3. I earn as much money as you do.

4. My hands are as cold as ice.

5. He walked as fast as possible.

6. He is as good as a begger.

7. Your house is not quite so large as mine.

8. This box isn't as large as that one.

9. He is much older than her.

10. The baby is more attractive than you.

11. He earns less money than I do.

12. I've got less problems than I used to have.

13. He is superior to me in mathematics.

14. The women's positions are inferior to men's positions in most companies.

15. The most senior students are one year senior to the junior students.

𝓖. 원급 형용사 구문에 쓰이는 관용적 표현

(1) 비유표현

    a. **as** busy **as a bee**:   '대단히 바쁜'

    b. **as** cool **as a cucumber**:   '아주 침착한'

    c. **as** poor **as a church mouse**: '아주 가난한'

    d. **as** wise **as a Solomon**:   '대단히 현명한'"

    e. **as** cold **as ice**:   '아주 차가운'

    f. **as** hard **as nail**:   '무쇠 같이 강건한'

    g. **as** black **as night**:   '칠흑 같이 어두운'

(2) 관용적 구조표현

    a. **as --as possible/as one can**: '가능한 한 / 할 수 있는 한'

    b. **as --as can be**:   '더할 나위 없이'

    c. **as --as any + 명사**:   '어느 …보다 못지않게'

    d. **as --as ever + 동사**:   '지금까지…한 누구에 못지않게'

    e. **not so much A as B**:   'A라기 보다는 오히려 B'

    f. **as good as**:   '…와 마찬가지 ~인 / 충실한'

기본 예문 2

1. 그는 아주 가난하다.

    _____

2. 너는 할 수 있는 한 빨리 돌아오너라.

    _____

3. 그녀는 더할 나위 없이 친절했다.

    _____

4. 그는 거지와 마찬 가지다.

    _____

5. 그는 그의 학급의 어느 학생보다 영리하다.

    _____

6. 그는 학자라기보다 오히려 정치가이다.

_____

7. 그는 무쇠 같이 강건하다.

_____

8. 그녀의 태도는 얼음같이 차가웠다.

_____

9. 나는 스케이트를 좋아한다. 하물며 스키는 말할 필요도 없다.

_____

10. 나는 맥주도 못 마신다. 하물며 위스키는 말할 필요도 없다.

_____

기본 예문 2의 영작

1. He is **as poor as a church mouse**.

2. You should come back **as** soon **as possible**.

3. She is **as** kind **as can be**.

4. He is **as good as** a beggar.

5. He is **as clever as** any student in his class.

6. He is **not so much as** a scholar **as** a politician.

7. He is strongly built **as hard as nails**.

8. Her attitude was **as cold as** ice.

9. I like skating, **much more** skiing.

10. I don't drink beer, **much less** whiskey.

H. 비교급 구문의 관용적 표현

(1) 'the + 비교급, the + 비교급' :　　'…하면 할수록, ~하다'

(2) '비교급 + and + 비교급' :　　'점점 더 …하다'

(3) ⓐ ┌─────────────────┐
　　　│ a. no more than: │　　'단지(only) …이다'
　　　│ b. no less than: │　　'보다 적지 않게 = …만큼이나'
　　　└─────────────────┘　　(as much as)

　　ⓑ ┌──────────────────┐
　　　│ a. not more than: │　　'기껏해야 = at most'
　　　│ b. not less than: │　　'적어도 = at least'
　　　└──────────────────┘

(4) ┌────────────────────┐
　　│ no more A than B: │　　'A가 아닌 것과 마찬가지로 B도 아니다'
　　│ not more A than B: │　　'B 만큼 A도 아니다'
　　└────────────────────┘

(5) ┌──────────────┐
　　│ much more: │　　'하물며 더욱 …하다' (still more) 긍정문 뒤에.
　　│ much less: │　　'하물며 더욱 …아니다' (still less) 부정문 뒤에.
　　└──────────────┘

(6) 　　no better than:　　'…와 마찬가지의 /…과 다름 없는'
　　　　　　　　　　　　= little better than

기본 예문 3

1. 사람은 학식이 많으면 많을수록, 더욱 겸손해진다.

_____

2. 날씨가 점점 더 더워진다.

_____

3. 그녀는 나에게 **겨우 10달러**를 주었다.

_____

4. 그녀는 **적어도 200달러**는 가지고 있다.

_____

5. 고래가 물고기가 아닌 것과 마찬가지로 말은 물고기가 아니다.

_____

1. **The more** learned a man is, **the more** modest he usaully is.

2. The weather **is getting hotter and hotter**.

3. She gave me **no more than** 10 dollars.
   = She gave me <u>only</u> 10 dollars.

4. She has **not less than** 200 dollars.

5. **A whales is <u>no more</u> a fish <u>than</u> a horse is**.

기본 예문 4

1. 사람들은 더 많이 벌면 벌수록, 그 만큼 더 많이 쓴다.

_____

2. 날씨는 점점 추워진다.

_____

3. 그녀의 성공은 재능에 의한 것보다는 오히려 근면에 의한 것이다.

_____

4. 이 중고차는 새 차나 다름없다.

_____

5. 타조가 날지 못하는 것은 키위가 날지 못하는 것과 같다.

_____

6. 그의 새로운 소설은 그의 그전의 소설보다 덜 재미있다.

_____

7. 그는 왜 자그마치 **1,000달러나 가지고 있는지** 모르겠다.

_____

8. 그녀는 **겨우** 10달러를 가지고 있다.

_____

9. 교실에는 **적어도** 10명의 학생들이 있었다.

_____

10. 그녀는 한 달에 **기껏해야** 1,000,000원을 생활비로 쓴다.

_____

기본 예문 4의 영작

1. <u>The more</u> people earn, <u>the more</u> they spend.

2. The weather <u>is getting colder and colder</u>.

3. Her success is <u>not so much</u> by her talent <u>as</u> by her hard work.

4. This used car is <u>as good as</u> a new one.

5. Ostriches **cannot fly any more than** kiwis **can.**

6. His new novel is <u>less</u> interesting <u>than</u> his previous ones.

7. I don't know why he has **no lees than** 1,000 dollars <u>with him</u>.

8. She has **no more than** ten dollars.

9. There were **not less than** 10 students in the class.

10. She spends **not more than 1,000,000 Won a month** for her living expenses.

13 형용사 (Adjectives)

A. 묘사적 형용사의 배열순서 3가지

아래 Ⓐ에서 **묘사적 형용사(descriptive adjective)**의 어휘배열 순서를 제시한 도표를 보자 (Michael Swan 2005: p. 11). 아래 Ⓐ에서 **출처와 재료**에 대한 단어들은 보통 맨 마지막에 오고, 그 앞에 크기, 연령(나이), 모양, 색체 등의 순서로 배열된다.

우리나라에서 나온 영문법 책에서는 오직 이 Ⓐ의 묘사적 형용사의 순서만 제시되고 있는데, 그 외 Ⓑ의 유형 분류적, 그리고 Ⓒ의 의견 / 감정 / 판단적 유형이 전체 형용사 유형을 결정하는 요인이 된다는 것을 명심해야 한다. 다음 3가지 유형을 살펴보자.

Ⓐ 묘사적 형용사 배열순서

관사 지시사 수사	크기	연령	모양	색채	출처	재료	명사
a	fat	old		white			horse
a	big		grey			woollen	sweater
these		new			Italian		boots
two	small		round	black		leather	handbag
an	enormous			brown	German	glass	mug
a	little	mordern	square			brick	house

그런데 위 Ⓐ의 묘사적 형용사는 다음 Ⓑ의 유형분류적 형용사 유형에 따라, 그 위치가 다르게 나타난

다. 즉, 다음 **유형 분류적 형용사 +명사** 앞에, Ⓐ의 묘사적 형용사가 첨가되어 쓰이는데, 이때, 첨가될 수 있는 묘사적 형용사만 나타난다.

Ⓑ '유형 분류적 형용사(classificational adjective)' 앞에 나타나는 '묘사적 형용사(descriptive adjective)': 예컨대, an <u>old</u> political idea.

Ⓐ 묘사적 형용사 (descriptive adjectives)	Ⓑ 유형분류적 형용사 (classificational adjectives)	명사	잘못된 배열의 예시
an old the latest leather	political educational dancing	idea reform shoes	~~a political old idea~~ ~~the educational latest reform~~ ~~dancing leather shoes~~

위 도표에서 'Ⓑ + 명사'의 순서는 고정되어 있는데, 그 앞에 Ⓐ의 묘사적 형용사가 첨가되는 경우가 하나의 유형으로 제시된다.

위 Ⓑ 도표에서는 Ⓑ의 '<u>유형 분류적 형용사(classificational adjective)</u>' 앞에, 위 Ⓐ의 묘사적 형용사가 온다. 예컨대, 'an old political idea'와 같이 표현할 때, Ⓐ의 '<u>묘사적 형용사 + 유형분류적 형용사 + 명사</u>'가 그 순서대로 나타난다.

Ⓒ 그 다음 **'의견 형용사(opinion adjective)'**가 나타나는 경우에는, 다음 도표에서처럼, **그 '의견 형용사' Ⓒ의 뒤에,** Ⓐ의 '<u>묘사적 형용사(descriptive adjectives)</u>'가 나타난다.

Ⓒ 의견, 감정, 느낌, 판단적 형용사	Ⓐ 묘사적 형용사 (descriptive adjectives)	명사	잘못된 배열의 예시
a lovely a wonderful beautiful	cool old green	drink house mountains	~~a cool lovely drink~~ ~~an old wonderful house~~ ~~green beautiful mountains~~

앞에서는, '©의 의견형용사 + Ⓐ의 묘사적 형용사 + 명사' 순서로 나타난다. 즉, 형용사, lovely, wonderful과 같은 '의견형용사'가 나타나면, 'a **wonderful** old house'처럼, 의견형용사가 먼저 오고, 그 다음 Ⓐ의 묘사적 형용사는 그 '뒤에' 온다.

그러므로 형용사의 배열순서는 앞 Ⓐ와 같은 단순한 '묘사적 형용사(descriptive adjective)'의 배열순서와 같이 나타날 수도 있고, 또 위 Ⓑ와 같은 '유형분류적 형용사(classificational adjective)'가 나타나는 경우와, ©의 '의견 형용사(opinion adjective)'가 나타나는 세 가지 유형으로 분리되어 나타난다. '그런데, 중요한 것은 위 세 가지 유형을 하나로 통합할 수는 없다.' Michael Swan(2005: p. 11)은 Ⓐ의 묘사적 순서는 완벽하게 고정된 것은 아니라고 했다(The order of descriptive words is not completely fixed.).

이 말은 위 Ⓐ와 같은 '묘사적 순서'는 '완벽하게 고정된, 절대적인 것'이라고 말할 수 없다는 것이다. 그러나 보통 출처, 재료가 맨 나중에 오고, 크기, 연령, 모양, 색채 등이 그 앞에 나타나는 것이 '보통의 순서'라고 언급하고 있다. 그러나 Ⓑ, ©의 유형적, 의견적, 형용사들과의 선/후의 관계는 절대적으로 지켜진다는 말이다.

B. As / How / So / Too / Very

앞에서 제시된 묘사적 형용사의 어순을 완전히 떠나서, 아주 다른 어순이 제시되는 경우가 많이 있다. 그것을 여기에서 분석하기로 한다. 우리에게 잘 알려진 very를 제외하고, as, how, so, 관용구 too---to--와 so의 의미를 나타내는 부사 this / that 등 다음에는, 형용사가 a / an 앞에 나타난다.

다음에 제시된 유형의 용법은 좀 형식적인(a formal style) 것으로 인정되고 있다. 아래 예에서, 바로 그 뒤에 부정관사를 동반한 명사구가 반드시 함께 쓰인다. 따라서 명사 a voice, a person, a pianist, a car, a day가 형용사 '뒤에' 나타난다. 즉, good a voice, polite a person, good a pianist, that big a car, warm a day로 나타난다. 이 유형은 329쪽, **A**에서 제시된 Ⓐ, Ⓑ, ©의 유형과도 전혀 다르다.

(1) a. I have **as good** a voice **as** you.   as (부사)---as (접속사)

    b. She is **too polite** a person to refuse.   too---to는 관용구

    c. **How good** a pianist is he?   how는 부사

    d. I couldn't afford **that big** a car.   that도 부사

    e. It was **so warm** a day that I could hardly work.   so는 부사

(2) 명사 앞에만 나타나는 형용사: elder, live, little, mere, sheer, bloody, very, wooden 등등

    a. My <u>elder</u> brother is a pilot.   b. They are <u>live</u> fish.

    c. A nice <u>little</u> house.   d. He's a <u>mere</u> child.

    e. It's <u>sheer</u> madness.   f. You are a <u>bloody</u> fool!
                                           (너는 대단한 바보야!)

C. 형용사가 명사 뒤에 오는 경우

(1) 과거분사로 된 형용사가 다른 어구와 사용되어 길어질 경우.
     She found a box (**which was**) <u>filled</u> <u>with</u> many books.

(2) -thing, -body 등으로 끝나는 명사를 수식할 때.
     I want to have something <u>cold</u> <u>to</u> <u>drink</u>. Let's go <u>somewhere</u> <u>quiet</u>.

(3) **최상급, every, all** 등의 수식을 받는 명사는, - able, -ible로 끝나는 형용사를 그 명사의 뒤에
    오게 하여 수식을 받는다. 다음 예를 보자.

    a. Send <u>the</u> <u>all</u> tickets <u>available</u>. (가능한 한 모든 표를 보내도록 하라)

    b. He used every means <u>available</u>. (그는 동원할 수 있는 모든 수단을 사용했다)

    c. She has <u>the</u> <u>most</u> <u>beautiful</u> voice <u>imaginable</u>.
       (그녀는 상상할 수 있는 가장 아름다운 목소리를 가지고 있다)

    d. We made good use of <u>the</u> <u>latest</u> <u>knowledge</u> <u>available</u>.
       (우리는 이용할 수 있는 가장 최신의 지식을 활용했다)

(4) 관용적인 표현

Secretary <u>General</u>	(사무총장)	President <u>elect</u>	(대통령 당선자)
authorities <u>concerned</u>	(관계당국)	the sum <u>total</u>	(총계)
a court-<u>martial</u>	(군법회의)	a poet <u>laureate</u>	(계관 시인)
an heir <u>apparent</u>	(추정 상속인)	Korea <u>proper</u>	(한국본토)
attorney <u>general</u>	(법무장관 AmE)	things <u>American</u>	(미국풍물)
consulate <u>general</u>	(총영사관)	a devil <u>incarnate</u>	(악마의 화신)

D. 형용사의 서술적 용법

형용사는 명사를 직접 수식하기도 하지만, 2형식 문장으로 상태나 성질을 설명하기도 하고, 또 5형식의 명사보어로 사용되기도 한다.

(1) 주격보어로 쓰인 경우
   - a. He seems **happy**.
   - b. She became **angry**.

(2) 목적격보어로 쓰인 경우
   - a. The judge thought the boy **innocent**.
   - b. His wife made him **happy**.

(3) 서술적 용법으로만 쓰이는 형용사

   afraid, afloat, alike, alive, alone, asleep, awake, ashamed, content, unable, worth 등

   - a. The baby is **asleep** now.
   - b. Is he still **alive**?
   - c. She is not **afraid of** the dog.
   - d. They are not **content with** the result.
   - e. The book was **worth reading**.

(4) 서술적 용법과 한정적 용법으로 뜻이 달라지는 경우
   - a. a **certain** lady(어떤 부인) It is quite **certain**. (certain = sure)
   - b. I was **late**. The **late** Mr. Johnson. (고 Johnson 씨)
   - c. The king was **present**. The **present** King

E. 주의해야 할 수사를 포함한 표현

(1) 숫자 다음에 오는 hundred, thousand, million은 모두 **단수**
   - a. 1988: nineteen eighty-eight, 2012: two thousand and twelve
   - b. 7. 10 A. M: seven-ten A. M.

(2) 막연한 수를 나타낼 때는 수의 단위를 나타내는 명사를 복수형으로 한다.
   - a. dozens of, scores of, hundreds of, thousands of, millions of 등
   - b. Hundreds of people came to watch the game.

(3) every + 서수/기수 + 단수명사: '···마다'

    a. The World Cup is held <u>every</u> four <u>year</u>.

    b. The meeting takes place <u>every</u> second <u>year</u>.

(4) **수사 + 명사**가 형용사로 쓰이면 다음 a와 같이 단수형을 쓰고, 형용사를 수식하는 경우는 b와 같이 복수형을 쓴다.

    a. There are two cats on the top of <u>a three story</u> <u>building.</u>

      (3층 건물의 꼭대기에 두 마리의 고양이가 있다)

    b. It is <u>a three-feet wide</u> table.

      (위 a와 b에서 단수인 a building을 수식하므로 단수 형용사 'a three story'로 b에서는 형용사 wide를 수식하므로, 복수형인 'three feet'를 사용했다)

다음 예문에서도 줄친 복수명사가 그 뒤의 형용사를 수식한다. 그래서 모두 복수 형용사형이다.

    c. He is about <u>six feet tall</u>.   (그는 키가 약 6피트이다)

    d. The water was <u>several meters deep</u>.   (그 물은 수심이 몇 미터 깊었다)

    e. The baby is <u>nine months old</u>.   (그 애기는 태어난 지 9개월이 된다)

    f. The table is <u>three feet wide</u>.   (그 탁자는 너비가 3피트이다)

F. 형용사 Possible과 Impossible의 특별한 용법

우리는 흔히 possible과 impossible을 우리말에서 사용하는 것과 같이 사용하나, 원어민들은 우리의 생각과 같이 사용하지 않는다. impossible은 부정적인 의미에만 쓰이고, possible은 부정적인 의미에 쓰지 않는다. 다음 (1), (2)가 이것을 말해준다.

다음 (1)번에서 that man을 impossible과는 함께 쓰나, (2)에서처럼 possible과는 함께 쓰지 않는다. 대신 'it--to-부정사 구조'인 (3)번이나, 'to-부정사(구)'를 주어로 한 (5)번 같이 표현한다면 정문이다. 마찬가지로, 아래 our team이라는 명사도 (4), (5)번 같이, 부정적인 의미로 쓰면 정문이다. 긍정적인 의미로 쓰려면, (6)과 같은 'it--to-부정사 구조'로 표현하면 정문이다. 긍정적인 표현으로 다음 (7)과 같이 말하지 않는다. 이것은 원어민들이 그렇게 쓰기 때문이다. 앞 형용사 유형의 '해설'에 제시된 내용을 다시 인용한다.

(1) That man is impossible to work with.   (O) 부정적인 의미
      (그 사람은 함께 일하기란 불가능하다)

(2) *That man is possible to work with.   (X) 긍정적 의미
      (그 사람은 함께 일하기란 가능하다)

(3) It's possible **to work with that man**.   (O) It--to-부정사 구조에는
      (그 사람과 함께 일하는 것은 가능하다)   긍정적 의미로 사용한다.

(4) Our team is impossible to defeat.   (O) 부정적인 의미
      (우리 팀을 패배시키는 것은 불가능하다)

(5) **To defeat our team** is impossible.   (O) 부정적인 의미
      (우리 팀을 패배시키는 것은 불가능하다)

(6) It's possible **to defeat our team**.   (O) It--to-부정사 구조에는
      (우리 팀을 패배시키는 것은 가능하다)   긍정적 의미로도 사용한다.

(7) *<u>Our team</u> is possible to <u>defeat</u>.   (X) 긍정적 의미

만일 위 (5), (6)에서, 타동사 defeat 대신에 win / lose라는 자동사를 쓰면, "our team"이라는 명사는 목적어를 쓰지 않고, 아래 (8)에서처럼 our team이 주어로 나타난다. 그러면 (8) a, b, c는 자동사로서, 모두 정문이다. 그리고 (8) d, e의 경우는 타동사로서, 목적어 "a / the game"이라는 목적어를 갖는 경우에는 정문이다.

(8) a. Our team cannot win.   (O)
     b. Our team cannot lose.   (O)
     c. Our team cannot be defeated.   (O)
     d. Our team can be lost <u>the game</u>.   (O)
     e. Our team can be won <u>the game</u>.   (O)

따라서, 아래 (9), (10)과 같이 말하지 않고, (11)과 같이 말한다.

(9) *<u>To win / lose our team</u> is (im)possible.   (X) 밑줄 부분은 to-부정사 주어
(10) *It's (im)possible <u>to win / to lose our team</u>. (X) 밑줄 부분은 to-부정사 주어
(11) It's (im)possible <u>to defeat our team</u>.   (O)

(9)~(10)에서 '명사 our team' 이 to-부정사(구)로 된 '주어명사' 로 나타나면, 형용사 (im)possible과

함께 쓰지 못한다. 대신 형용사 (im)possible은 오직 ⑾의 'it--to-부정사 구조'에서만 정문이 되기 때문이다. 그런데, 맨 앞 ⑴은 정문이고, ⑵, ⑺번은 비문인 것은 어쩔 수 없는 표현이다. 원어민들이 그렇게 쓰지 않기 때문이다.

기본문제 1에서는 앞에서 제시된 3가지 묘사유형에 따른, 형용사 유형에 관한 영작연습을 하기로 한다.

기본 예문 1

1. 나는 **흰 작은** 강아지를 좋아한다.

   _____

2. 그녀는 어제 **미국제 빨간색 중고 승용차**를 구입했다.

   _____

3. 그는 **오래된, 큰, 사각형으로 된, 빨간, 벽돌집**을 팔았다.

   _____

4. 그는 그의 **오래된, 멋있는, 나무로 지은 한옥**을 수리했다.

   _____

5. 그녀는 어제 **작은 사랑스러운(lovely) 강아지 한 마리**를 그녀의 친구로부터 선물로 받았다.

   _____

6. 그녀는 구두점에서 **가죽으로 된 무도용 신발**을 한 컬래를 샀다.

   _____

7. 그 학교는 **푸른, 아름다운 숲**으로 둘러싸여 있다.

   _____

8. 나는 야당의 오래된 '**정치 이념(political idea)**'이 마음에 들지 않는다. 왜냐하면, 야당은 반대만을 위해서 존재하는 것 같기 때문이다.

   _____

9. 야당이 아직도 참신한 **정치적 이념**을 제시하지 못하고 있습니다.

   _____

10. 이 작은 나라에서, 우리는 지역적인 편견이나 차별이 없는 통일된 정치적 이념이 필요할 것 같다.

   _____

1. I like a small white puppy.
(우리말에서는 a small과 white의 순서를 바꾸어도 상관이 없으나. 영어에서는 말이 되지 않는다)

2. She bought a red <u>American</u> <u>made</u> <u>used car</u>.
(위 문장에서 used car는 분리될 수 없는 표현이고, 그 앞에, 출처인 American made가 오고, 그 앞에 a red의 표현이 온다)

3. He has sold his **big, old, square, red** brick house.
(우리말에서는 big, old, square, red와 같은 형용사의 순서를 지킬 필요가 전혀 없으나, 영어에서는 필요하다)

4. He has repaired his "**wonderful**," old, Korean wooden house.
(위에서 wonderful이란 '의견' 형용사는, '일반 묘사적 형용사'를 앞선다. 그래서 his **wonderful** old Korean wooden house. 이어야 한다)

5. She was given a "lovely" small puppy as a present by a friend of hers.
(위에서 lovely도 '의견' 형용사이므로, 다른 일반 묘사적 형용사를 앞선다)

6. She has bought a pairs of leather **dancing shoes** in the shoe shop.
(위의 표현에서 dancing leather shoes는 허용되지 않는다. dancing shoes는 함께 붙어있는 하나의 표현이기 때문이다)

7. The school is surrounded by "beautiful" green forests.
(**beautiful**이란 '의견 형용사'도, 일반 형용사를 앞선다. 따라서, by **beautiful** green forests. 이어야 한다)

8. I am not satisfied with the old **political idea** of the
   Opposition Party, because it seems to me that the
   Opposition Party exists for only opposition.
(political idea는 유형 분류적인 형용사이기 때문에, 그 앞에 일반 묘사적 형용사가 온다)

9. The opposition party is still not able to suggest a brand new **political idea**.
('정치적 이념'은 유형분류적 형용사이기 때문에, 그 '앞에' 일반 묘사적 형용사인 brand new 왔다)

10. It seems to me that we need a unified **political idea** in this small country, without any regional prejudice and difference.
(10번의 political idea도 유형분류적 형용사이므로, 그 앞에 묘사적 형용사가 온다)

as, how, so, too--to와 so가 '대단히'의 의미를 나타내는 경우와, 또 this / that이 부사의 의미로 '이렇게', '그렇게'로 쓰이는 경우를 다룬다. 이 경우에는, 이 책 331쪽, B_(1)에서처럼, 형용사가 부정관사 앞에 온다. 이 유형에, 332쪽 C_(2), (3)의 내용과, E와 F의 내용도 포함시킨다.

기본 예문 2

1. 나는 너만큼 좋은 목소리를 갖고 있다.

_____

2. 그녀는 너무 겸손해서 거절을 못하는 사람이다.

_____

3. 날씨가 너무 좋은 날이었기 때문에, 나는 거의 일을 할 수가 없었다.

_____

4. 그는 허용될 수 있는 모든 수단을 사용했다.

_____

5. 그녀는 상상할 수 있는 가장 아름다운 목소리를 갖고 있다.

_____

6. 나는 차가운 무엇을 마시고 싶다.

_____

7. 너는 먹을 것을 좀 갖고 있니?

_____

8. 너는 초대할 어떤 사람이 있는가?

_____

9. 그 학생은 15세입니다.

_____

10. 그 건물은 15층 건물입니다.

_____

11. 그 수영장은 5 미터나 깊습니다.

_____

1. I have **as good** a voice **as you**.

2. She is **too polite** a person **to refuse**.

3. Weather (It) was **so nice** a day **that** I could hardly work.

4. He used **every** means **available**.

5. She has **the most beautiful voice imaginable**.

6. I want to drink something cold.
   I want to have something cold to drink.

7. Do you have something to eat?

8. Do you have anybody (anyone) to invite?

9. The student is **fifteen years** old.

10. The building is **a fifteen story** building.

11. The swimming pool is **five meters** deep.

기본 예문 3

1. 어제는 날씨가 너무나 (so/such)나 좋았으므로, 우리는 소풍을 갔다.

_____

2. 그 학생은 너무나 정직한 사람이었으므로 거짓말을 하지 못한다.

_____

3. 이 꽃은 얼마나 좋은 냄새가 나는가!　　　(감탄문)
   이 꽃은 참 좋은 냄새가 나지?　　　(의문문)

_____

4. 이 구슬은 너무나 작아서 나의 손가락으로 잡을 수가 없다.

_____

5. 나는 그렇게 큰 개를 키우고 싶지 않다.

_____

6. 우리는 이북의 침략에 대항하기 위해서, 동원 가능한 모든 무기를 써야만 한다.

_____

7. 우리는 강력한 무기를 개발하기 위해서, 가장 최신의 과학기술을 활용해야만 한다.

_____

8. 우리들의 기숙사 건물은 10층으로 된 신축건물이다.

_____

9. 또 다른 기숙사는 25년이 된 옛날 건물이므로, 곧 해체될 것입니다.

_____

10. 올림픽 경기는 (매 4년 / 4년째) 마다 열립니다.

_____

11. 그 사람은 함께 일하는 것이 불가능합니다.

_____

12. 그 사람과 함께 일하는 것은 가능합니다.

_____

13. 우리 팀을 패배시키는 것은 불가능 합니다.

_____

14. 우리 팀을 패배시키는 것은 가능합니다.

_____

기본 예문 3의 영작

1. The weather was such a nice day that we went on a picnic yesterday.

2. The student was <u>too honest a person</u> to tell a lie.
   The student was so honest that he was not able to tell a lie.

3. <u>How sweet a flower</u> it is!   (감탄문)
   <u>How sweet a flower</u> is it?   (의문문)

4. I couldn't pick it up with my fingers "<u>this small</u> a bead".
   (331쪽, 형용사 B의 (1) 참조)

5. I don't want to (keep / feed) "<u>that big</u> a dog".
   (329쪽, 형용사 B의 (1) 참조)

6. We have to use every weapon <u>available</u> to depend against North Korea's attack.

7. We have to make use of the latest scientific knowledge <u>available</u> to develop the powerful weapons.

8. Our dormitory is a <u>ten story</u> building which is newly built.

9. Another dormitory is <u>25 years old</u> and it will be torn down soon.

10. The Olympic Games are held every (four / fourth) year.

11. That man is impossible to work with.

12. It is possible to work with that man.

13. Our team is impossible to defeat.

14. It is possible to defeat our team.

기본 예문 4

1. 그녀는 흰 바탕에 크고 둥근 검은 점박이 강아지를 좋아한다.

   _____

2. 그는 큰 멋있는 현대식 나무로 지어진 한옥에 살고 있다.

   _____

3. 그녀는 큰 흰색의 독일제 중고차를 샀다.

   _____

4. 그는 아름다운 푸른 숲에 둘러 쌓인 작은 둥근 현대식 벽돌집을 팔았습니다.

   _____

5. 그 학생은 약 1미터 70센티 정도로 키가 크다.

_____

6. 그 수영장은 5미터나 깊습니다.

_____

7. 그 애기는 이재 태어 난지 6개월이 됩니다.

_____

8. 그 아파트는 18층 높이의 건물입니다.

_____

9. 월드컵 경기는 매 4년 마다 열립니다.

_____

10. 그 남자와 함께 일하는 것은 불가능합니다.

_____

기본 예문 4의 영작

1. She likes a puppy which has big <u>round black</u> spots on its white colored body.

2. He lives in a wonderful big modern Korean style wooden house.

3. She has bought a big white German made <u>used car</u>.

4. She has sold his small round brick house which is surrounded by beautiful green forests.

5. The student is about 1 meter and 70 centimeters tall.

6. The swimming pool is 5 meters deep.

7. The baby is 6 months old now since he was born.

8. The apartment building is a 18 story building.

9. The World Cup is held every four / fourth year.

10. That man is impossible to work with.

14 부사어구 (Adverbials)

A. 부사의 역할

부사는 기본적으로 **동사, 형용사, 다른 부사어구**를 수식한다. 여기에서 **부사어구(adverbials)** 라 함은 다음 (1)-(4)의 내용을 언급하는 것이다.

(1) 단순부사(simple adverbs), 예컨대, now, often, well, much, too, quite 등
(2) 접미사가 달린 부사, 예컨대, quick**ly**, probab**ly**, clock**wise** 등
(3) 부사구: 예컨대, now and again(가끔), now and then(때때로), two weeks ago, since two o'clock 등
(4) 그리고, 부사절: when I was a boy 따위를 가리키는 용어이다.

B. 부사의 위치

부사는 (1) 문의 앞, (2) 문의 뒤, (3) 일반 동사 앞, be 동사 뒤, 조동사 뒤에 온다. 다음 (1), (2), (3)의 예를 보자.

(1) a. <u>Occasionally</u> we go to a concert, but we go much more often to the movie theater.
   b. <u>Yesterday</u> I met you at three o'clock, but <u>tomorrow</u> I'll meet you at four.
   c. <u>At three o'clock tomorrow</u> I'll meet outside the theater.   문의 앞

(2) a. I go there <u>occasionally</u>.   문의 뒤
   b. She sang that song <u>well</u>.   문의 뒤
   c. He has done that work <u>badly</u>.   문의 뒤

(3) a. I <u>seldom</u> play tennis.   일반 동사 앞
   b. We have <u>often</u> been there.   조동사 뒤
   c. She is <u>still</u> waiting.   be 동사 다음

빈도부사 always, often, sometimes, usually, seldom, scarcely, nearly, never 등은 위 (3)의 예문에서 본 것 같이, **일반 동사 앞에, be 동사 뒤에, 조동사 뒤에 온다.**

(4) 여러 개의 부사가 올 때, 부사어구의 순서

일반적 순서: 1 장소/방향   2 시간

　　　　　　 1 장소/방향   2 빈도   3 시간

a. I went swimming <u>in the lake</u> <u>before breakfast</u>.　　(1, 2)

b. I have been <u>to Seoul</u> <u>several time</u> <u>this year</u>.　　(1, 2, 3)

c. He walked <u>around the park</u> <u>twice</u> <u>before dinner</u>.　　(1, 2, 3)

(5) 부사 enough는 항사 형용사 뒤에 오고, yet는 문의 마지막에 온다.

a. Are these shoes large <u>enough</u>?

b. Your work is not good <u>enough</u>.

c. You don't need to start <u>yet</u>.

(6) 같은 종류 또는 종류를 달리하는 둘 이상의 부사어구가 한 문장에 나타날 때, 문장에서 순서를 결정해야 한다. 시간부사가 두 개 이상 있을 때에는, 작은 단위의 시간부사가 앞에 오는 것이, 반드시는 아니나, 원칙이다.

a. I saw the movie <u>on Tuesday evening</u> <u>last week</u>.

b. I'll meet you <u>at three o'clock</u> <u>tomorrow</u>.

c. We arrived <u>at five o'clock</u> <u>yesterday evening</u>.

(7) 시간 부사 at, in, on의 순서와 그 의미

a. at는 시간에:

b. in은 하루의 한 부분에:

c. on은 특정한 날에:

☞. 어형이 같은 형용사와 부사

a <u>fast</u> train의 fast는 형용사이고, The train was travelling <u>fast</u>.의 fast는 부사이다. 형용사에서 어형을 바꾸지 않고, 그대로 부사로 사용할 수 있는 것이 많은데, 대부분은 짧고 보통 잘 쓰이는 말이다. 그 중에서 fast처럼, 형용사와 부사가 공통형으로 쓰이는 것은, 이 fast 하나밖에 없다. 다른 것

들은, wrong처럼 어형을 바꾸지 않고도 그대로 부사로 쓰거나, 또는 '--ly'형의 부사를 쓰는 수도 있다. a wrong answer의 wrong은 형용사이고 to guess wrong의 wrong은 부사이다. 그러나 과거분사 앞에서는 We were wrongly informed.처럼 wrongly라는 부사형을 사용해야 한다.

(1) 아래에서 어형을 같이하는 형용사와 부사 및 '--ly'형의 부사가 쓰이지 않는 부사의 차이, 예컨대, high와 highly의 차이에 대해서 논의한다. 이 차이는 의미의 차이는 없고, '관용상의 차이'인 경우가 많다.

a. There is <u>an</u> <u>hourly</u> service of trains to New York.　　　(형용사)
b. The buses run <u>hourly</u>.　　　(부사)
c. We advertised for a house in several <u>weekly</u> periodicals.　(형용사)
   (우리는 집을 구한다는 광고를 몇 개의 주간지에 냈다)
d. This periodical is published <u>weekly</u>.　　　(부사)
   (이 정기간행물은 주마다 발행된다)

(2) 접미사 '--ly'가 man, king, scholar와 같은 명사에 붙어서, '…의 성격을 갖고 있는' '…의 자질을 갖고 있는'의 의미를 나타내는 경우, 그렇게 형성된 말은 항상 형용사이며, 부사로는 쓰이지 않는다.

이런 형용사의 중요한 것들은: beastly(짐승 같은), brotherly(형제 같은), cowardly(겁쟁이 같은), (un)earthly(unearthly: 이 세상의 것이라고 생각되지 않는/earthly: 이 세상의, 현세의, 세속적인), fatherly(아버지 같은), (un)friendly([비]-우호적인/친절한), gentlemanly(신사다운), heavenly(천국 같은, 천국의), kingly(왕의, 왕다운), leisurely(느긋한, 유유한), lively(life + ly: 활발한), lovely(아름다운), masterly(명인다운, 숙달한), motherly(어머니 같은), princely(왕자다운), queenly(여왕다운), (un)scholarly(학자답지 않은/학자다운), sisterly(자매 같은), (un)soldierly(군인답지 않은/군인다운), womanly(여자다운) 등등이 있다.

(3) 위의 형용사 유형은 부사로는 쓰이지 않는다고 했다. 그래서 이와 같은 형용사가 나타내는 의미를 전치사구로 된, 부사구로 표현하면, 'in a leisurely manner(유유한 태도로)'라든가, 'in a cowardly fashion(비겁한 모양으로)'과 같이 말할 수는 있다.

a. That's <u>cowardly</u> thing to say.　　　(형용사)
   (그것은 말하기가 비겁하다)
b. He behaved <u>in</u> <u>a</u> <u>cowardly</u> <u>fashion/manner</u>.　　　(부사)
   (그는 '비겁한 태도로' 행동했다)

(4) early, fast, half, long, straight와 같은 어형은 '형용사/부사로도' 사용할 수 있다.

a. We had __an early__ breakfast.   (형용사)

> ※**주의 :** 보통 식사 이름 앞에는 부정관사를 쓰지 않지만, 형용사가 앞에 사용되면, 부정관사 a/an을 사
>   용한다

b. We had breakfast __early__.   (부사)
c. We had breakfast __earlier__ than usual.   (부사)
d. We went by a __fast__ train.   (형용사)
e. Don't speak so __fast__.   (부사)
f. The post is __fast__ in the ground. (그 기둥은 땅에 단단히 박혀있다)   (형용사)
g. The paper was stuck __fast__ to the desk. (그 종이는 책상에 딱 붙어있다)   (부사)
h. He was __fast__ asleep. (그는 푹 잠들었다)   (부사)
i. We waited __half__ the afternoon.   (형용사)
j. This is __not half__ good enough.   (부사)
    (이것은 조금도 좋지 않다) =not half… = not… at all = (구어: 조금도 …않다)
k. We've had a __long__ wait.   (형용사)
l. Have you been waiting __long__?   (부사)
m. I can't stay very __long__.   (부사)
n. I want a __straight__ answer to my question.   (형용사)
    (내 질문에 정직한 대답을 해주기 바란다)
o. Tell me __straight__ what you think so.   (부사)
    (네가 생각하고 있는 것을 솔직하게 말해라)
p. He has come __straight__ from Seoul. (그는 서울에서 곧 바로 왔다)   (부사)

D. 어형이 동일한 형용사 / 부사

cheap, clean, clear, close, dead, deep, direct, easy, fair, false, fast, firm, flat, high, large, loud, low, mighty, quick, right, round, sharp, short, slow, soft, sound, strong, sure, tight, wide, wrong은 형용사 / 부사로 동일하게 쓰인다.

Ⓐ 앞의 형용사는 그대로 부사로 쓰인다. 또 접미사 '--ly'를 붙인 부사가 원래의 부사였다.
Ⓑ __'부사에서 중요한 것은'__ 이 '--ly'가 붙지 않은 형용사형을 부사로 쓰는 것은 관용적인 문제이므

로, **규칙을 제시해서 설명할 수는 없는 것이다.** 'guess wrong(추측을 잘못하다)'은 'guess wrongly' 보다는 더 평범한 관용적인 표현이다. 그러나 과거분사 앞에서는 I was wrongly informed. 처럼 언제나 wrongly를 사용해야 한다.

(Michael Swan(2005): 24-27 / Hornby(1975): 182-192).

경우에 따라서는 그 말이 부사로 쓰였는지, 서술 형용사인, 형용사의 보어로 쓰였는지 의심스러울 때가 있다. 'to hold one's head <u>high</u>' (머리를 높이 들고 있다)에서 <u>high</u>는 형용사로 사용하지만, 우리말의 의미로는 부사이다. Open your mouth <u>wide</u>(입을 크게 벌려라) 에서도 <u>부사로 쓰인다.</u> 그러나 *Hold one's head highly.(x) 라고는 하지 않는다.

여기서부터 위에 제시된 어휘에 대해서 접미사 '--ly'가 붙은 경우와, 붙지 않은 경우를 알파벳 순서로 (1)~(31) 번까지 그 용법을 제시한다.

(1) | **cheap(ly)** |

cheap, cheaply는 다 부사로 쓰인다. 동사 buy, sell의 경우에는 cheap가 보통 부사로 쓰인다.

a. That shopkeeper buys <u>cheap</u>, but doesn't sell <u>cheap</u>.
b. My wife buys her clothes <u>cheap(ly)</u>.

(2) | **clean(ly)** |

clean은 completely(완전하게), absolutely(절대적으로)라는 의미의 부사로 쓰인다.

a. I <u>clean</u> forgot to ask him about it. (나는 그것에 대해서 그에게 물어본다는 것을 깨끗이 잊었다)
b. I'd clean forgotten it.　　　　　　　(나는 그것을 완전히 잊었다)
c. The prisoner got <u>clean away</u>.　　　(그 죄수는 감쪽같이 도망쳤다)
d. He kicked the ball <u>clean over the roof</u>.　(그는 공을 지붕 위로 멋지게 넘겼다)

clean은 또 복합어에서 형용사로 쓰인다. clean-shaven, clean cut 등. cleanly /klénli/는 형용사 clean을 대신하나, 사람이든 동물이든 '<u>청결을 좋아하는 습관이 있는</u>' (habitually clean)의 의미로 쓰인다.

e. Are cats <u>cleanly</u> animals?　/klénli/ 형용사

> ※**주의** : 보통 부사는 발음이 cleanly /kliːnli/이지만 위의 형용사는 /klenli/인 것에 주의해야 한다.

f. This knife cuts very <u>cleanly</u>.

(3) **clear(ly)**

clear는 위의 clean과 같은 의미를 나타내면서, 부사적으로 쓰인다.

a. The bullet **went** <u>clear</u> **through** the door. (총알은 깨끗이 문을 관통했다)

clear는 또 '복합어'로도 쓰인다. 즉, a clear-cut face(뚜렷한 윤곽의 얼굴), a face with defined features, clear-cut outlines(뚜렷한 윤곽)으로 쓰인다. clear는 또 not touching(닿지 않고), well away from(…에서 멀리 떨어져서)의 의미로, 부사적으로도 쓰인다.

b. Stand / Keep clear of the gates of the lift. (BrE) / elevator (AmE)
　 (elevator 문 앞을 깨끗이 비워두라)
c. Thieves got clear away. (=without their pursuers getting near them)
　 (도적들은 감쪽같이 도망쳤다)
d. The horse jumped clear of the hedge. (=without touching it)
　 (그 말은 울타리를 시원하게 뛰어넘었다)

clearly는 형용사나 동사를 수식하는데도 쓰인다. 그때는 clearly로 쓴다.

e. He is clearly wrong. / clearly in the wrong.　　(그는 분명하게 잘못 됐다)
f. You must clearly understand that…　(당신은 …을 분명하게 이해해야 한다)
g. It must clearly be understood that…　(…을/를 분명히 이해되어야만 한다)

clear 또는 clearly가 후치될 경우도 있다.

h. He spoke loud(ly) and clear(ly).　　(그는 큰 소리로 깨끗하게 말했다)
i. The moon shone clear(ly).　　　　　(달은 깨끗이 빛났다)

정도부사가 앞에 올 때에는 clearly가 쓰인다.

j. He speaks <u>quite clearly</u>.　　　　(그는 아주 분명하게/깨끗하게 말합니다)

(4) **close(ly)**

close는 near (가까이)의 의미를 지닌 부사로 쓰인다.

a. Stay <u>close</u> to me.　　　　　　(나에게 가까이 있어라)
b. He was following <u>close</u> behind.　(그는 바짝 뒤를 따라오고 있었다)

c. This success brings us <u>closer</u> to final victory.

  (이번의 성공은 우리들을 마지막 성공에 더 가깝게 다가가게 하고 있다)

d. <u>The (more) closer (closely)</u> we look into the problem, <u>the greater</u> the difficulties appear to be.

  (그 문제를 더 면밀히 들여다 보면 볼수록, 더 큰 어려움이 있는 것 같다)

위 마지막 예문은 격식을 차린 문체에서는, The more closely we look into the problem, …이 더 좋을지도 모른다. 다른 경우에는 closely를 사용할 필요가 있다.

e. The prisoners were closely (=strictly) guarded.　　(죄수들은 엄격하게 감시된다)

f. Watch closely (=carefully) what I do.　　(내가 하는 것을 더 면밀히 주목해 보라)

g. He sent me a letter of two closely written pages.

  (=with the words and lines close together).

  (그는 좁혀 쓴 두 장으로 된 편지 하나를 나에게 보냈다)

h. It was a closely contested election.

  (그 선거는 치열하게 겨루었던 선거였다)

(5) | **dead(ly)** |

dead는 completely, absolutely(완전히, 전혀)의 의미로 <u>부사적인 의미로 쓰인다. 왜냐하면 뒤에 나타나는 형용사를 수식하기 때문이다</u>: dead level(아주 평평한), dead straight(아주 똑바른), going dead slow =(going as slow as possible, almost stopped: 서 있는 것처럼 생각되리 만큼 느리게 가는), dead certain(절대 틀림없는), dead drunk(아주 취한), dead beat(매우 지쳐버려서 = tired out, exhausted)

a. The wind was blowing <u>dead</u> <u>against</u> us.

  (바람이 우리들에게 정면으로 불어오고 있었다)

b. deadly는 '형용사' 이다: deadly poison(치명적인 독약): deadly hatred(지독한 혐오), the seven deadly sins(기독교의 7대 죄악)--pride(자만), covetousness(탐욕), lust(육욕), anger(분노), gluttony(탐식), envy(시샘), sloth(나태) 등 일곱 가지.

c. deadly는 'like death' (죽은 것처럼)의 의미로, '부사' 로 쓰인다. deadly pale(몹시 창백한), deadly dull(몹시 재미없는, 등등. deadly는 여기서 비유적으로 쓰였다)

(6) **deep(ly)**

deep는 형용사이다. 그러나 **deep-laid** schemes(교묘하게 짠 계획)과 같은 복합어나 to drink **deep**(흠뻑 마시다)와 같은 구에서는 deep가 부사적으로 쓰인다. deeply는 부사로 to regret something deeply: to think deeply about a problem: to be deeply offended(크게 화내다) 와 같이 쓰인다.

(7) **direct(ly)**

direct는 straight, without detours(우회하지 않고), without intermediaries(중개인 없이) 등 의 의미로, 부사적으로 쓰인다.

a. The train goes **direct** to Washington.
(그 열차는 Washington으로 직접 간다)
b. We went **direct** to the station.
(우리는 바로 / 직접 역에 갔다)
c. I will communicate with you **direct**.
(나는 바로 / 직접 당신과 이야기하겠다)

다음 directly의 용법과 비교해 보라.

a. We are not **directly** affected by the changes in taxation.
(우리는 세금제도의 변화로 직접적으로 영향을 받지 않았다)

b. She's **directly** descended from Charles Dickens.
(그녀는 Charles Dickens 가문의 직계 후손이다)

directly의 의미는 좀 애매하지만, at once, immediately, 또는 after a short time, very soon 의 의미로도 사용된다.

c. He left directly after breakfast.
(그는 점심 식사 후에 바로 떠났다)
d. I'll be with you directly.
(나는 곧 너와 함께 (합류) 하겠다)

(8) **easy, easily**

easy는 다음과 같은 소수의 어구에서 '부사적으로' 쓰인다.

a. Take it **easy**. (쉬엄쉬엄 해라)   (= Don't work too hard or too energetically)
b. Stand **easy**. (쉬어! 군대의 구령)
c. Go easy with the butter. (버터를 너무 바르지 말고, 적당히 발라라)
   = (구어체 = use it with moderation)
d. Easier (=more easily) said than done. (말하기는 쉽고, 행하기는 어렵다)

위의 보기 이외에는 easily가 쓰인다.

a. He's not easily satisfied.   (그는 쉽게 만족하지 않는다)
b. You can easily imagine my surprise. (너는 나의 놀라움을 쉽게 상상할 수 있다)
c. He won the race easily. (=with ease) (쉽게 경주에서 이겼다)

(9) **fair(ly)**

fair는 고정된 몇 개의 구에서 부사적으로 사용된다. play fair(정정당당하게 행동하다). hit fair(정면으로 맞다). fight fair(정정당당하게 싸우다). **bid fair to**(…할 것 같다 = seem likely to).

이 밖의 경우에는 fairly가 쓰인다. treat a man fairly(사람을 공평하게 대하다):
act fairly by all men(모든 사람에 대하여 공평하게 행동하라).

fairly는 'to a certain extent' (좋은 의미로, 꽤, 상당히)의 의미이며, 부사로 쓰인다. fairly good(꽤 좋은): fairly certain(아주 확실한): fairly well(꽤 잘, 상당히 건강하게): fairly soon(꽤 일찍이). 이 용법의 fairly는 rather와 다른데 주의해야 한다. rather는 비교급이나, too가 뒤에 오는 말이다. 다음 두 문장을 비교해 보자.

a. This book is fairly difficult.   (이 책은 꽤 어렵다)
b. This book is rather more difficult.   (이 책은 오히려 더 어렵다)
c. This book is rather too difficult for you. (이 책은 오히려 너에게는 너무 어렵다)

(10) **false(ly)**

false는 '<u>play somebody false</u>'(남을 속이다, 배반하다 = cheat or betray him)의 경우처럼 부사적으로 쓰인다. 다른 경우에는 falsely가 쓰인다: falsely accused(부당하게 고발되다, 부당하게 비난받다).

(11) **fast(ly)**

fast는 부사로 쓰이며, fastly가 부사로 쓰이는 일은 드물다.

a. Don't run/speak so <u>fast</u>.   (그렇게 너무 빨리 뛰지 마라 / 빨리 말하지 마라)
b. It was raining <u>fast</u>.   (비가 세차게 오고 있었다)
c. He was <u>fast</u> asleep.   (그는 푹 잠들어 있었다)

(12) **firm(ly)**

firm은 다음과 같은 구에서 부사적으로 쓰인다: stand firm(단호한 태도를 가지다): hold firm to one's beliefs / convictions(신념/확신을 끝까지 고수하다). 그밖에는 firmly가 쓰인다.

a. I firmly believe that …   (나는 …을/를 단호히/굳건히 믿는다)
b. Fix the post firmly in the ground. (그 말뚝을 땅에 단단히/굳건히 고정하라 / 박아라)
c. I had to speak firmly to him.   (나는 그에게 단호하게 말할 수밖에 없었다)

(13) **flat(ly)**

flat는 <u>fall flat</u>(벌렁 넘어지다, 완전히 실패하다 = fail)의 뜻을 나타낼 때 부사적으로 쓰인다.

a. The scheme fell flat. (그 계획은/음모는 완전히 실패했다)
b. His joke all fell flat. (그의 농담은 완전히 실패했다)

그밖의 경우에는 형용사 flat에 대응한, absolutely(딱 잘라서, '단호하게'의 뜻으로), in a downright way(철저하게), without qualification(<u>무조건</u>으로)의 의미로 flatly가 쓰인다.

c. He flatly refused my request. (그는 나의 요구를 완전히 / 무조건 거절했다)
d. The suggestions were flatly opposed.   (그 제안은 단호하게 반대를 받았다)
   (=met with complete and unqualified opposition). (qualification: 자격, <u>조건</u>)

(14) **high(ly)**

ⓐ high는 많은 구에서 부사적으로 쓰인다. aim high(대망을 품다): fix one's hope high(희망을 높은 곳에 두다): hold one's head high(머리를 높이 들다): play high(큰 도박을 하다. gamble for high stakes): search high and low(이를 잡듯이 수색하다). 그 외에 다음처럼 run 뒤에 부사 high가 쓰인다.

a. The sea was running **high**.   (바다가 거칠게 출렁이고 있었다)
b. Passions were running **high**.   (감정이 고조되어 있다)

ⓑ highly는 분사 앞에 쓰인다. highly amusing(매우 재미있는): highly paid(높은 급여를 받는). a highly educated/intelligent woman(높은 교육을 받은/지능 있는 여자). 또 다음 표현에서는 highly가 쓰인다. speak/think highly of someone(누군가를 매우 칭찬하다/훌륭하다고 생각하다). esteem someone highly(누군가를 매우 존경하다).

(15) **large(ly)**

large는 <u>loom</u>(어렴풋이 보이다/아련히 떠오르다), <u>bulk</u>(크게 보이다) 뒤에서 부사적으로 쓰인다. <u>to loom</u> / <u>bulk large</u>(불안/위협 따위가 크게 보이다. Cf **to talk big**(호언장담하다 = boast: <u>to talk large</u>도 to talk big과 같은 의미로 쓰인다). large와 big은 그 의미와 용법이 동일하다. 그러나 large가 big보다 더 공식적인 표현이다.

largely는 to a great extent(매우 많이)의 의미로 쓰인다.
   His success was <u>largely</u> due to…   (그의 성공은 크게 … 때문이었다)

(16) **loud(ly)**

loud는 talk, laugh와 함께 부사적으로 사용된다.

a. Don't talk so <u>loud</u>.   (그렇게 크게 말하지 마라)
b. Who laughed <u>loudest</u>?   (누가 가장 크게 웃었나?)

> ※ loudest가 부사이기 때문에 정관사 the를 사용하지 않는다.

loudly도 talk와 함께 사용된다.

c. He spoke <u>loud(ly)</u> <u>and</u> <u>clear(ly)</u>.　　(그는 크게 분명하게 말했다)

다른 동사의 경우에는 loudly를 쓰는 것이 보통이다.

d. He called <u>loudly</u> <u>for</u> <u>help</u>.　　　　　　(그는 도와달라고 크게 소리쳤다)
e. She complained <u>loudly</u> <u>of</u> <u>having</u> <u>been</u> <u>kept</u> <u>waiting</u>.
　 (그녀는 기다리게 한 것에 대해서 크게 불평했다)

⑴⑺　**low(ly)**

low는 speak, sell, bow(인사하다), curtsey(여자가 인사를 하다), buy, sell, aim(겨냥하다) 따위의 동사와 함께 부사적으로 쓰인다.

a. He <u>bowed</u>/She <u>curtseyed</u> <u>low</u>.(= made a low bow/curtesy) to the Queen.
　 (그는 낮게 절했다. / 그녀는 낮게 절했다)

b. I like to buy <u>low</u> and sell <u>high</u>.　　(나는 싸게 사서 비싸게 팔고 싶다)
c. He aimed <u>low</u> so as to hit the man in the leg.
　 (그는 그 사람 다리를 맞추도록 낮게 조준했다)

low는 복합어의 <u>low-born</u>(천한 태생의), <u>low-bred</u>(버릇없이 자란)에서도 쓰인다. lowly는 보통 형용사(신분 따위가 낮은, 겸손한)의 의미로 쓰이며, lowly-born(비천한 태생의)과 같은 부사적 용법은 흔하지 않다.

⑴⑻　**mighty; mightly**

mighty는 미국영어의 구어체로, 형용사를 수식하는 부사로 쓰인다.
　It was <u>mighty</u> <u>kind</u> of you. (참 친절하게 해주셨습니다) mightly는 드물다.

⑴⑼　**quick(ly)**

quick는 구어체이며, 운동을 나타내는 동사 뒤에 quickly 대신 쓰인다.
a. I ran <u>as</u> <u>quick(ly)</u> <u>as</u> I could.　(나는 할 수 있는 한 빨리 뛰었다)

b. Come **quick(ly)**. I need help.

이 외의 경우에는 quickly가 쓰인다.

c. The term passed **quickly**.　(기간이 빨리 지나갔다)
d. Retribution **quickly** followed.　(보복은 재빨리 뒤따랐다)

위에서처럼 동사 뒤에도 앞에도 쓰인다.

⑳ | **right(ly)** |

right는 보통 부사로 쓰인다.

a. It serves you **right**.　(그것 봐! 그거 고소하다! 꼴좋다!)
b. He guessed / answered **right**.　(그는 올바로 맞추었다 / 올바로 대답했다)
c. Nothing goes **right** with me. (내겐 잘 되는 것이 하나도 없다)
d. I'll come **right** away.　(나 곧 갈게)

rightly는 correctly(올바르게)의 의미로 동사와 함께 사용되며, 중간 위치에 놓인다.

e. He **rightly** guessed that …　(…을/를 정확하게 추측했다)
f. I can't **rightly** recollect whether…
　(…나는 …이 …인지 어떤지 정확하게 추측할 수 없다)

g. They decided, **rightly or wrongly**, that …
　(그들은 …을 옳게 또는 잘못되게 결정했다)

(21) | **(a)round(ly)　round(BrE) / around(AmE)** |

부사 (a)round는 '빙 돌아서 출발점에 되돌아오다' 의 의미를 나타내는데 쓰인다.

a. Christmas will soon be **around** again.　(크리스마스는 곧 다시 돌아올 것이다)
b. I shall be glad spring comes **around** again.　(봄이 다시 오면 나는 기쁠 것이다)

또, around는 말을 건 사람이 있는 (있었던, 있게 될) 장소를 나타내는데 쓰인다.

c. Come **around** and see me this evening.　(오늘 저녁에 와서 나를 만나라)

또한 around는 운동을 나타내는 동사와 함께 쓰인다.

d. Hand these papers **around**. (= distribute them.)   (이 논문/종이들을 나누어 주어라)

e. The car will be **around**. (= will be here) in a minutes.   (2, 3분 있으면 차는 돌아올 것이다)

   (a)roundly는 형용사나, 부사의 (a)round와 거의 아무 관계도 없으며 'pointedly(날카롭게)', 'flatly (솔직히)'의 의미를 갖는다.

f. I told her (a)**roundly** that she was not wanted.
   (그녀를 원하지 않는다고 잘라 말했다)

g. She cursed me (a)**roundly**. (그는 나에게 호되게 악담했다)

(22) sharp(ly)

sharp는 "at six o'clock sharp"(정각 6시에)와 같이, punctually의 의미이며, 부사적으로 쓰인다. 또 **look sharp**(빈틈없이 경계하다: = **be quick**, **hurry up**), sing sharp(날카로운 소리로 노래하다 = sing above the true pitch), turn sharp left/right(급히 왼쪽/오른쪽으로 돌다 =make a sharp or abrupt turn to the left/right)에서도 부사적으로 쓰인다.

sharply는 다음과 같이 쓰인다. answer sharply(딱 잘라서 대답하다), speak sharply to someone(아무에게 거칠게/호되게 말하다, sharply =harshly, severely). 또한 a sharply pointed pencil(끝이 날카로운 연필) 등을 기억해 두자.

a. We will meet at ten o'clock **sharp**.   (우리는 10시 정각에 만날 것이다)
b. He spoke **sharply** to his friends.   (그는 그의 친구들에게 거칠게 말했다)

(23) short(ly)

short는 몇 개의 고정된 구에 부사적으로 쓰인다.

a. stop **short**   (급히 서다/세우다 **short** = 갑자기)
b. pull up **short**   (급히 멈추다 **pull up** = 멈추다)
c. **break** / **snap something off short** (갑자기 무엇을 중지하다)
d. break something off   (…을 끊다 / 중지하다)
e. cut short   (단축하다)

f. cut short an interview / proceedings, etc: (면접/의사진행 등을 단축하다)
g. go short of something   (…이 부족하다)

shortly는 다음과 같은 의미로도 쓰인다.

h. 곧(in a short time, soon) 예컨대, shortly afterward(바로 그 다음에)
i. 간단히(briefly), 무뚝뚝하게(curtly), 급히(abruptly)
    예컨대(answer shortly) 간단히 / 급히 대답하다

j. He once stopped <u>short</u> while he was driving.
    (그는 운전 도중에 한번 갑자기 멈추었다)
k. He will shortly arrive in Korea.
    (그는 곧(머지않아) 한국에 올 것이다)

(24)   **slow(ly)**

slow는 go와 함께 부사적으로 쓰인다.

a. I told the driver to go slow(er).   (나는 운전사에게 천천히 가자고 말했다)
    이 경우 slower 대신 go more slower라고도 한다.

b. The workers decided to go slow.   (노동자들은 파업하기로 결정했다)
    (=work slowly: 임금이나 노동조건에 대한 불만, 항의 등을 표시하려고 파업하다)

c. You should go slower (= be less active) until you feel really well again.
    (정말 건강이 회복될 때까지 무리해서는 안 된다). 이 go slower는 추상적인 표현이다.

그 밖의 경우는 slowly가 쓰인다.

a. Drive <u>slowly</u> around these corners in the road.
    (길의 이 모퉁이들에서는 천천히 도세요)
b. How <u>slowly</u> the time passes!   (세월이 참 안 가네!)
    (얼마나 천천히 가는가!)

(25) soft(ly)

soft는 비교급을 사용해서 부사적으로 쓰이는 수가 있다.
a. play (the piano) softer. (피아노를 더 부드럽게 치다).

그 밖의 경우에서는 softly가 쓰인다.
b. Tread softly so as not to wake the baby.
   (아기를 깨우지 않게 살금살금 가라)

(26) sound(ly)

sound는 sound asleep(푹 잔다)에서 부사로 쓰인다.

a. You'll sleep the sounder (=more soundly) after a day in the fresh air.
   (신선한 공기를 하루 종일 마신 후에는 당신은 더 푹 잠잘 것이다)

그 외에는 soundly가 쓰인다.
thrash / beat someone soundly (누군가를 몹시 때리다) (thrash = beat)
sleep soundly(푹 자다).

(27) strong(ly)

strong은 다음과 같은 몇 가지 구에서 부사로 쓰인다.

a. still going strong (=continuing vigorously = 아직 원기 왕성하다).
b. come to it strong / go to it strong / rather a bit strong; = exaggerate
   / go to unnecessary lengths(허풍을 떨다 / 과장해서 말하다 / 지나치게 하다)
   이들은 모두 구어적인 표현이다.

그밖의 경우에는 strongly가 보통이다. a strongly built man(근골이 튼튼한 남자).
strongly oppose a measure(법령/대책에 강력히 반발하다).

c. He is a strongly built man.   (그는 근골이 튼튼한 남자이다)

(28) | **sure(ly)** |

sure는 '**sure enough**(과연, 정말)'나 구어체로 쓰이는 **as sure as**(예컨대, **as sure as** my name isn't Barry Mackenzie. '확실히, 틀림없이' 내 이름은 Barry Mackenzie가 아니다)에서는 부사적으로 쓰인다.

a. As sure as, my name isn't Barry Mackenzie.

그 밖의 경우에는 surely가 쓰인다: working slowly but surely(천천히 그러나 확실하게 일해서).

b. They are working slowly and surely.(그들은 천천히 그러나 확실하게 일하고 있다)

(29) | **tight(ly)** |

tight는 과거분사 앞 이외에는 부사적으로 쓰인다.

a. Hold it <u>tight</u>.   (그것을 꽉 잡아라)
b. Hold **tight** to my hand.   (내 손을 꽉 잡아라)
c. <u>Screw</u> the nuts <u>up tight</u>.   (나사를 꽉 조여라)
d. The coat was made to fit <u>tight</u> around the waist.
   (이 코트는 허리 둘레가 꽉 조이게 만들어졌다)
e. We were packed <u>tight</u> in the bus.   (우리는 버스에 짐짝처럼 실렸다)

과거분사 앞에서는 tightly로 쓰인다.

f. The goods were <u>**tightly packed**</u> in the boxes. (상품들은 그 상자 속에 단단히 포장되었다)
g. The children sat with their hands <u>**tightly clasped**</u>. (어린이 손을 꽉 잡고 앉았다)
   (clasp: 걸쇠/자물쇠: 손을 꽉 잡다)

(30) | **wide(ly)** |

wide는 보통 부사적으로 쓰인다.

a. Open your mouth <u>wide</u>, said the dentist.
   (그 치과의사는 "너의 입을 크게 벌려라"고 말했다)
b. The windows were <u>wide</u> open/open <u>wide</u>.   (문은 활짝 열려 있었다)

c. He was <u>wide</u> awake.

　(그는 잠이 확 깨어 있었다)

d. Their views are still <u>wide</u> apart.

　(그들의 견해는 아직도 크게 다르다)

e. We searched <u>far and wide</u> for the missing child.

　(우리는 없어진 아이를 사방팔방으로 찾았다)

f. It fell <u>wide</u> of the mark.

　(그것은 표적에서 멀리 빗나가 떨어졌다)

widely는 과거분사 앞에 쓰인다. widely scattered / separated / known:

(널리 아주 흩어져서 / 떨어져서 / 알려져서)

g. He has travelled <u>widely</u>.

　(그는 널리 여행했다)

(31) **wrong(ly)**

wrongly가 더 평범하게 쓰이나, wrong이 다음과 같은 구에서는 부사로 사용된다.

a. get something wrong (…을 오해하다)
b. go wrong(계획 등이 실패하다 / 사람이 타락하다)
c. guess wrong(추측을 잘못하다)
d. tell someone wrong　(아무에게 잘못 전하다)
e. I got his instructions wrong. (=misunderstood them)

　(그의 지시를 잘못 이해했다)

f. All our plans have gone wrong.

　(우리들의 모든 계획이 잘못 되었다)

g. Surely he hasn't told you wrong (=wrongly informed you) again?

　(설마 그가 네게 또 잘못 전하지는 않았겠지?)

그러나 다음과 같은 과거분사 앞에서는 wrongly가 쓰인다.

h. You've wrongly informed.

　(너는 잘못 전달받았다)

(32) | **'just' 의 사용에 대한 영국영어와 미국영어의 차이점** |

(Michael Swan. 2005: pp. 287-288)

(1) 영국영어에서는 just가 '현재 / 과거'의 두 가지 시제로 동시에 사용되나, 어떤 소식을 전할 때에는 현재완료형을 선호한다.

    a. Where's Eric? He**'s just gone** out.   (현재 / 현재완료)

    b. John **just** phoned.   (과거)

       His wife**'s had** a baby.   (His wife **has had** a baby: 현재완료)

(2) 미국영어에서는 just가 모든 경우에 과거로 쓰인다.

    a. Where's Eric? He just **went** out.   (과거)

    b. I just **had** a brilliant idea.

(3) just now는 미국영어 영국영어에서 동일하게 현재 / 과거에도 쓰인다. 현재일 때의 just now는 at this moment, 과거일 때에는 a few moment ago의 의미로 쓰인다.

    a. She's not in just now. Can I take a message?   (현재)

    b. I saw Phil just now. He wanted to talk to you.   (과거)

기본 예문

1. 나는 그녀로부터 **아직** 어떤 소식도 받지 못했습니다.

_____

2. 나의 친구는 이틀 **전에** 여기에 도착했습니다.

_____

3. **옛날에** Solomon 이라는 현명한 왕이 살았습니다.

_____

4. 그것은 **대단히** 재미있는 이야기였다.

_____

5. 그들은 우리들보다 **훨씬** 더 문명화(개화) 되어 있다.

_____

6. 그는 그녀보다 **훨씬** 나이가 많습니다.

_____

7. 당신은 창문을 여는 것에 대해서 상관하시겠습니까?
   아니요, **전혀 상관없습니다.**

_____

8. 만일 당신이 거기에 가지 않는다면, 나도 **역시** 가지 않을 것입니다.

_____

9. 당신은 **전에** Koala를 본적이 있습니까?

_____

10. 이 다리는 저 다리보다 **훨씬** 더 긴 다리입니다.

_____

기본 예문 1의 영작

1. I have received no news from her <u>yet</u>.
   = I haven't received any news from her <u>yet</u>.
   = I didn't receive any news from her <u>yet</u>.

2. My friend arrived <u>here</u> <u>two days ago</u>.
                      장소부사   시간부사

3. There <u>once</u> lived a wise king named Solomon.
   = <u>Once upon a time</u>, there lived a wise king named Solomon.

4. It was a <u>very interesting story</u>.

5. They are <u>much more civilized</u> than we are. (비교급에는 much를 씀)

6. He is <u>much older than</u> she is.

7. "Do you <u>mind</u> opening the window?" <u>No, not at all</u>.

8. If you <u>don't</u> go there, I will not go, <u>either</u>.

9. <u>Have you ever seen</u> a Koala <u>before</u>?

10. This bridge is <u>much longer than</u> that one.

1. 너의 손을 **높이** 들어라.

_____

2. 그는 **항상** 나를 비웃었다.

_____

3. 그녀는 **오늘 아침 7시에 여기에** 도착했다.

_____

4. 모든 우리들의 계획은 **잘못되어 갔다.**

_____

5. 우리들은 정보를 / 소식을 **잘못 전달받았다.**

_____

6. 그녀는 **이른 아침식사**를 했다.

_____

7. **해가 빛나는 봄날 아침에**, 우리는 처음으로 서로 만났다.

_____

8. 엘리베이터 문 앞을 **깨끗이 치워두어라.**

_____

9. 그는 **아주 분명하게** 말을 합니다.

_____

10. 너의 입을 **넓게 벌려라.**

_____

기본 예문 2의 영작

1. Raise your hand <u>**high**</u>. (353쪽 **D**의 ⑭ 참조)

2. He <u>**always**</u> laughs at me.

3. She arrived **here at 7 o'clock this morning**. (343쪽 B의 (1)~(4) 참조)

   (영어에서는 장소부사가 먼저오고, 시간부사는 작은 단위의 부사가 먼저 온다)

4. All our plans have **gone wrong**.

   (go wrong은 '잘못되다' 는 표현이고, wrong은 부사로 쓰인다. 360쪽, **D**의 (31) 참조)

5. We have **wrongly informed**. (과거분사 앞에서는 '--ly 형' 부사를 쓴다)

6. She had **an early breakfast**.

   (식사명은 관사를 쓰지 않지만, 수식을 받는 경우에는 부정관사 a / an을 붙인다)

   = She had her breakfast **earlier than usual**. 이라고도 한다.

7. We met each other **on a sunny spring morning** for the first time.

   ('해가 빛나는 봄날 아침' 은 on a sunny spring morning으로 표현한다)

8. **Keep clear of** the gate of the elevator.

   (회화체에서는 clear가 부사로 쓰인다. 348쪽 **D**의 (3) 참조)

9. He speaks **quite clearly**.

   (앞에 정도부사 quite가 오면, '--ly 형' 부사를 쓴다. 346쪽 **D**의 (3)_j번 참조)

10. **Open** your mouth **wide**.

    (이 문장에서는 wide를 부사로 쓴다. 359쪽, **D**의 (30) 참조)

기본 예문 3

1. 그 상점주인은 제품을 **싸게** 사지만, 그들을 **싸게** 팔지는 않는다.

_____

2. 그 총알은 그 문을 **깨끗이 관통했다.**

_____

3. 그는 **분명히 틀렸다.**

_____

4. 그는 그들의 뒤를 **바짝 뒤쫓고** 있었다.

_____

5. 그 죄수들은 **철저히 감시를 받고 있다.**

_____

6. 그 바람은 우리들 **정면으로** 불어오고 있었다.

_____

7. 그녀는 자살하기 위해 **극약을** 먹었다.

_____

8. 그는 **푹** 잠들었다.

_____

9. 그녀는 그녀의 **신념을 확고히 하고 있다.** (끝까지 고수하고 있다)

_____

10. 그 말뚝을 **땅에 굳건히 고정시켜주십시오.**

_____

11. 그 선생님은 학생들에게 그들의 머리를 **높이 들라고** 말했다.

_____

12. 이 영화는 **매우 재미있습니다.**

_____

기본 예문 3의 영작

1. The shopkeeper buys products **<u>chief</u>**, but doesn't sell them **<u>chief</u>**.
   (chief는 동사를 수식하는 부사의 의미로 씀. 347쪽 **D**의 (1) 참조)

2. The bullet **went** <u>clear</u> **through** the door.
   (go--through는 '관통하다'의 의미로 쓰고, clear는 동사를 수식하는 부사로 씀. 348쪽 **D**의
   (3) 참조)

3. He was **<u>clearly</u> wrong**.
   (부사가 형용사를 수식할 때는 '--ly 형' 부사를 씀. 346쪽 **D**의 (3) 참조)

4. He was following them **close behind**.
    ('가까이'라는 의미로 쓰일 때, close가 다른 부사 behind를 수식. 348쪽 **D**의 (4) 참조)

5. The prisoners were **closely guarded**.
    (과거분사로 된 형용사는 '--ly 형' 부사가 수식한다. 348쪽 **D**의 (4) 참조)

6. The wind was blowing **dead against** us.
    ('dead against(정반대로)'가 부사로 동사 blowing을 수식함. 349쪽 **D**의 (5) ⓐ 참조)

7. She took **deadly poison** to kill herself.
    (이 때 deadly는 형용사이고, deadly poison은 '극약'이라는 관용어. 347쪽 **D**의 (5) ⓑ번 참조)

8. He was **fast** asleep.
    (fast는 '푹'이라는 의미로 서술형용사 asleep를 수식. 352쪽 **D**의 ⑾ c 참조)

9. She **holds firm** to her belief.
    (firm은 구어에서 부사로 앞의 동사 hold를 수식. 352쪽 **D**의 ⑿ 참조)

10. Please **fix** the post **firmly** in the ground.
    ('--ly 형' firmly가 동사 fix를 수식한다. 352쪽 **D**의 ⑿ b 예문 참조)

11. The teacher told the students to **hold their head high.**
    (희망이나, 머리를 높게 두라고 할 때는, high가 부사로 쓰임. 353쪽 **D**의 ⒁ ⓐ 참조)

12. This movie is **highly amusing**.
    (highly는 현재분사 앞에 쓰인다. 351쪽 **D**의 ⒁ ⓑ 참조)

기본 예문 4

1. 그녀는 **크게 말했다.**

_____

2. 나는 할 수 있는 한 **빨리 뛰었다.**

_____

3. 나의 부인은 그녀의 옷을 **싸게 삽니다.**

_____

4. 그녀는 **깨끗하게 말했다.**

_____

5. 나는 그것에 대해서 그에게 물어본다는 것을 **깨끗이 잊었다.**

_____

6. 죄수들은 **감쪽같이 달아났다.**

_____

7. 우리들은 버스에 **짐짝같이 실렸다.**

_____

8. 그 상품들은 그 상자 속에 **단단히 포장되었다.**

_____

9. 나는 그의 지시를 **잘못 이해했다.**

_____

10. 그것을 **꼭 잡아라.**

_____

11. 나사못을 **꽉 조여라.**

_____

12. 그는 **보수가 좋은 직업을** 얻었다.

_____

13. 그는 나를 **뚫어지게 쳐다보았다.**

_____

14. 그는 그가 옳다는 **그의 신념을 확실하게 고수했다.**

_____

기본 예문의 영작

1. She spoke **loud / loudly**.　　　　(형용사/부사가 모두 동사를 수식함. / 353쪽 **D** ⑯ 참조)

2. I ran as **quickly / quick** as I could.　(형용사/부사가 모두 동사를 수식함. / 354쪽 **D** ⑲ 참조)

3. My wife buys her clothes **cheap / cheaply**.
   (형용사/부사가 동사수식. / 347쪽 **D**의 (1) 참조)

4. She spoke **clear / clearly**.
   (형용사/부사가 동사수식 / 348쪽 **D**의 (3) h, i번 참조)

5. I **clean forget** to ask him about it.
   (clean은 '완전히' 라는 의미로 동사를 수식하는 부사. / 347쪽 **D**의 (2) 참조)

6. The prisoners **get clean away**.
   (clean은 '감쪽같이' 라는 의미로 동사수식. / 345쪽 **D**의 (2) 참조)

7. We are **packed tight** in the bus.
   (tight는 과거분사 앞 이외는 부사로 사용됨. / 359쪽 **D**의 (29)의 e번 참조)

8. The goods **were tightly packed** in the boxes.
   (과거분사 앞에서는 '--ly 형' 부사가 쓰인다. / 357쪽 **D**의 (29)의 f번 참조)

9. I **got / understood** his instruction **wrong**.
   (나는 그의 지시를 잘못 이해했다 / wrong은 부사로 쓰임. / 360쪽 **D**의 (31) 참조)

10. **Hold** it **tight**. (그것을 꽉 잡아라 / tight는 부사로 쓰임. / 359쪽 **D**의 (29) 참조)

11. **Screw** the nuts **up tight**.
    (나사못을 꽉 죄어라. tight는 부사로 사용. / 357쪽 **D**의 (29) 참조)

12. He got **a highly paid** job.
    (과거분사 앞에서는 '--ly 형' 부사를 씀. / 353쪽 **D**의 (14) 참조)

13. He **looked hard** at me.
    (그는 나를 뚫어지게 노려보았다. / 이 hard는 일반 부사임)

14. He **holds firmly to his belief** that he is right.
    ('--의 신념을 확고히 유지하다' 에서 '--ly 형' 부사는 동사 hold를 수식함. / 352쪽 **D** (12) 참조)

부사 just의 용법: (영국영어(BrE)에서는 현재완료 및 과거형에 쓰임)

1. 부사 **just**의 용법: (영국영어(BrE)에서는 현재완료 및 과거형에 쓰임)

   a. Where'<u>s</u> Eric?

     He'<u>s</u> **just** <u>gone</u> out.   (현재완료형) (BrE)

   b. John **just** <u>phoned.</u>   (BrE: 과거형에도 씀)

     His wife'<u>s had</u> a baby.   (BrE: 소식은 현재완료형으로 씀)

2. 미국영어 (AmE)에서는 just가 모든 경우에 과거형으로 쓰인다.

   a. Where's Eric? He **just** <u>went</u> out.   (과거)

   b. I **just** <u>had</u> a brilliant idea.

3. 부사 **just now**의 용법: BrE / AmE 동일하게 현재 및 과거형에 쓰임.

   a. She'<u>s</u> not in **just now**.   (현재형)

     Can I take a message?   (현재형)

   b. I saw John **just now**.   (과거형)

     He **wanted** to talk to you. (과거형)

UNIT 15 | 관사 (Articles: a / an / the)

A. 부정관사 a / an

(1) 부정관사 a / an은 원래 셀 수 있는 "하나"라는 의미를 갖고, 자음 앞에서는 'a', 모음 앞에서는 'an'으로 나타난다. an apple, an hour, an umbrella 등

  a. Bring me <u>a cup</u> of coffee, please.　　(커피 한 잔을 주세요)
  b. Rome was not built in <u>a day</u>.　　(로마는 하루에 이루지지 않았다)

(2) 어느 종류, 어느 유형을 언급할 때.

  a. She is <u>a doctor</u>.　　(그녀는 한 사람의 의사이다)
  b. I am <u>a student</u>.　　(나는 한 사람의 학생이다)
  c. He is <u>a farmer</u>.　　(그는 한 사람의 농부이다)

(3) per의 의미: '…마다'

  a. You must take this medicine twice <u>a day</u>.
    (너는 이 약을 하루에 두 번 먹어야 한다)
  b. An apple <u>a day</u> keeps the doctor away.
    (속담: 하루에 사과 하나를 먹으면 의사를 멀리할 수 있다)

(4) the same의 의미: '…와 동일한'

  a. Birds of <u>a feather</u> flock together.　(속담: 같은 깃털을 가진 새들은 함께 모인다)
  b. We were all of <u>a mind</u>.　　(우리는 모두 한 마음이었다)
  c. Two of <u>a trade</u> seldom agree.　　(같은 장사를 하는 두 사람은 화합이 안 된다)

(5) 고유명사가 일반 가산 명사로 변형된 예:
  a. He is <u>an Edison</u>.　　(그는 Edison 같은 사람이다)

b. He is **a Johnson**.   (그는 Johnson 가문의 한 사람이다)

c. They are **the** Johnsons.   (그들은 Johnsons 가문의 사람들이다)

d. I am reading **a** Dickens.   (나는 Dickens의 작품을 읽고 있다)

(6) 비-가산명사(물질 명사 / 추상명사) 앞에 부정관사 a/an이 나타나면, 셀 수 있는 보통 명사처럼 되어 개체, 구체성, 사건 등을 나타낸다.

a. There was **a fire** in the neighborhood last night.

(어제 밤에 이웃에 화재가 있었다)

b. There is always some reasons for **a rumor**.

(풍문에는 어떤 이유가 항상 있기 마련이다)

c. She has to write **a paper** on the protection of environment.

(그녀는 환경보호에 대한 논문을 하나 써야만 한다)

d. When she entered the classroom, there was **a short silence**.

(그녀가 교실에 들어갔을 때, 잠시 침묵이 있었다)

(7) **a / an은 일반적으로 무엇을 '묘사(describe)' 할 때, '수식' 할 때, 명사 앞에 놓인다.**

a. She's **a** nice person.   b. That was **a** lovely evening.

c. He's got **a** friendly face.   d. It's **an** extremely hot day.

특히 원래는 the sun, the moon, the earth, the world처럼 항상 정관사 the를 사용하는 단어들 조차도 **묘사/수식을 받을 때는 그 앞에 a/an을 쓴다.** 또 원래 식사명 앞, 요일/날짜 앞에는 어떤 부정 관사도 쓰지 않지만 '어떠하다고 묘사를 할 때'는 부정관사 a/an을 쓴다. 다음 예를 보자.

a. We were watching **a wonderful, bright, round sun** that was rising on the horizon early in the morning.

(이른 아침에 지평선 위를 떠오르는 멋있는 밝고 둥근 해를 바라보고 있었다)

b. We are living on **a beautiful, colorful, round world** which can only be seen from satellites.

(우리는 인공위성에서만 볼 수 있는 아름답고, 화려한, 둥근 지구 위에 살고 있다)

c. We enjoyed **a very delicious dinner** when we were invited at her home.

(우리들은 그녀의 집에 초대받았을 때, 대단히 맛있는 저녁을 즐겼다)

d. It was on <u>a warm, sunny Monday</u> morning that we met for the first time.
(우리가 처음 만났던 것은 어느 따뜻한 월요일 아침이었다)

Ⓐ ┃ **관용적 표현**

a. at a loss 당황하여
b. at a glance 한눈에/일견하여
c. all of a sudden 갑자기
d. as a result 결과적으로
e. as a whole 전체적으로
f. for a change 기분전환으로
g. in a word 한마디로

h. keep an eye on …을 감시하다
I. take a fancy to …을 좋아하다
j. to a man 만장일치로
k. to a certainty 틀림없이
l. with a view to …을 예상하여
m. in a twinkling 순식간에/눈 깜짝할 사이에

Ⓑ 일정한 수나 양의 표현 앞에 a/an

a. a bit of 약간의
b. a couple 둘의 / 한 쌍의
c. a dozen 12개
d. a little (물질/추상명사) 조금은 …있다

e. a good many 많은
f. a lot of 많은
g. a few (가산명사) 조금은 …있다

B. 정관사 the

(1) 앞에 나온 명사를 다시 가리킬 때 쓴다.

1. a. She's got two children: <u>a boy</u> and <u>a girl</u>.
   b. <u>The boy</u> is fourteen and <u>the girls</u> is eight.

2. 다음 예 a와 같은 경우에 수식을 받는 명사구는 the를 갖게 되고, b의 예는 다른 것과 비교해서, 예컨대 the yellow one과 비교해서, the green one을 선택할 때, 쓰인다.

a. Who are <u>the girls over there with John</u>?
   (John과 함께 있는 저기 저 소녀들은 누구냐?)

b. I like <u>the green one</u>.
   (나는 녹색의 것을 좋아한다)

(2) the = 'the only one around' 유일한 것에 the를 붙인다.

the sun, the moon, the earth, the world, the universe, the future, the government, 등

I haven't seen **the sun** for days.	(나는 며칠 동안 해를 보지 못했다)
Did you trust **the government?**	(너는 정부를 믿었는가?)
People used to think **the earth** was flat.	(옛날 사람들은 지구가 평탄하다고 믿었다)

(3) 최상급(superlatives)과 서수 first, 또는 next, last, same, only 에는 정관사 the를 쓴다.

a. I am **the oldest** in my family.
   Can I have **the next** pancake?
   We went to **the same** school.

위와 같이 최상급과 서수 및 몇 가지 단어에 정관사 the를 쓰는 경우 외에, 앞 12장 비교와 대조의 ⑥ 의 (6)과 같이, **비교급에서도 정관사 the를 쓴다.**

b. I like Betty and Mary, but I think Betty is **the nicer (nicest) of the two.**
   I will give you **the bigger (biggest) steak**: I am not hungry.
   You'll sleep **the sounder (=more soundly)** after a day in the fresh air.

(4) '잘 알려진(the well-known)' 의 의미를 가질 때도 쓴다.

a. She married <u>Richard Burton, the actor</u>.
   (그녀는 배우인 Richard Burton과 결혼했다)

b. I'd like you to meet <u>Cathy Parker, the novelist</u>.
   (나는 네가 소설가인 Cathy Parker를 만나기를 바란다)

(5) 상대방이 알고 있다고 생각되는 것에는 정관사 the를 사용한다.
a. I've been to <u>the doctor</u>.
b. Could you pass me <u>the salt</u>?
c. Please closed <u>the window</u>.

(6) 대양, 산맥, 군도, 강, 사막, 운하, 복수명사형 국가, 호텔, 극장, 신문, 잡지명, 선박 이름 앞에서 정관사 the를 사용한다.

The Pacific   태평양   The Grand Hotel   그랜드 호텔

The Himalayas 히말라야 산맥   The Playhouse 플레이 하우스 극장

The West Indies   서인도 제도   The British Museum   대영 박물관

The Rhine   라인 강   The Times   타임즈 잡지

The Sahara 사하라 사막   The Suez Canal   수에즈 운하

The Titanic 타이타닉 선박   The Netherlands   네덜란드

(6) **관용적 표현에 나타나는 정관사 the**

a. in the end	마침내 / 결국은	e. to the point	적절한 / 요령 있는
b. in the wrong	부정으로 / 잘못된	f. in the way	방해가 되어
c. on the whole	대체로 / 전체적으로	g. on the way	도중에 / …길에
d. in the main	대개 / 주로	h. to the skin	피부까지 / 완전히

𝒞. 관사의 위치

일반적으로 관사를 사용할 때는 '관사 + 부사 / 형용사 + 명사'의 순서로 되지만 다음과 같은 경우에는 좀 다르다.

(1) 'all [both / half / double] + the + 명사'

    a. We cannot fool <u>all the people</u> <u>all the time</u>.

      (우리는 항상 모든 사람들에 장난칠 수 없다)

    b. She paid <u>double the price</u> by mistake.

      (그녀는 실수로 정가의 두 배를 지불했다)

(2) 'so [as / too / how] + 형용사 a/an + 명사'

    a. She is not <u>so quick a learner as</u> her sister.

    b. <u>How beautiful a flower</u> this is!

    c. This is <u>too difficult a book</u> for me to read.

    d. We had <u>so good a</u> time. = We had a very good time.

    e. Jack is <u>as clever a boy</u> as Tom (is).

(3) 'such [what +a/an +형용사 + 명사]'

    a. They are having <u>such a wonderful time</u>.

    b. <u>What a</u> beautiful flower this is!

(4) 부사 quite나 rather는 관사의 앞/뒤 어느 곳에 와도 상관이 없다.

    a. Mrs. Kim is **quite a good** cook.

    b. You can't do the work in **such a** short time.

    c. She is **quite a rich woman**.

    d. She is **a quite rich woman**.

    e. I would **rather** have **the smaller one than** the larger one.

    f. I would have **the smaller one rather than** the larger one.

(5) 대표 단수의 표현에는 부정관사 / 복수 / 정관사 등이 다 같이 쓰일 수 있다.

    a. A dog is a faithful animal.

      A baby deer can stand as soon as its born.

        (애기 사슴은 태어나자마자 설 수 있다)

      A child needs plenty of love.

        (어린이는 많은 사랑을 필요로 한다)

    b. Dogs are faithful animals.

    c. The tiger is in the danger of becoming extinct.

      (호랑이는 멸종의 위기에 있다: (호랑이 계열 전체 가족 / 인구))

기본 예문 1

1. 커피 한잔 주시겠습니까?

_____

2. 너는 이 약을 하루에 두 번 먹어야 한다.

_____

3. 그는 그의 학급에서 과학수업에 깊은 관심을 가진, Edison 같은 사람이다.

_____

4. 우리가 처음 만났던 날은 따뜻하고, 햇빛이 나는 일요일 아침이었다.

_____

5. 우리는 이른 아침에 수평선 위를 떠오르는 멋있는, 둥근, 해를 바라보고 있었다.

_____

6. 우리는 인공위성에서만 볼 수 있는 아름답고, 화려한, 둥근 세계에 살고 있습니다.

_____

7. 우리가 그녀의 집에 초대되었을 때, 맛있는 저녁식사를 즐겼습니다.

_____

8. 어제 밤에 이웃에 큰 화재가 있었다.

_____

9. 그녀가 교실에 들어갔을 때, 잠시 짧은 침묵이 있었다.

_____

10. 나는 배가 고프지 않다. 내가 너에게 더 큰 스테이크를 주겠다.

_____

11. 나는 Betty와 Diana를 좋아합니다. 그러나 나는 두 사람 중에서, Betty가 더 멋있다고 생각합니다.

_____

12. 개는 개의 주인에게 충실한 동물이다.

_____

13. 이 꽃은 얼마나 아름다운 꽃인가!

_____

14. 이 책은 내가 읽기에 너무 어렵다.

_____

15. 우리는 아주 잘 놀았습니다.

_____

16. 서두르지 말아요. 우리는 충분한 시간이 있습니다.

_____

기본 예문 1의 영작

1. a. Can I have a cup of coffee?
   b. Could I have a cup of coffee?
   c. May I have a cup of coffee?

2. a. You have to take this medicine twice <u>a day</u>.
   b. You must take this medicine twice a day.

3. He is an Edison who is deeply interested in science class in his class.

4. It is (on) a warm, sunny Sunday morning that we met for the first time.

5. We were watching a wonderful, bright, round sun that was rising on the horizon.

6. We are living on a beautiful, colorful, round world that can only be seen from satellites.

7. We enjoyed a very delicious dinner, when we were invited at her home.

8. There was **a big fire** in the neighborhood last night.

9. When she entered the classroom, there was **a short silence**.

10. I am not hungry. I will give you **the bigger stake**.

11. I like both Betty and Diana, but I think Betty is **the nicer** of the two.

12. a. Dogs are faithful animal to their masters.
    b. A dog is faithful animal to its master.

13. a. What a beautiful flower this is!
    b. How beautiful a flower this is!

14. This book is too difficult for me to read.

15. a. We've had **a very good time**.
    b. We've had so good **a time**.

16. Don't hurry. We have plenty of **time**.

1. 로마는 하루에 건설되지 않았다.

   _____

2. 하루에 사과 하나를 먹으면 의사를 멀리할 수 있다. (속담)

   _____

3. 같은 깃털을 가진 새들은 함께 모인다. (속담)

   _____

4. 그녀는 환경보호에 대한 논문을 하나 써야만 한다.

   _____

5. 풍문은 항상 어떤 이유가 있기 마련이다.

   _____

6. 나는 우리 남자 / 여자 형제들 중에서 가장 나이가 많다.

   _____

7. 우리는 어렸을 때, 같은 학교에 다녔다.

   _____

8. 이 근처에 어떤 우체국이 있니? 우체국은 바로 역 앞에 있다.

   _____

9. 그들은 날씨에 대해서 많이 이야기하고 있다.

   _____

10. 이것은 대단히 좋은 포도주이다.

    _____

11. 나는 산을 좋아하는데, 우리 부인은 해변을 좋아한다.

    _____

12. 나는 큰 것보다는 오히려 작은 것을 갖고 싶다.

    _____

13. 그 사업은 결국 실패로 끝났다.

    _____

14. 그녀는 아주 부유한 여성이다.

    _____

15. 너는 그 일을 그렇게 짧은 시간에 할 수 없다.

    _____

16. 그는 나의 등을 가볍게 두드렸다.

_____

17. 그는 나의 손을 잡았다.

_____

18. 그는 그의 등이 아프다.

_____

19. 학교당국은 그를 도서관장으로 임명했다.

_____

20. 그는 2000년에 대통령으로 당선되었다.

_____

기본 예문 2의 영작

1. Rome was not built **in a day**.

2. An apple **a day** keeps **the doctor** away.
   = If you eat an apple a day, you don't have to go to **the doctor**.

3. Birds of **a feather** flock together.
   = The birds that have **the same feather** flock together.

4. She has to write **a paper** / **an article** on the protection of environment.

5. There is always some reasons in **a rumor**.

6. I'm **the eldest** among my brothers and sisters in my family.

7. We went to the same school, when we were young.

8. Is there **a post office** near here? **The post office** is in front of the station.

9. They are talking about the weather a lot.

10. This is **a very good wine**.

11. I like **the mountains**, but my wife likes **the seasides**.

12. I would rather have **the smaller one** rather than larger one.

13. That business has turned out to be a failure **in the end**.

14. She is **quite a** rich woman.
    = She is **quite rich** a woman.

15. You can't do the work in **such a short time**.

16. He patted me **on the back**.

17. He took me **by the hand**.

18. He has **a pain on the back**.

19. The school authorities appointed him **Head of Librarians**.

20. He was elected **President** in 2000.

16 명사 (Nouns)

A. 명사의 유형

명사를 크게 두가지로 구분하면, 셀 수 있는 명사인 가산명사와 셀 수 없는 명사인 비-가산명사로 분류된다. 동시에 셀 수 있는 명사는 앞에 **관사**와 뒤에 **복수형**을 표시할 수 있다.

a. 가산명사(Countable noun)　　　C ➡ 보통명사 / 집합명사
b. 비-가산명사(Uncountable noun)　U ➡ 물질명사 / 추상명사 / 고유명사

(1) 보통명사: 보통명사는 가산명사로서 앞에 관사를 붙일 수 있고, 또 단수 / 복수로 나타낼 수 있다.
a boy, two pencils, a table, flowers, a city, cities 등

a. There is <u>an apple</u> on <u>the table</u>.
b. There are three <u>apples</u> on <u>the table</u>.
c. <u>A boy</u> has <u>a book bag</u> on his back.

(2) 집합명사: 집합명사는 하나의 집합체로 간주할 때는 단수로 인정되고, 그 구성원 하나하나를 언급할 때는 복수로 인정된다. 이런 경우에 **군집명사**라고도 한다.

audience, class, family, team, government, committee, staff, the police, mail 등

a. He <u>has a large family</u>.　　　　　　　　　　　집합체 (단수)
　(우리는 대가족을 갖고 있습니다)
b. <u>My family have</u> decided to go on a picnic.　　구성원 (복수)
　(우리 기족들은 소풍을 가기로 결정했습니다)
c. <u>The team are</u> full of enthusiasm.　　　　　　구성원 (복수)
　(그 팀 구성원들은 열성으로 가득 차있습니다)
d. <u>The team which was</u> full of enthusiasm won the game.　집합체 (단수)
　(열성으로 가득했던 그 팀은 경기에서 이겼습니다)
e. <u>The police are</u> on his track.　　　　　　　　집합체 (복수)
　(경찰들은 그를 추적하고 있습니다)

f. _A policeman / A policewoman is_ following us.　　구성원 (단수)

(남자경찰이/여자경찰이 우리를 따라오고 있습니다)

g. _Is_ there _mail_ this morning?　　집합체 (단수)

(오늘 아침에 우편물이 있습니까?)

(3) 물질명사: 비-가산명사 중에서, 물질명사 tea, water, chalk, sugar, cheese, coffee, fire 등은 다음과 같이 단수/복수를 표시한다.

a cup of tea, a piece of chalk, a slice of bread, a bar of soap 등

a. I need **some cheese**.　　물질명사

b. Give me **a piece of** cheese.　　치즈 한 조각

c. We need **two cups of** coffee.　　커피 두 잔

d. There was **a big fire** in the neighborhood.　　큰 불

(4) 추상명사: 비-가산명사 중에서, 추상명사는 특별한 경우를 제외하고는 관사를 갖지 않는다. 그러나 추상명사가 보통명사로 변형될 때에는 관사를 갖는다. 아래 예문 중 f를 보라.

추상명사: art, life, news, hope, kindness, beauty 등이 이 유형에 속한다.

a. **Art** is long, **life** is short.　　(추상명사)

b. **No news is** good news.　　(추상명사)

c. **The news** that he had been injured **was** a shock to us all.　　(추상명사)

(그가 부상당했다는 그 소식은 우리 모두를 충격을 받게 했다)

d. She is **kindness itself**. (그녀는 친절 그 자체이다)　　(추상명사)

e. **Beauty** is only skin deep. (미는 피상적인 것일 뿐이다)　　(추상명사)

f. **The pen** is mightier than **the sword**.　　(보통명사로 변형)

(문은 무보다 강하다)

(5) 고유명사: 장소, 사람, 등 기타 특정한 사물에 주어진 명칭을 고유명사라고 한다. 고유명사는 첫 글자를 대문자로 써서 고유명사임을 나타낸다. 고유명사는 원칙적으로 관사를 사용하지 않고, 또 복수형도 나타낼 수 없다. 그렇지만 고유명사에도 정관사를 쓰는 경우가 많이 있는데, 앞의 373쪽, 제15장 관사 **B**의 (6)을 참조. 그러나 일반적으로는 사용하지 않는다.

　　Seoul is the capital of _Korea_.

그러나 고유명사가 보통명사로 쓰일 때에는 **부정관사**나 **수사**가 붙고, 또 복수형으로 나타나기도

한다.

  a. I wish to become **a** <u>Newton</u>. 뉴턴 같은 사람
  b. There are <u>three</u> <u>Kims</u> in our class. 세 사람의 김씨

그런데 정관사 the가 나타나는 예외적인 경우는 많이 나타난다. 국제적 공식표기에서는 우리나라의 명칭도 정관사를 사용하는 명칭을 갖는다. 정관사 the는 republic, state, union과 같은 어휘를 갖는 경우에 사용되고, 또 섬, 군도를 표현할 때도 정관사 the를 사용한다. 예컨대, 필리핀은 섬으로 이루어진 나라이기 때문에 우선 군도(섬) 앞에 정관사 the를 부여하고, 또 republic이라는 어휘 때문에 또 정관사를 사용하여, "The Republic of the Philippines." 라 표기한다.

유럽의 네덜란드도 그 나라의 공식 명칭이 'The Netherlands.' 로 되고, 특히 이 나라의 수도는 정관사 the를 붙여, 'The Hague.' 라 한다. (이 해설은 Michael Swan(2005: 65)에서 인용한 것임을 밝혀둔다). 고유명사인 수도의 이름 앞에 정관사 the를 사용하는 경우는 이 The Hague 뿐이다.

Korea: South Korea: The Republic of Korea. (남한)
      North Korea: The Democratic People's Republic of Korea. (북한)

The Philippines Islands: 필리핀군도. The Republic of the Philippines(필리핀). The United States(미국). The United Kingdom(영국). The People's Republic of China(중국) 등으로 표현된다. 이와 같이 고유명사 앞에 정관사 the를 사용하는 예들은 이 책 374쪽, 제15장 관사 **B**의 (6)을 참조.

B. 주의해야 할 명사의 용법

(1) 물질명사의 뜻이 변해서, 그 물질의 **종류, 제품** 등을 나타내는 경우에는 보통명사로 변하여 부정관사가 앞에 나타난다. 이 표현은 **묘사(description)**의 한 방법이다. 구체적인 예는 이 책 371쪽, 제15장 관사 **A**의 (6), (7)을 참조.

  a. This is **a very good** wine.   (형용사 good 때문에 a가 필요하다)
  b. It was **a very delicious** dinner.
    (식사명 앞에는 관사가 필요없지만 형용사가 나타나면 부정관사 a가 필요하다)
  c. It was <u>on a sunny</u> Sunday that we met for the first time.
    (형용사 sunny 때문에 a가 필요하다)

(2) 추상명사도 보통명사로 변형된다.

  a. He has done me **a kindness**.   (그는 내게 친절을 베풀었다: 구체적 행위)
  b. She was **a beauty** when she was young.   (그녀는 젊었을 때 미인이었다)
  c. He did **many kindnesses** over the years.   (그는 수년 동안 많은 친절을 베풀었다)
  d. Please do me **the kindness** to answer this letter quickly. (BrE)
    (이 편지를 빨리 답해주는 친절을 저에게 베풀어 주세요)

(3) 가산명사와 비-가산명사의 구별

이 문제는 참으로 어려운 문제이다. 우리는 영어를 많이 읽고 많은 문장을 읽어보면서 판단하는 것이 좋다고 본다. 원어민들조차도 그 이유를 설명하기 어려운 점이 있기 때문이다. 다음 예를 보자. 우선 쉬운 것부터 보자.

a cat, a newspaper, three chairs, two newspapers 에서는 앞에 나타난 관사와 뒤에 붙은 복수 표시로 가산명사임을 확인할 수 있다. 그러나 비-가산명사인, 집합명사, 물질명사, 추상명사는 단수 / 복수의 경계를 구분하기가 어려운 것들이 많이 있다. 보통 house는 가산명사, sand는 비-가산명사로 구분된다.

그러나 "여행"이라는 의미를 가진 **a journey**는 가산명사이고, **travel**은 비-가산명사이다. glass (유리: 물질명사)는 비-가산명사이고, 컵을 의미하는 glass는 가산명사이다. vegetables는 가산명사이고, fruit는 비-가산명사이다. 어떤 기준으로 이렇게 결정되는가에 대해서는 명확한 답이 없다. 원어민들조차도 논리적으로 설명하지 못한다. 그렇게 사용하니까 따라갈 수밖에 없다. 아래의 예를 보자.

(4) 비-가산 명사	가산명사
accommodation (BrE) accommodations (AmE) (숙박시설)	a place to live
baggage / luggage (수화물)	a piece of / an item of baggage.
bread (빵)	a piece of / loaf of
chess (서양 장기)	a game of chess
chewing gum (껌)	a piece of chewing gum
equipment (장비 /비품)	a piece of equipment; a tool, etc
furniture (가구)	a piece / article of furniture; a table, a chair, etc
information (정보)	a piece of information

knowledge (지식)	a fact
*lightning (번개)	a flash of lightning
luck (행운)	a piece / bit / stroke of luck
luggage (수화물) (BrE)	a piece / an item of luggage; a case, a trunk, a bag, etc.
money (돈)	a note; a coin; a sum
news (소식)	a piece of news
poetry (시=추상명사)	a poem
progress (진전)	a step forward; an advance
publicity (광고)	an advertisement
research (연구)	a piece of research; an experiment
rubbish (쓰레기)	a piece of rubbish
slang (속어)	a slang word / expression
*thunder (천둥)	a clap of thunder
vocabulary (어휘)	a word / expression
work (일)	a job; a piece of work

C. '추상 / 물질 / 집합 명사' 가 가산명사로 변하는 예

(1) 물질명사: glass / paper

a. I'd like **some typing paper**.
b. I'm going to buy **a paper**. (a newspaper)

a. The window of this car is specially made of unbreakable **glass**.
b. Would you like **a glass of milk**?

(2) 특히 '액체 또는 가루로 된 물질명사' 는 다른 종류와 비교해서 이야기할 때에는 '가산명사' 로 변할 수 있다.

a. Not all washing **powders** are kind to your hands.
   (모든 세제들이 다 여러분의 손에 좋은 것은 아니다)

b. We have a selection of fine **wines** at very good price.
   (우리는 아주 좋은 가격에 좋은 포도주들을 선택할 수 있다)

(3) fruit, rice, wheat, spaghetti, hair는 집합체로의 단수로 나타나고, vegetables, peas, grapes, oats는 집합명사의 개별 요소로, 복수형으로 나타낸다.

이런 유형의 과일, 곡물류, 채소류, 음식명 중, 어떤 이름은 '비-가산명사의 단수로 나타나고' 반면, 다른 것들은 '복수-가산명사'로 나타나는데, 그 분류의 기준은 없다.

Ⓐ 비-가산명사

　　fruit, rice, spaghetti, macaroni(이태리식 국수), sugar, salt, corn, wheat(밀), barley(보리), rye(호밀), maize(=corn) (BrE) 등

Ⓑ 가산명사

　　vegetables, beans(콩), peas / pease(완두콩), grapes(포도), oats(귀리), lentils(편두) 등

　　a. <u>Fruit is</u> very expensive, but <u>vegetables are</u> cheap.
　　b. <u>Wheat is</u> used to make bread, but <u>oats are</u> used to make porridge.
　　　　(밀은 빵을 만드는 데 사용된다, 그러나 귀리는 죽을 만드는 데 사용된다)
　　c. <u>Is the spaghetti</u> ready?
　　d. <u>These grapes are</u> sour.
　　e. <u>His hair is</u> black.

　　그러나 한 / 두 가닥의 머리카락은 가산명사인 단수 / 복수로 표현한다.

　　f. So why has he got <u>two blonde hairs</u> on his jacket?

(4) 추상명사

time (일반적인 시간 = <u>비-가산</u>)	(몇 번 = <u>가산</u>),
life (일반적인 인생 = <u>비-가산</u>)	(어렵고 힘든 삶, 인생 = <u>가산</u>),
experience (일반적인 경험 = <u>비-가산</u>)	(특별한 경험 = <u>가산</u>)

많은 추상명사는 종종 '일반적인 의미'와 '특별한 의미'에 따라 '비-가산명사' 또는 '가산명사'로 변형된다. 특히 어떤 추상명사를 '묘사(describe)'할 때, '수식'할 때는 부정관사 a/an을 붙여서, 단수로 표현하고, 또 복수형으로도 변형시킬 수 있다. 이 묘사의 문제는 371쪽, 제15장 Ａ의 (7)에서도 이미 논의되었다. 다음 예에서 a는 일반적인 것이고, b는 수식을 받는 예들이다.

　a. Don't hurry, --there is plenty of <u>time</u>. 　　(일반적인 것)
　b. Have <u>a good time</u>! (잘 놀고 와!) 　　(수식을 받는 것)

a. <u>Life</u> is complicated. (일반적인 것)

  (인생은 복잡하다)

b. He's had <u>**a really difficult life**</u>. (특별히/대단히 어려운 인생) (수식을 받은 것)

  (그는 정말 어려운 삶을 겪어왔다)

a. She hasn't got <u>**enough experience**</u> for the job. (일반적인 것)

b. I had <u>**some strange experiences**</u> last week. (수식을 받은 것)

  (나는 지난주에 좀 이상한 경험(들)을 했다)

a. It's hard to <u>**feel pity**</u> for people like that. (일반적인 것)

  (그와 같은 사람들에게는 딱한 느낌을 거의 느끼지 못했다)

b. It's <u>**a pity**</u> (that) it's raining. (수식을 받은 것)

  (비가 오고 있는 것은 딱한 일이다)

a. Your plan needs <u>**more thought**</u>. (일반적인 것)

  (너의 계획은 좀더 생각해보는 것이 필요하다)

b. I had <u>**some frightening thoughts**</u> in the night. (수식을 받은 것)

  (나는 밤에 좀 무서운 생각이 들었다)

a I need <u>**to practise conversation**</u>. (일반적인 것)

b. Jane and I had <u>**a very interesting conversation**</u>. (수식을 받은 것)

(5) Illness: 병명

병명은 영어에서 어미에 -s가 첨가된 것을 포함해서 단수 비-가산명사로 쓰인다.

a. If you had already <u>**measles**</u>, you can't get <u>it</u> again.

b. There is a lot of <u>**flu**</u> around at the moment.

좀 가벼운 병명은 보통 가산명사로 쓰인다.

a cold, a sore throat, a headache 등

그러나 toothache, earache, stomachache, backache 등은 영국영어에서는 복수로 사용되나, 미국영어에서는 단수로 사용된다.

I've got toothache. (BrE)

I've got a toothache. (AmE)

1. 우리는 대가족을 가지고 있습니다. 그래서 우리 가족들은 오는 토요일에 소풍을 가기로 서로 합의를 보았습니다.　　cf: families는 '가족들'이 아니라, '세대'를 의미한다.

_____

2. 우리 부서 직원들은 모두 15명으로 구성되어 있습니다. 그러나 오늘 두 명의 직원들은 독감으로 결근했습니다.　cf: 'two staffs'라 하지 않는다.

_____

3. 물 / 우유 한 잔 주시겠습니까?

_____

4. 우리는 세 잔의 커피가 필요합니다.

_____

5. 예술은 길고, 인생은 짧다. (관용어구): art / life는 추상명사.

_____

6. 그는 정말 어려운 삶을 겪었다. (a really difficult life는 보통명사로 변형 됨)

_____

7. 문은 무보다 강하다. (관용어구): the pen / the sword는 보통명사로 변형된 것.

_____

8. 그녀는 그 일에 충분한 경험을 갖고 있지 않다. (experience: 추상명사)

_____

9. 나는 지난주에 좀 이상한 경험을 했다.
   cf: some strange experiences 는 보통명사로 변형된 것임,

_____

10. 우리는 매일 영어회화를 연습할 필요가 있습니다. (conversation은 추상명사)

_____

1. We have a large family, and so, we agreed among ourselves to go on a picnic on a coming Saturday.

2. <u>The staff</u> of our section **consit of** 15 members, but two members of them are absent from the office today because of flu. ('consit of' 는 수동형으로 변형될 수 없는 '완전자동사' 임)

3. Can I have a glass of water / milk?

4. We need <u>three cups</u> of coffee.

5. Art is long, life is short.

6. He has had <u>a really difficult **life**</u>.
   (수식을 받은 경우 보통명사로 변형됨)

7. <u>The pen</u> is mightier than <u>the sword</u>.

8. She doesn't have enough <u>experience</u> for the job.

9. I had <u>some strange **experiences**</u> last week.
   (수식을 받은 경우 보통명사로 변형됨)

10. We need to practice English <u>conversation</u> every day.
   (추상명사) 다음 기본예문 2의 1번과 비교해 보자.

기본 예문 2

1. Diana와 나는 대단히 재미있고, 유익한 대화를 나누었다.
   (a very interesting and useful conversation 은 보통명사로 변형된 것임)

2. 우리는 이미 홍역을 했다면, 다시는 홍역을 하지 않는다.
   (measles는 단수명사)

3. 지금 이 순간에도, 독감은 주변으로 돌아다니고 있다.
   (flu도 단수명사)

4. 너 요사이 감기 걸린 적이 있니?

   (a cold도 단수 명사)

   _____

5. 아니야. 금년에는 감기에 걸린 적이 없다.

   _____

6. 만일 당신이 연필을 다스로 산다면, 특별 할인을 받을 수 있습니다.

   _____

7. 갑작스러운 병 때문에, 나는 파티에 참석할 수가 없었다.

   _____

8. 뱀을 보기만 해도, 그녀는 기절을 한다.

   _____

9. 이 노래를 들을 때마다, 나는 시골에 있는 고향 마을이 생각난다.

   _____

10. 그는 친절하게도, 내가 가고자 하는 곳까지, 나를 직접 데려다 주었다.

    _____

11. 문(文)은 무(武)보다 강하다.

    _____

12. 그녀는 젊었을 때, 미인이었다.

    _____

13. 그 두 팀은 마지막 회전까지, 막상막하였다.

    _____

14. 그는 70대 노년기 정말 어려운 삶을 살았다.

    _____

기본 예문 2의 영작

1. Diana and I had **a very interesting and useful conversation**.
   (수식을 받은 경우 보통명사로 변형됨)

2. If we already had **measles**, we can't get **it** again.

3. There **is** a lot of **flu** around at the moment.

4. Have you ever get **a cold** this year?

5. No. I haven't got **a cold** so far this year.

6. If you buy pencils by **the** dozen, **a special discount** will be made. / will ge given to you.

7. **A sudden illness** prevents me from taking part in the party.

8. **The mere sight of snakes** makes her faint.

9. a. Whenever I hear this song, **it** reminds me of home village in the country.
   b. I think of my home village in the country, when I hear this song.

10. He had **the kindness** to take me personally to the place where I wanted to go.

11. **The pen** is mightier than **the sword**.

12. She was **a beauty**, when (she) was young.

13. **The two teams were neck and neck** until the last inning.

14. He had **a really difficult life**, late in his 70s.
    (수식을 받은 명사는 보통명사로 변형됨)

17 | 대명사 (Pronouns)

대명사에는 일반적으로, 인칭대명사, 재귀대명사, 의문대명사, 지시대명사 그리고 부정대명사로 나뉜다. 먼저 인칭대명사부터 보기로 하자.

𝐴. 인칭대명사

인칭대명사와 격변화

인칭	단수				복수			
	주격	소유격	목적격	소유 대명사	주격	소유격	목적격	소유 대명사
1	I	my	me	mine	we	our	us	ours
2	you	your	you	yours	you	your	you	yours
3	he	his	him	his				
	she	her	her	hers	they	their	them	theirs
	it	its	it	---				

(1) 다음 a~f의 예문을 통해서, 인칭대명사의 예들을 참고로 하자.

위의 도표에서 me, him, her, us 그리고 them은 목적어로 사용될 뿐만 아니라, be 동사의 보어로도 사용된다. 짧은 비공식적인 표현에서는 다음과 같은 표현이 쓰인다.

    a. Who said that?   (누가 그렇게 말했니?)
       (It was) her.   (그것은 그녀였어요)

b. Who's there?　　　(거기 누구요?)
　　Me.　　　　　　　(저요)

좀더 형식을 갖춘 표현에서는

c. Who said that?　　(누가 그렇게 말했니?)
　　She did.　　　　　(그녀가 말했어요)

그런데 be 동사의 보어로서

d. It is I. / It was he.라고 할 수는 있으나, 이 두 표현은 지나치게 문법적이라 할 수 있다.

보통 사용하는 표현은

e. It is me. / It was him.으로 주격보어는 모두 목적격으로 표현된다.

그리고 and로 묶여진 주어를 사용할 때, 1인칭의 경우 주격대명사 'I' 대신에 그것의 목적격 대명사 'me'를 사용하는 것이 보통이다.

f. <u>John and me</u> are going shopping this weekend.

그리고 we, you, they 등은 막연한 일반 사람을 가리킬 때 쓴다.

g. <u>We</u> have a lot of rain in summer.　　　(여름에 비가 많이 옵니다)
h. <u>You</u> should respect your parents.　　　(여러분들은 부모를 존경해야 합니다)
i. <u>They</u> say it's going to snow tomorrow.　(내일 눈이 올 것이라고들 합니다)

(2) 소유대명사의 용법

a. John is a friend of mine.　　　(John은 나의 친구 중의 한 사람이다)
b. This bike is John's.　　　　　(이 자전거는 John의 것이다)
c. This bag is hers.　　　　　　(이 가방은 그녀의 것이다)
d. Is this bag yours or his?　　　(이 가방은 너의 것이냐 그의 것이냐?)

B. 재귀대명사

재귀대명사를 도표로 나타내면 다음과 같다.

	1인칭		2인칭		3인칭	
단수	I	myself	you	yourself	he she it	himself herself itself
복수	we	ourselves	you	yourselves	they	themselves

재귀대명사의 용법

(1) 주어의 동작이 주어 자신에게 돌아가는 경우를 말하며, **동사 또는 전치사의 목적어가 된다.**

    a. He killed <u>himself</u>.   (그는 자살했다)

    b. She looked at <u>herself</u> in the mirror.   (그녀는 거울에서 자신을 쳐다보았다)

    c. I <u>cut myself</u> shaving this morning.   (나는 아침에 면도하다 베였다)

    d. We got out of the water and <u>dried ourselves</u>.

       (우리는 물에서 나와 몸을 말렸다)

    e. I'm going to the shops to <u>get myself</u> some tennis shoes.

       (나는 테니스화를 사기 위해 상점으로 가려 한다)

    f. <u>Talking to oneself</u> is the first sign of madness.

       (혼자 중얼거리는 것은 미치게 되는 첫번째 증상이다)

    ※ 재귀대명사는 **전치사의 목적어**로도 많이 사용된다.

    g. His letters are all <u>about</u> himself.

       (그의 편지는 모두 그 자신에 관한 것이다)

    h. I'm going to tell her a few fact <u>about</u> herself.

       (나는 그녀 자신에 대한 새로운 사실을 그녀에게 말하려 한다)

    i. I love you <u>for</u> yourself, not for your money.

       (나는 당신의 돈을 좋아하는 것이 아니라, 당신 자신을 사랑한다)

(2) 강조적인 용법

a. It's quicker if you do it <u>yourself</u>.
   (너 자신이 그것을 한다면 훨씬 빠르다)

b. The manager spoke to me <u>himself</u>.
   (지배인이 나에게 직접 말했다)

c. The house <u>itself</u> is nice, but the garden's very small.
   (집 자체는 좋으나, 정원은 아주 작다)

d. I'll go and see the President <u>himself</u> if I have to.
   (내가 대통령을 만나야 한다면, 내가 가서 대통령을 직접 만날 것이다)

※인칭대명사가 아닌, 일반대명사의 강조표현

e. She speaks Chinese and **that** very well.
   (그녀는 중국어를 하는데, 그것도 아주 잘 한다)

(3) 인칭대명사 대신에 사용되는 재귀대명사

a. These shoes are designed for heavy runners like <u>yourself</u>. / (like you).
   (이 신은 너와 같이 많이 뛰는 사람들을 위해서 만들어진 것이다)

b. Everybody was early except <u>myself</u>. / (except me).
   (모든 사람들은 나를 제외하고 일찍 서둘렀다)

c. There will be four of us at dinner: Robert, Alison, Jenny and <u>myself</u>. / (me).
   (저녁식사에는 우리 넷이 올 것이다: Robert, Alison, Jenny 그리고 나)

(4) 대표적인 관용적 용법

a. by oneself: 홀로 / 도움을 받지 않고

   1. I often like to spend time <u>by myself</u>.
      (나는 종종 나 홀로 시간을 보내고 싶다)

   2. Do you need help? No, thanks. I can do it <u>by myself</u>.
      (도움이 필요합니까? 아니요. 나 홀로 그것을 할 수 있습니다)

   3. She is old enough to dress <u>herself</u> now.
      (그녀는 이제 혼자 옷을 입을 만큼 나이가 들었다)

b. by itself: 저절로, 자동적으로. of itself도 '저절로, 자동적으로'의 의미로 사용되나, by itself가 더 많이 쓰인다.

   1. The machine works **by itself**. (그 기계는 자동적으로(저절로) 움직인다)

   2. The door opened **by itself**. / of itself. (문이 저절로 열렸다)

c. for himself: 그의 힘으로

   He has done the work **for himself**. (그는 자신의 힘으로 그 일을 해냈다)

d. in itself: 본래, 그 자체로

   Advertizing in modern times has become a business **in itself**.

   (현대의 광고는 그 자체로 하나의 사업이 되었다)

e. **between ourselves** (우리들끼리 얘긴데)

   Between ourselves, we don't like to meet him anymore.

   (우리들끼리 얘긴데, 우리는 그를 더는 만나고 싶지 않다)

f. 기타 관용적 표현

seat oneself: 앉다	excuse oneself: 변명하다
dress oneself: 옷을 입다	make oneself at home: 편안히 하다
help oneself to: …을 마음껏 먹다	kill oneself: 자살하다
beside oneself: 제정신이 아니다	accustom oneself to: …에 익숙하다
avail oneself of: …을 이용하다 / 을 활용하다	apply oneself to: …에 전념하다
behave oneself: 예의바르게 행동하다.	overwork oneself: 과로하다

C. 의문대명사

의문대명사에는 who, whose, whom, which, what 등이 있는데, 앞 12장에서 논의된 관계대명사에 관련되지 않는 것만 몇 가지 살펴보자.

(1) who, what, whose, whom, which

who는 주로 사람의 이름, 사람들과의 관계 등을 물을 때 사용되며, what은 직업이나 신분에 관한 사항을 나타낸다.

a. Who is he? He is John and he is my brother.

b. What does your father do? (너의 아버지는 무엇을 하니? = 직업이 무엇이니?)

   He is a businessman.

c. Whose bag is this?

d. It's mine.

e. Who(m) do you want to see?

f. Which size do you want?

g. What does she want to do?

h. Which of them does he like best?

(2) 간접의문문의 의문 대명사 / 의문부사

간접의문문의 의문 대명사(의문부사) 다음의 어순은 평서문의 어순과 동일하다.

a. Do you know <u>who he is</u>?

b. Do you know <u>what she wants</u>?

c. Do you remember <u>when the accident happened</u>?

d. Did you ask her <u>why she was absent from school yesterday</u>?

e. Do you know <u>how much she paid for the dress</u>?

(3) 그러나 상위 문에 think, believe, guess, suppose, imagine, wish, say와 같은 동사가 나타나면, 의문 대명사나 의문부사(구)가 문장의 앞으로 이동한다. Michael Swan(2005: 469) '486의 questions (7): that-clause' 를 참조하기 바람.

a. Who do you think the woman is? (O)　←　Do you think <u>who</u> the woman is?　(X)

b. What do you think she said about it? (O)　←　Do you think <u>what</u> she said about it?　(X)

c. Where do you imagine they have gone? (O)　←　Do you imagine <u>where</u> they have gone?　(X)

d. <u>How much</u> do you suppose he paid for the shirt? (O)　←　Do you suppose <u>how much</u> he paid for the shirt? (X)

e. When do you suppose she went there? (O)

         ↑   ← Do you suppose <u>when</u> she went there? (X)

D. 지시대명사

(1) 지시대명사 this와 that:

this와 these는 공간적으로, 시간적으로, 심리적으로 화자와 가까운 것을 의미하고, 반면에 that과 those는 공간적, 시간적, 심리적으로 화자와 거리가 떨어져 있는 것을 의미한다.

a. Who is <u>this</u>?   (이게 누구냐?)

b. Who is <u>that</u>?   (저게 누구냐?)

c. <u>This</u> is very nice. Can I have some more? (이것은 참 좋습니다. 제가 좀더 먹을 수 있나요?)

d. <u>That</u> smells nice. Is it from lunch?   (저 냄새가 좋습니다. 그건 점심 냄새지요?)

e. We went on a picnic <u>yesterday</u>. <u>That</u> was wonderful.

    (우리는 어제 소풍을 갔습니다. 그것은 참 좋았습니다)

f. However, we are going to the movie theater this evening. This will be more fun.

    (그러나, 우리는 오늘 저녁에 영화를 보러 갑니다. 이것은 더 멋있을 것 같습니다)

g. Hello. <u>This</u> is Elizabeth. Is <u>that</u> Ruth? (over the phone)

    (여보세요. 저는 Elizabeth입니다. 그 쪽은 Ruth이지요?)

(2) 시간 관계: 시간표현에서 this와 these는 현재 진행되고 있는 상황이나 사건 또는 막 시작하려고 하는 상황이나 사건을 표현하는 데 쓰인다. 그러나 that이나 those는 막 종료된 상황이나 사건을 표현한다. 다음 예를 보자.

a. I like <u>this</u> music. What is <u>it</u>?   (나는 이 음악이 좋아. 이것이 무슨 음악인데?)

b. Listen to <u>this</u>? You'll like <u>it</u>.   (NOT ~~Listen to that~~)

                                 (이것 한번 들어 봐. 너도 좋아할 거다)

c. Watch <u>this</u>. <u>This</u> is a police message.   (이것 봐. 이것은 경찰의 경고문이야)

d. <u>That</u> was nice. What was it? (NOT **This was nice**) (저것은 참 좋았다. 저게 무엇이었지?)

e. Did you see <u>that</u>? Who said <u>that</u>?   (너 저것 보았어? / 저것은 누가 말했지?)

(3) those who …: (…하는 사람들)

a. Heaven helps <u>those who</u> help themselves.   (속담: 하늘은 스스로 돕는 자를 돕는다)

b. Those who want to take a trip should sign up their names on the board, please.
   (여행을 가고자 하는 사람들은 게시판에 서명을 해주세요)

⑷ 다음 예의 this와 that의 형태는 대명사이지만 의미는 부사이다: 이렇게, 그렇게

a. I didn't realize it was going to be <u>this</u> hot.
   (나는 이렇게 더울 것이라는 것을 미처 생각하지 못했다)

b. If your boy-friend is <u>that</u> clever, why can't he solve this problem?
   (너의 남자 친구가 그렇게 영리하다면, 왜 이 문제를 풀지 못했니?)

⑸ as such, such as, such that: ① 형태는 대명사이나 의미는 'as such / such that'
   ('그와 같이'로 [부사]이다. 또는 ② '그와 같은'의 의미로 형용사도 된다)

a. He is a foreigner and must be treated <u>as</u> <u>such</u>.   부사
   (그는 외국인입니다. 그래서 그와 같이 대접해야 한다)

b. His behavior was <u>such</u> <u>that</u> everyone disliked him.
   (그의 행동이 그와 같았기 때문에, 모두가 그를 싫어했다)

c. Poets <u>such</u> <u>as</u> Keats and Shelley are rare.   형용사
   (Keats와 Shelley 같은 시인은 드물다)

d. 앞의 명사나 문장을 대신해서 such만을 쓸 수도 있다.
   He killed himself, but <u>such</u> was not his intention.
   (그는 자살했지만, 그것은 그의 의도가 아니었다)

E. 부정(不定)대명사

부정대명사는 무엇을 반대(否定)한다는 의미의 부정이 아니라, 무엇이 구체적으로 정해져 있지 않은
상태, 형태, 상황을 의미하는 것이다. 이 부정대명사에는 많은 유형의 대명사들이 있다.

⑴ some과 any의 차이점

some과 any는 '구체적으로 양이나 수가 정해지지 않은', 또 '중요하지 않은' 것을 언급하는 것이
고, some은 긍정/서술문에, any는 부정/의문/조건문에 사용된다. some이 권유의 의미를 지닐 때
에는 의문문에도 사용된다.

a. Do you have **any** questions?　　(어떤 질문이 있습니까?)

b. Yes, I have **some**. / No, I don't have **any**.

　　(네 좀 있습니다. / 아니요, 질문이 없습니다)

부탁, 권유의 긍정의 대답을 기대할 경우, some을 사용한다.

c. Would you like **some** more beer?

　　(맥주를 좀더하시지요?)

d. Could I have **some** coffee, please?

　　(커피 좀 주세요)

(2) any는 부정, 의문, 조건문에 사용

a. I don't want **any** of these books.

　　(나는 이 책들 중에서 어느 것도 원하지 않습니다)

b. We got there without **any** trouble.

　　(우리는 어떤 문제도 없이 거기에 도착했다)

c. Any child can do it. (긍정문의 any는 강조 / 양보의 뜻)

　　(어떤 아이라도 그것을 할 수 있다)

(3) somebody와 someone, anybody와 anyone, everybody와 everyone, nobody와 no one은 의미상으로 큰 차이는 없다. '-- one 유형'은 보통 문어체에 많이 쓰이고, '-- body 유형'은 회화체에 더 많이 쓰인다.

(4) one: 앞에서 언급된 명사와 같은 종류의 것(불특정 명사)을 나타낸다.

　　it: 앞에서 언급된 특정한 것, 바로 그것을 언급할 때 쓰인다.

a. Is there **a bank** near here?　Yes, there's **one** over there.

b. Did you buy **the fashion magazine**?　Yes, I bought **it**.

(5) 'every- / each-유형'은 항상 단수이다. 그러나 'some- 유형'은 단수인 경우도 있고, 또 복수의 경우도 있다. some은 권유의 경우에는 의문문에도 사용된다.

a. There's **somebody** outside **who wants** to talk to you.　　(단수)

b. There're **some people** outside **who want** to talk to you.　　(복수)

c. Would you like to have **some** coffee?　　(권유의 경우)

(6) anybody, somebody를 단수 대명사로 앞에서 언급하고서, 뒤에서는 이 대명사들을 복수 대명사 they, them, their로 이어 받는 예는 흔히 나타난다.

  a. If <u>anybody wants</u> a ticket for the concert, <u>they</u> can get it from my office.
  b. There <u>is somebody</u> at the door. Tell <u>them</u> I am busy.

(7) anyone, any one, anybody는 원래 단수 명사이고, another도 항상 단수 명사를 선택한다. 다음 예를 보자.

  a. <u>Does anyone</u> know where John lives?   (단수)
  b. You can borrow <u>any one book</u> at a time.   (단수)
  c. Give me <u>another piece</u> of cake.   (단수)

(8) 그러나 **any**는 앞에서 제시된 everyone, every one과는 좀 다른 차이점이 있다. 다음 예를 보자. any는 복수형을 선택할 수도 있다.

  a. <u>Everyone has</u> gone home. No one left.   (단수)
  b. There aren't <u>any cakes</u> left. They have eaten them all. (복수)

위에 제시된 기본이론을 참고로 하면서 다음 일반 대명사 유형을 보자.

  a. someone, somebody, something
  b. everybody, everyone, everything
  c. no one, nobody, nothing
  d. another, anyone, anybody, anything
  e. one (you), all, both, each, one--the other, some--others, each other, one another

(9) one (you): 일반화된 '사람'의 의미로 쓰인다.

  a. One (You) should knock the door before going into someone's room.
    (누구의 방에 들어가기 전에 우리는 문에 노크를 해야만 한다)
  b. One (You) can usually find people who speak English in Sweden.
    (Sweden에서는 우리가 영어로 말하는 사람들을 흔히 만날 수 있다)

(10) all은 사람을 의미할 때는 복수로 취급하고, 사물이나 상황을 나타낼 때는, 단수로 취급한다.
  a. All were happy.

b. All is ready.

c. All I want is money.

(11) all, both, every-, whole, entire, 등과 부정어 not가 결합하면, 부분부정을 나타낸다. 그런데 다음 a, b에서처럼 형태는 단수이지만, 의미는 복수의 의미를 나타낸다.

a. All that is glitters is not gold. (반짝이는 것이 모두 금은 아니다)

b. Not every man can be rich (모든 사람들이 다 부자일 수는 없다)

c. The rich are not always happy. (부자들이 다 행복한 것은 아니다)

d. The whole of her life <u>wasn't</u> happy. (그녀의 전체 인생이 모두 행복한 것은 아니었다)

all은 가산명사 / 비-가산명사 어느 쪽에도 사용된다. 그리고 소유격 of나 그 외의 한정사 앞에 나타난다.

e. <u>All wines</u> are not sweet.

f. Is <u>all (of) this money</u> yours?

g. Are <u>all (of) these books</u> yours?

h. <u>All (of) these students</u> passed the examination.

(12) both(둘 다), either(둘 중, 어느 한쪽), neither(둘 중, 어느 것도 … 아닌)

a. Both of these books are cheap.

b. Come on Tuesday or Thursday. <u>Either day is</u> OK.

c. She didn't get on with <u>either parent</u>. (그녀는 어느 쪽 부모님과도 잘 지내지 못했다) (NOT **either parents**)

그러나 'either of' 의 형태를 사용하면, 복수명사를 사용할 수 있다.

d. You can use <u>either of the bathrooms</u>.

e. I don't like <u>either of my math teachers</u>.

명사와 관련되지 않으면, either만 사용할 수 있다.
Would you like tea or coffee? I don't mind, either.

neither는 둘 중에서, 이것도 저것도 다 '아니다' 는 의미를 나타낼 때는, 단수명사와 함께 쓰인다.

f. Can you come on Monday or Tuesday?   I'm afraid <u>neither day is possible</u>.

그러나 neither of의 형태를 사용하면, 복수명사를 사용할 수 있다.

g. **Neither of my brothers** can sing.

h. **Neither of us** saw it happen.

그런데 neither of + noun/pronoun 다음에 공식적인 용어에서는 단수동사를 사용하나, 비-공식 영어에서는 복수동사도 쓰인다.

h. Neither of my sisters **is** married.   (formal style)

i. Neither of my sisters **are** married. (informal style)

그러나 명사와 관련이 없다면 neither만 쓴다.

j. Which do you want? Neither.

⑬ each와 every는 항상 단수명사이다.

a. **Each student has** a computer.

b. **Every girl wants** to have her own room.

그런데 each 다음에 **of + 복수명사의 형태**가 나타나도, 단수 동사를 갖는다. 다음 예를 보자.

c. Each **of the products** displayed at the fair has its advantages over the others.
    (그 박람회에 전시된 각 상품들은 다른 것에 비해서 장점을 가지고 있다)

위 ⑫의 g, h의 neither와 비교해 보자. neither는 그 뒤에 **of + 복수명사**가 오면 비-공식적 영어에서는 **복수**로 인정되었지만, 위 c의 each는 그대로 단수형을 유지한다.

⑭ one -- the other: (둘 중의 하나는 …이고, 다른 하나는 ~이다). 'One--the others'는 '하나는 …이고, 그 외의 나머지는 ~이다.'의 의미이다.

a. I have two pets: one is dog, the other is rabbit.

b. I have two younger sisters: one is a teacher, and the other is a doctor.

c. Here are ten books. One is mine, and the others are his.

⒃ some -- others: [어떤 것(사람)은 …이고, 또 어떤 것(사람)은 ~이다.]

셋 중의 하나는 one, 다른 하나는 another가 되고, 나머지 하나는 the other (the third)로 표현한다. some -- the others에서 some은 복수로서 '몇 개는 …이고. 나머지 전체는 ~이다' 의 의미를 갖는다.

a. Some like classic music, and others like jazz.   (전체 수가 정해져 있지 않은 경우)
b. Some played card games, and others watched TV.   (전체 수가 정해져 있지 않은 경우)
c. I have three foreign friends: one is American, another is Chinese, the other (the third) is Vietnamese. (이 예는 전체가 세 사람인 경우)
d. There are ten books. Two of them are mine, and the others are hers.
    (전체 열 개 중에서 두 개는 나의 것이고, 나머지는 그녀의 것이다)

이때 'two of them' 대신에 some (두 개 이상)을 쓸 수도 있다.

⒃ each other는 '서로'의 의미로 보통 두 사람 간에, one another는 보통 셋 이상일 때 쓰인다. one after another는 '차례, 차례로', '잇따라', '연속적으로' 의 의미를 나타낸다.

a. John and I know **each other** very well.
b. We should be polite to **one another**.
c. The visitors arrived **one after another**.

⒄ 대명사 it의 특별한 용법: 날씨, 거리, 계절, 요일, 시간, 날자, 상황 등에 대해서, 일반적으로 비-인칭 주어 it를 사용한다.

a. It's fine today.
b. How far is it from Seoul to Incheon?
c. It is winter now.
d. What time is it now?
e. What day is it today?
f. What's the date today? It's the 1st of March, 2015.
g. It's getting dark.
h. It's all over now

앞에 나타난 명사, 구, 절을 다시 언급할 때
i. I bought a cell-phone yesterday and gave **it** to my son.

⑱ 문의 구조에 나타나는 가주어와 가목적어

a. <u>It</u>'s nice <u>to talk to you</u>.   (가주어 It와 진주어 to talk to you)

  = To talk to you is nice.

b. <u>It</u> is easy <u>to read this book</u>.   (가주어 it와 진주어 to read this book)

  = To read this book is easy.

⑲ a. We think <u>it</u> easy <u>to read this book</u>.   (가목적어와 진목적어 to read 이하)

  = We think to read this book is easy.

b. We think <u>it</u> true <u>that he told a lie</u>.   (가목적어와 진목적어 that 이하)

기본 예문 1

1. 당신은 그가 누구인지 아십니까?

_____

2. 그녀는 그의 생일이 언제인지 기억하고 있습니다.

_____

3. 그녀는 나에게 누가 작년에 최고의 선수였었는가를 물었다.   (147쪽, 동사유형 [5-15] 참조)

_____

4. 3번과 같은 의미이지만 **직접화법**에서 화자의 말을 인용하는 형태로, 4.번에서, who가 be 동사의 주어가 되도록 영작하세요.

_____

  She asked me, "<u>Who</u> was <u>the best player</u> last year?"
                  보어   주어

(21쪽, (2-1)의 10~13번 참조)

5. 그녀는 누구를 만나려고 합니까?

_____

6. 당신은 어느 크기의 / 윗도리 / 바지 / 신발을 원하십니까?

_____

7. a: 이것은 누구의 가방인가요?

_____

8. b: 나는 확실하지는 않지만 그것이 Mary의 것이거나, 아니면 John의 것일지 모릅니다.

_____

9. a: 그것이 그녀의 것인지, 혹은 그의 것인지 확실하지 않습니다.

_____

10. c: 아니요. 그 가방은 나의 친구의 것입니다.

_____

11. c: 우리는 그 가방의 진정한 주인이 누구인가를 확인하는 데 주의해야 합니다.

_____

기본 예문 1의 영작

1. Do you know **who he is?** (NOT ~~who is he~~?)

2. She remembers **when** his birthday **is**.

3. She asked me **who** the best player **was** last year.　동사유형 (5-15)

4.. She asked me, "**Who** was <u>the best player</u> last year?"
   　(직접화법의 내용)　(who는 보어)　　주어　　　　　(21쪽, (2-1)의 10~13번 참조)

5. **Who(m)** does she want to meet?

6. **What size** of / a jacket / pants / shoes do you want (to wear)?

7. a: **Whose bag** is this?

8. b: I am not sure, but it may be **Mary's,** or **John's**.

9. a: Are you sure it is **hers**, or **his**?

10. c: No. This bag **belongs to** a friend of **mine**.

11. c: We should be careful to identify the real owner of the bag.

앞 ③ (3)에서 언급된 것과 같이, **wh-구**가 그 자리에 가만히 머무는 것이 아니라, 앞에 나타나는 동사의 유형에 따라, 문장의 맨 앞으로 이동한다.

1. 그 여인이 누구라고 당신은 생각합니까?

   _____

2. 그것에 대해서 그녀는 무엇이라 말했다고 당신은 생각하십니까?

   _____

3. 그들이 어디로 갔다고 당신은 상상하십니까?

   _____

4. 그는 그 와이셔츠에 대해서 얼마나 지불했다고 생각하십니까?

   _____

5. 그녀가 언제 거기에 갔다고 생각하십니까?

   _____

6. 그러면, 네가 결혼하고 싶은 상대는 누구냐?

   _____

7. 우리가 얼마나 오랫 동안 기다려야 한다고 당신은 생각하십니까?

   _____

8. 크리스마스에 당신이 무엇을 선물로 받겠다고 했지?

   _____

9. 바깥에 누가 있다고 생각하십니까?

   _____

10. 무슨 일이 일이날 것이라고 당신은 생각하십니까?

   _____

기본 예문 2의 영작

1. **Who** do you think the woman is?

2. **What** do you think she said about it?

3. **Where** do you imagine they have gone?

4. **How much** do you think he paid for the shirt?

5. **When** do you suppose she went there?

6. **Who(m)** do you wish you'd married, then?

7. **How long** do you think we should wait?

8. **What** did you say you wanted for Christmas?

9. **Who** do you think is outside?

10. **What** do you suppose will happen now?

기본 예문 3

1. 어떤 사람들은 바다를 좋아하고, 또 어떤 사람들은 산을 좋아합니다.

---

2. 나는 이 양말을 좋아하지 않습니다. 좀더 좋은 양말을 보여주세요.

---

3. 나는 세 사람의 여자형제들이 있습니다. 하나는 가정주부이고, 둘째는 회사직원이고, 셋째는 의사입니다.

---

4. 여기에 5개의 가방이 있습니다. 그들 중 2개는 나의 것이고, 나머지는 Peter의 것이다.

---

5. 나는 두 사람의 누나가 있습니다. 한 사람은 선생님이고, 다른 한 사람은 의사이다.

---

6. 나는 세 사람의 외국인 친구를 갖고 있습니다. 하나는 미국인이고, 다른 한 사람은 중국인이고, 또 다른 사람은 캐나다인입니다.

---

7. 우리들의 학교 교복은 녹색인데, 그들의 교복은 청색이다.

---

8. 손님들은 차례차례 파티에 도착했습니다.

---

9. 모든 일이 다 준비되었습니다. 그러나 현재 모든 사람들이 참석한 것은 아닙니다.

10. 바깥에 당신을 만나기 원하는 어떤 사람이 있습니다.

11. 당신을 만나기 원하는 사람들이 있습니다.

12. 커피 좀 드시겠습니까?

기본 예문 3의 영작

1. **Some** like the sea, **others** prefer the mountains.

2. I don't like these socks. Show me some better **ones**.

3. I have three sisters. **One** is a house wife, **another** is an office worker, **the other (the third)** is a doctor.

4. There are five bags. Two of them are **mine. The others** are Peter's.

5. I have only two sisters; **one** is a teacher, **the other** is a doctor.

7. Our school uniforms are green; but **theirs** are blue.

8. The guests arrived **one after another** for the party.

9. Everything is ready, but **not all (people)** are present at this moment.

10. There **is someone** outside **who wants** to see you.

11. There **are some people who want** to see you.

12. Would you like to have **some** coffee?

재귀대명사는 **동사, 전치사의 목적어, 인칭대명사 대신에** 쓸 수도 있고, 또 **강조 등을 표현할 때도** 쓰인다.

1. 그는 자살했다.

   _____

2. 그녀는 거울에서 자신을 쳐다보고 있다.

   _____

3. 나는 아침에 면도를 하다 베었다.

   _____

4. 우리는 물에서 나와, 우리들 자신을 말렸다.

   _____

5. 혼자 중얼거리는 것은 치매(dementia)의 첫 증상이다.

   _____

6. 너 자신이 그것을 한다면, 훨씬 빠르다.

   _____

7. 지배인이 나에게 직접 말했다.

   _____

8. 이 신은 너와 같이(like youself) 많이 뛰는 사람들을 위해 만들어진 것이다.

   _____

9. 나를 제외하고(except myself) 모든 사람들은 일찍 서둘렀다.

   _____

10. 저녁식사에는 우리 넷이 올 것이다. Robert, Alison, Jenny 그리고 나 자신
    (and myself). / (나) me.

    _____

기본 예문 4의 영작

1. He killed **himself**.

2. She looked at **herself** in the mirror.

3. I cut **myself** shaving in the morning..

4. We got out of the water and dried **ourselves.**

5. Talking to **oneself** is the first sign of dementia.

6. It's quicker, if you do it **yourself**.

7. The manager spoke to me **himself.**

8. These shoes are designed (made) for heavy runners like **yourself.** / (you).

9. Every body was early except **myself. /** (me).

10. There will be four of us at dinner; Robert, Alison, Jenny and **myself.** / (me).

기본 예문 5

앞 문법이론 ② (4)에 제시된 재귀대명사의 관용적인 용법을 살펴보기로 한다.

1. 나는 종종 홀로 시간을 보내고 싶다.

_____

2. 그녀는 이제 혼자 옷을 입을 만큼 나이가 들었다.

_____

3. 그 기계는 자동적으로 (홀로) 작동한다.

_____

4. 그는 자신의 힘으로 그 일을 했다.

_____

5. 현대 시대의 광고는 그 자체가 스스로 하나의 사업이 되었다.

_____

6. 우리들끼리 이야기인데, 우리는 그를 더이상 만나고 싶지 않다.

_____

7. 그는 아주 화가 났다. 그는 오늘 제정신이 아니다.

___

8. 오늘 저녁 파티는 아주 형식적인 파티이다. 그러므로 모든 면에서 예의 바르게 처신해야 한다.

___

9. 편안히 쉬십시오. 아무도 선생님을 귀찮게 하지 않을 것입니다.

___

10. 이 제빵들은 조금 전에 오븐(oven)에서 막 나온 신선한 제품들입니다. 어서 이 케이크와 빵들을 많이 드십시오.

___

기본 예문 5의 영작

1. I often like to spend time **by myself.**

2. She is old enough to **dress herself** now.

3. The machine works **by itself**.

4. He has done the work **for himself.**

5. Advertizing in modern times has become a business **in itself**.

6. **Between ourselves,** we don't like to meet him anymore.

7. He is quite upset. He's **beside himself** today.

8. This evening's party is going to be the most formal one. So please **behave yourself**.

9. Please **make yourself at home.** No one will interrupt you.

10. These bakery products are fresh from the oven just now. Please **help yourself to** cake and bread.

18 접속사 (Conjunctions)

접속사는 단어와 단어, 구와 구, 절과 절을 연결하는 역할을 하는데, 동사의 목적어로서, 또는 동사의 주어로서의 역할을 할 수도 있다. 또 부사구나, 부사절로서의 역할을 하기도 한다.

A. 등위접속사

등위접속사 중에서, 우선 먼저, 동사의 주어, 또는 목적어나, 부사구의 역할을 하는 전치사 구를 보기로 하자.

(1) a. John **and** I are good friends.　　　　　단어와 단어의 결합

　　b. I have a brother **and** a sister.

　　c. Will you go by bus **or** by train.　　　　구와 구의 결합(부사구)

　　d. They are poor, **but** they are happy.　　절과 절의 결합

(2) a. It is morning, **for** birds are singing.　　절과 절의 결합

　　　(아침이다. 왜냐하면, 새들이 지저귀고 있으니까)

　　b. **As** he ran fast, I couldn't catch him.　　절과 절의 결합

　　　(그가 빨리 뛰어갔기 때문에, 나는 그를 따라갈 수 없었다)

1. 등위접속사 and, or, but 등

(1) a. I keep two pets; one is a dog **and** the other is a rabbit.

　　b. I keep a black **and** white dog.

　　위 a와 b에서 and는 보통 의미의 등위접속사이다. 그러나 다음 예를 보자.

　　c. Work hard, **and** you will succeed.

　　　(열심히 일하라. 그러면, 성공할 것이다)

　　d. Wake up early, **and** you will catch the first train.

　　　(일찍 일어나라. 그러면, 첫차를 탈 것이다)

　　위의 c, d에서 and의 의미는: '…하여라. 그러면' 의 뜻을 갖는다.

(2) 다음으로 or의 예를 보기로 하자. 다음 a의 예에서는 일반적인 의미인 '또는', '혹은' 의 의미이지만 b의 예에서는 '그렇지 않으면' 의 의미를 갖는다.

a. Which do you like better, spring <u>or</u> fall?

b. Go at once, <u>or</u> you will be late for class.
   (즉시 가라, 그렇지 않으면 너는 수업에 지각할 것이다). 다음 c, d도 동일한 의미를 갖는다.

c. = <u>If</u> you do<u>n't</u> go at once, you will be late for class.

d. = <u>Unless</u> you go at once, you will be late for class.

(3) but, however ('그러나' 의 의미로 앞의 표현과 상반되는 견해를 표현한다)

a. He is ten years old, <u>but</u> I am eleven years old.

b. That is not a dog, <u>but</u> a wolf.

c. I didn't feel like going there. Later, <u>however</u>, I decided to go.
   (나는 거기에 가고 싶지 않았다. 그러나 후에 나는 가기로 결정했다)

d. I like him. <u>However</u>, I don't want to fully support him.
   (나는 그를 좋아한다. 그러나 나는 그를 전적으로 지지하고 싶지는 않다)

(4) so의 용법: 접속사로 쓰이면, '그래서', '그러므로' 의 의미를 갖는다.

We had heavy rain in the morning, <u>so</u> I stayed at home.
(아침에 비가 많이 왔다. <u>그래서</u> 나는 집에 있었다)

2. because와 for의 용법과 의미상의 차이

a. Because I was sick for six months, I lost my job.

b. I decided to stop and have lunch, <u>for</u> I was feeling hunger.
   (나는 [하던 일을] 멈추고 점심을 먹기로 했다. 왜냐하면, 배가 고픈 것을 느꼈기 때문이었다)

c. He stayed at home, <u>for</u> it was raining.
   (그는 집에 머물러 있었다, 왜냐하면 비가 오고 있었기 때문이다)

d. He must be ill, <u>for</u> his looks pale.
   (그는 아픈 것임에 틀림없다, 왜냐하면 얼굴이 창백하니까)

e. He looks pale, for he is ill.   (O)
   He must be ill, because he looks pale.   (X)

> * **For** introduces new information, but suggests that the reason is given as an after-thought. (Michael Swan. 2005: 67)
>
> (for는 새로운 정보를 소개하는 것이다. 그러나 그 이유가 '사후생각'으로 제시된다)
>
> 이 말은 for가 나타나는 앞 문장에서부터, 그 이유를 새롭게 찾아낸다는 것이다. 위 a의 예문에서는 6개월 동안 아팠기 때문에, 실직한 이유가 너무나 분명하다.
>
> 그러나 b에서는 '<u>사후-생각(after-thought)</u>'으로, 제시된 이유를 나타낸다. 이 '사후-생각'은 한국어의 어휘 사전에는 없는 용어이다. 이 '<u>사후-생각이</u>'란, for의 앞 문장으로부터 '후에 나타난 생각으로', '후에 추가된 생각으로', '추가적으로 느낀 생각으로' 그 이유가 새롭게 제시된다. 그러나 because는 전체 문장의 앞/뒤 어느 곳에서도 나타나는 점이 for와 다르다. 다음 a, b의 예를 보자.
>
>   a. Because I was sick for six months, I lost my job.
>   b. I lost my job, because I was sick for six months.

B. 종속접속사

위에서 제시된 예들은 **등위접속사**이다. 그러나 다음 (1), (2)와 같은 예들에 나타난 접속사는 **종속접속사**이다. 다음 (1)은 상위문의 동사의 목적어로서 전체 문장에 종속된 것이고, (2)에서는 보어명사를 수식하는 역할을 하면서 상위문에 종속된 것이다. 또 상관접속사 both A and B, either A or B 등과 같은 접속사는 다음 'C. 상관접속사'에서 논의된다.

(1) a. I think <u>that</u> he is honest.
   b. We don't know <u>whether</u> he comes <u>or</u> not.⌐ 명사절을 유도하는 경우:
   c. I don't know <u>when</u> he will come here. ⌐ know 동사의 목적어

(2) a. This is the house <u>where</u> he lives in. ⌐ 형용사절을 유도하는 관계부사
   b. This is the place <u>which</u> he was born in. ⌐ 형용사절을 유도하는 관계대명사

C. 상관접속사

동일한 구조를 갖는 A와 B가 분리되어 있으면서도 서로 관련을 갖고 연결되어 있는 접속사이다. both A and B, either A or B, neither A nor B, not only A but also B, as well as 등이 이 유형에 속한다.

(1) both A and B: A와 B 둘 다.
Both animals and plants **need** water and air.　　　(복수)

(2) either A or B: A나 B 둘 중의 하나
Either he or she **doesn't** want to come.　　　(일치는 B에 따라 결정됨)
(그나 그녀도 오기를 원하지 않는다)

(3) neither A nor B: A도 아니고 B도 아니다.
Neither his brother nor his sister **is** at home.　　　(일치는 B에 따라 결정됨)
(그의 형도 그의 여동생도 집에 있지 않다)

(4) not only A but also B: A뿐만 아니라 B도 역시
Not only he but also she **studies** very hard.　　　(일치는 B에 따라 결정됨)
(그뿐만 아니라 그녀도 대단히 열심히 공부한다)

(5) A as well as B: B뿐만 아니라 A도
We as well as she were happy. (일치는 A에 따라 결정됨)
(그녀는 물론 우리들도 행복하다)

(6) A는 B도 C도 …않는다.
I like neither coffee nor tea.(일치는 A에 따라 결정됨)
(나는 커피도 차도 좋아하지 않는다)

(7) 명사절을 이끄는 종속접속사: that, whether, if, what 등

a. It is certain **that she can win the game**.　　　b보다 a가 더 쓰인다.
(그녀가 게임에 이길 수 있는 것은 확실하다)
b. = **That she can win the game** is certain. 진주어

c. I know **that she can win the game**.　　　목적절
d. My point is **that we should continue our study**.　　　보어절
(나의 요점은 우리들이 공부를 계속해야한다는 것이다)

(8) 감정을 나타내는 형용사나 분사 뒤에는 접속사 that를 쓴다.

a. It's <u>surprising</u> <u>that</u> he should be so conservative.
   (그가 그렇게도 보수적이라니 놀라운 일이다)
b. It <u>surprised</u> me <u>that</u> he was still in bed.
   (그가 아직도 병상에 누워있었다는 것은 나를 놀라게 했다)

(9) 문장의 주어가 the reason이면, 접속사로 because나, due to는 원칙상 사용하지 않고, 접속사 that만 사용한다.

a. <u>The reason</u> I didn't go to America was <u>that</u> I got a new job.
   (NOT ~~because or due to~~)
   (내가 미국에 가지 않았던 이유는 내가 새로운 직장을 얻었기 때문이다)

b. The principal <u>reason</u> for the overpopulation of people in the world is <u>that</u> through science and technology, we have achieved a low death rate.
   (세계에서 인구가 넘쳐나는 주된 이유는 과학과 기술을 통해서, 우리가 저-사망율을 달성했기 때문이다)

(10) Whether, if, what-절의 용법

a. I asked her <u>whether (if) she could skate.</u>   목적절
   (나는 그녀가 skate를 탈수 있는지 어떤지 그녀에게 물었다)
b. I wonder <u>if she will help her classmates</u>.   목적절
   (나는 그녀가 그녀의 학급친구를 도와줄지 어떨지 궁금하다)
c. <u>Whether he will send his sons to college or not</u> is important.   주어절
   (그가 그의 아들들을 대학에 보낼 것인지 어떤지가 중요한 일이다)

위의 a, b의 예를 보면, 마치 whether 대신에 if를 자유롭게 대체시켜 쓸 수 있는 것처럼 보이지만, 반드시 그런 것은 아니다. 다음과 같은 3가지 경우에는 whether 대신에 if를 쓰지 못한다.

1. whether or not (…인지, 어떤지)는 고정된 하나의 관용어구이다. 따라서 whether 대신에 if를 사용할 수 없다. 즉, (**if or not**)는 허용되지 않는다.
   a. I don't know <u>whether or not</u> he comes tomorrow.   (O)
   b. I don't know **if or not** he comes tomorrow.   (X)

2. whether는 전치사의 목적절로 사용될 수 있지만, if는 전치사의 목적절로 사용될 수 없다. 다음 예를 보자.

    a. She thought <u>about whether</u> she had to go to college.   (O)
    b. She thought **about if** she had to go to college.   (X)

3. whether는 바로 다음에 to-부정사구를 사용할 수 있지만, if는 to-부정사구를 쓸 수 없다. 다음 예를 보자.

    a. They didn't decided <u>whether to go</u> swimming or not.   (O)
    b. They didn't decided **if to go** swimming or not.   (X)

다음은 what-절이 이끄는 용법을 보자.

    c. <u>What he needs</u> is money.   주절
        (그가 필요한 것은 돈이다)
    d. She wants to know <u>what he thinks about it</u>.   목적절
        (그녀는 그가 그것에 대해서 어떻게 생각하는지 알기를 원한다)

D. 부사절을 이끄는 종속접속사

(1) | 시간을 나타내는 부사(구) |

before / ago / when / as / after / since / from -- till (until) / not -- till / before long / not because -- but because / while / whenever / as long as / as soon as / on (upon) '--ing' / no sooner -- than / the moment (the instant) he comes home / by / until, during / for 등

a. before / ago (이 before와 ago는 앞 14장 '부사어구'에서 간단히 언급되었으나, 여기서는 좀 더 구체적인 더많은 예를 제시한다)

    Ⓐ 지금 / 그때 이전의 불특정한 시점을 언급할 때, before는 이 경우 주로 **현재완료형**을 쓴다.
        ⓐ She **has already left** her home <u>**before**</u> I arrived there.
            (그녀는 내가 그녀의 집에 도착하기 전에 이미 떠났다)
        ⓑ I think I **have seen him before**.
            (나는 그를 전에 본 적이 있는 것 같다)

ⓑ before는 과거 이전의 어느 시점, 즉, 화자가 언급하는 과거의 어떤 사건보다 더 이전의 시점을 나타내기도 한다.

> She **realized** that she **had seen** him **before**.
> (그녀는 그를 전에 본 적이 있는 것 같다)

ⓒ before가 어느 시점에서 시간을 되돌려 표현할 때, 즉, **표현된 시간 뒤에 before**가 오면, 그 시간만큼 되돌아가는 것을 의미한다.

> When I **went back** to my home town that I **had left eight years before**, everything was different.
> (내가 8년 전에 떠났던 나의 고향을 방문했을 때, 모든 것이 달라졌다)

ⓓ before와 ago가 다음 ⓐ, ⓑ에서처럼, 함께 쓰일 경우, ago는 현재시간을 기준으로해서 과거시를 표현하고, before는 그 앞에 나타난 시간만큼 되돌아가는 점이 다르다. 다음 ⓐ, ⓑ의 예를 보자.

> ⓐ I **met** that woman in Scotland **three years ago**.
> (현재시간을 기준으로 과거시점: 나는 그 여자를 3년 전에 Scotland에서 만났다)

> ⓑ When I **got talking**, I **found** that I had been at the same school with her husband **ten years before**.
> (내가 이야기를 하다 보니, 나는 그녀의 남편과 10년 전에 같은 학교에 다녔다는 것을 알게 되었다)   (ten years를 역으로 되돌아 과거)

b. when: We all welcomed them **when** they returned home.
   (우리는 모두 그들이 집으로 돌아왔을 때, 환영했다)
c. until: They have been waiting for me **until** I reached the destination.
   (그들은 내가 목적지에 도착할 때까지 나를 기다리고 있었다)
d. as: The students whistled **as** they walked along the street.
   (학생들은 거리를 **걸어가면서** 휘파람을 불었다)
e. after: They went out **after** they had dinner. (그들은 저녁식사 후에 외출했다)

f. Since가 나타나는 아래 예들을 보라. 시제에 관한한, 주절은 현재완료형이거나, 과거완료형이고, since-절은 보통 과거시제로 나타난다. 즉, since his childhood처럼 과거를 언급하는 명사가 나타난다.

①. a. I have known him since his childhood.
(나는 그의 어린 시절부터 그를 알고 있었다)

b. We haven't seen Jamie since Christmas.

c. I'm sorry when Jacky moved to Canada; we had been good friends since university days.

그러나 특히 변화에 대한 이야기가 나타나면, 주절이 현재시제, 또는 과거시제로도 나타난다.

②. a. You're looking much better since your operation.

b. She doesn't come around to see us much since her marrage.

c. Things weren't going well since Father's illness.

g. 기간, 동안을 나타내는 during과 for:

during은 어떤 일이 막연하게 어떤 기간 동안에 일어나고 있을 때 사용하고, for는 '몇 시간', '얼마나 오랜 시간' 을 언급할 때 쓰인다. 따라서 for는 one, two, three hour(s), a week, a year과 같이 숫자와 함께 사용되는 점이 다르다. 다음 예를 보자.

1. My father was in hospital during the summer.
(나의 아버지는 여름동안 병원에 입원했다)

2. My father was in hospital for three months.
(나의 아버지는 석 달 동안 입원했다)

(2) by와 until의 차이점

두 단어의 뜻이 모두 '…까지' 이나, 이 두 단어의 용법에는 차이점이 있다. until은 어떤 시점까지 지속되는 사건이나, 상태를 논의할 때 쓰이나, by는 행동이나, 어떤 행사가 미래의 **어느 순간까지**, 또는 **그 전에 끝내는 경우에만** 쓰인다. 다음 예를 보자.

a. Can I borrow your car? (내가 너의 차를 좀 빌릴 수 있니?)

b. Yes, but I must have it back by tonight. (= tonight or before)
(그래, 그러나 나는 그 차를 오늘 밤까지 되돌려 받아야 한다)

a. Can I stay here until the weekend?
(내가 여기서 주말까지 머물 수 있니?)

b. Yes, but you'll have to leave <u>by Monday</u> at the latest.

   (그래, 그러나 너는 늦어도 월요일까지는 떠나야 한다)

a. Can you repair my watch if I leave it <u>until Saturday?</u>

   (만일 내가 나의 시계를 토요일까지 여기에 두면, 너 수리해 주겠니?)

b. No, but we can do it <u>by next Tuesday</u>. (NOT --~~until next Tuesday~~)

   (아니야, 우리는 다음 화요일까지는 수리할 수 있다)

(3) | **not until, not long before 등의 구조를 해석하는 문제**

위의 두 가지 접속사가 나타나면, 해석은 단어의 순서를 따르기 보다는, 우리말의 흐름에 맞게 의역하는 것이 더 선호된다. 다음 예의 해석 a보다 b가 더 자연스럽다.

It is <u>not until</u> I came to Korea that I learned Chinese characters.

a. (내가 한자를 배운 것은 한국에 왔을 때까지는 아니었다)

b. (내가 한국에 와서 (처음/비로소) 한자를 배우기 시작했다)

It will <u>not be long before</u> John graduates from university.

c. (John이 대학을 졸업하는 것은 멀지 않을 것이다)

d. (멀지 않아 John이 대학을 졸업할 것이다)

(4) | **not because -- but because:**

이 구조는 not -- but의 구조에 because가 추가된 것이다.

She passed the examination, not because she was lucky, but because she   worked hard. (그녀가 시험에 합격한 것은 운이 좋아서가 아니라, 열심히 공부했기 때문이다)

(5) 장소를 나타내는 부사, where, wherever,

   a. They live in the same old house <u>where</u> their father lived for 20 years.

     (그들은 그들의 아버지가 20년 동안 살았던 그 옛집에 살고 있다)

   b. You may go <u>wherever</u> you want to.　(너는 네가 가고 싶은 곳은 어디든지 가도 좋다)

(6) 원인 / 이유를 나타내는 부사: because, since, now that, as 등

   a. Mother is always busy <u>because</u> she has to clean up every nook and cranny.

     (어머님은 집안의 구석구석을 다 청소해야 하기 때문에 항상 바쁘다)

b. <u>Since</u> we have enough time, we don't have to hurry to finish it early.

(우리는 충분한 시간이 있기 때문에, 그 일을 일찍 끝내려고 서두를 필요는 없다)

c. <u>As</u> I was very late this morning, I went to school by taxi.

(오늘 아침에 대단히 늦었기 때문에, 나는 택시로 학교에 갔다)

d. <u>Now that</u> we have raised enough money, we can help a few poor people.

(이제 우리가 충분한 돈을 모금한 이상, 몇몇 가난한 사람들을 도울 수 있다)

(7) 조건을 나타내는 부사절: If, unless 등

a. <u>If</u> it is fine tomorrow, we'll go on a picnic.

(내일 날씨가 좋다면, 우리는 소풍을 갈 것이다)

b. <u>Unless</u> you study hard, you'll get poor grades.

(네가 열심히 공부하지 않으면, 너는 나쁜 성적을 받을 것이다)

= If you do not study hard, you'll get poor grades.

(8) | 양보의 의미를 나타내는 부사: though, (although), even if, (even though) 등 |

아래 e에서 Child <u>as</u> / <u>though</u> he is가 **양보의 의미를 나타낼 때에는** child 앞에 부정관사를 쓰지 않는다. 그리고 f의 **Be it ever so --**도 "아무리 …하다 할지라도"라는 양보의 의미를 갖는다. though, even though, although 등은 양보의 의미로 절을 이끌지만, 동일한 의미를 가진, in spite of의 경우는 of가 전치사이기 때문에 명사를 선택한다. 이 현상은 because가 절을 이끌게 되나 because of는 전치사의 목적어로 명사를 선택하는 것과 동일하다.

a. <u>Though</u> he is poor, he is honest.

b. <u>Even if</u> (or though) he is young, he is strong enough to help hard work.

(그는 어릴지라도, 힘든 일을 도울 만큼 힘이 세다)

c. <u>Although</u> it was raining, we went out.

d. We went out <u>in spite of the rain</u>.

e. <u>Child as he is</u>, he knows quite a lot of things.

= Child <u>though</u> he is, he knows a lot.

(그는 비록 어린이일지라도, 그는 여러 가지 많은 것을 알고 있다)

f. Be it ever so humble, there is no place like home.

(아무리 초라하다 할지라도, 집과 같은 곳은 없다)

g. <u>Poor as he is</u>, he is quite happy.   (그는 가난할지라도, 그는 아주 행복하다)

h. <u>Whether</u> you like it <u>or</u> not, you have to do the work.

(네가 그 일을 좋아하든 싫어하든, 너는 그 일을 해야만 한다)

(9) | **특수한 '양보'의 의미를 갖는 접속사 'be와 let'** |

Ⓐ **명령형 양보의 부사절**

  a. 동사 원형 + as 절
  b. 동사 원형 + what 절
  c. 동사 원형 + where 절
  d. Be + S + ever + so + 형용사
  e. Let + S + be ever so + 형용사

ⓐ **Try as you may**, you cannot do it in a week.
  = However hard you may try,
  = No matter how hard you may try,
    아무리 열심히 노력한다 하더라도, 당신은 그것을 일주일 내에 할 수 없다.

ⓑ **Come what will**. I will stick to my conviction.
  = Whatever may come / happen,
  = No matter what may come / happen,
    무슨 일이 닥치더라도, 나는 나의 소신을 바꾸지 않겠다.

ⓒ **Go where you will**, there is no place like home.
  = Wherever you may / will go,
  = No matter where you may / will go,
    어디에 간다 할지라도, 집 같은 곳은 없다.

Ⓑ ⓐ **Be it ever so humble**, there is no place like home.
  = However humble it may be,
  = No matter how humble it may be,
    아무리 누추하다 하더라도, 집 같은 곳은 없다.

  ⓑ **Let a man be ever so rich**, he should not live an idle life.
  = However rich a man may be,
  = No matter rich a man may be,
    아무리 부유하다 하더라도, 사람은 게으른 생활을 해서는 안 된다.

다음 두 가지 구조도 양보의 부사절을 유도한다. 이 유형은 Be로 시작한 도치된 관용어구로 명령문이다. ⓒ에서는 It be that he is right.에서, Be it that he is right.로, ⓓ에서는, It be true or not,

에서 도치되어 Be it true or not,로 나타났다.

    ⓒ **Be it that he is right**, nobody accepts it.

      (그가 옳다할지라도, 누구도 그것을 인정하지 않는다)

    ⓓ **Be it true or not**, no one believes it.

      (그것이 진실이든 아니든, 아무도 그것을 믿지 않는다)

ⓒ If도 양보의 의미를 표현할 때가 있다. 이 때 if는 'even if / even though'의 의미를 갖는다.

A person can be lonely if he or she is loved by many people.
(비록 그나 그녀가 많은 사람들로부터 사랑을 받고 있을지라도, 외로울 수 있다)

⑽ | **비교를 나타내는 경우: as -- as, than 등** |

The town was much bigger <u>than</u> I expected.
(그 마을은 내가 예상했던 것보다 더 컸다)

The mountain is not <u>as</u> high <u>as</u> we heard.
(그 산은 우리가 들어서 알고 있는 것보다 높지 않았다)

⑾ 방법, 상태

    a. Do <u>as</u> you are told. (지시를 받은 대로 하라)
    b. He talks <u>as if</u> he **is** the owner of the house.
       (그는 마치 그 집의 주인인 것처럼 말하고 있다)

⑿ 목적을 나타내는 경우 so that -- may (or can), lest -- should

    a. He studied very hard <u>so that</u> he <u>may</u> pass the entrance examination.
       (그는 입학시험에 합격할 수 있도록 대단히 열심히 공부했다)
    b. They studied very hard <u>lest</u> they <u>should</u> fail.
       (그들은 실패하지 않도록 대단히 열심히 공부했다)

⒀ 결과를 나타내는 경우: so -- that, such -- that 등

    a. This research paper is <u>so</u> difficult <u>that</u> I can't understand it.
       (이 연구 논문은 너무 어려워서 나는 그것을 이해할 수 없다)

b. This is <u>such a</u> difficult research paper <u>that</u> I can't understand it.

⒁ 목적: 'so that'와 '--, so that'의 차이. 위 ⒀과 비교해 보자.

    a. I stopped <u>so that</u> you could catch up.   (목적)

       (나는 네가 따라올 수 있도록 멈추었다)

    b. He got up early, <u>so that</u> he could catch the first train.   (결과)

       (그는 일찍 일어났다. 그래서 그는 첫차를 탈 수 있었다)

기본 예문

① 등위 접속사 유형

(1) and: '…와 / 그리고, 그러면'
(2) or: '또는 / …이나, 그렇지 않으면'
(3) but / however: '그러나'
(4) for: '사후 생각: for 앞의 문장에서, 추가적으로 이유를 제시함'
(5) because: '앞 / 뒤의 문장에서 분명한 이유가 제시되는 경우'
(6) nor: '…도 (또한) ~않다'

1. 나는 남자형제**와** 여자형제 한 사람을 두고 있다.

   _____

2. 너는 버스로 갈 것이냐 **또는** 기차로 갈 것이냐?

   _____

3. 그들은 가난하지**만**, 행복하다.

   _____

4. 그는 얼굴이 창백하다. **왜냐하면** 그는 아프기 때문이다.

   _____

5. 나는 나의 직업을 잃었다. **왜냐하면** 6개월 동안 아팠었기 때문이다.

   _____

6. 즉시 가거라. **그렇지 않으면**, 너는 학교에 지각할 것이다.

   _____

7. 그것은 개가 아니라, 늑대이다.

8. 나는 그를 좋아한다. **그러나**, 나는 그를 전적으로 지지하고 싶지 않다.

9. 아침에 많은 비가 왔다. **그래서** 나는 집에 있었다.

10. 차**나** 커피 중, 어느 것을 드시겠습니까?

11. 너도 그것을 **안** 좋아하지**만**, 나도 좋아하지 않는다.

기본 예문의 영작

1. I have a brother **and** a sister.

2. Will you go by bus, **or** by train?

3. They are poor, **but** they are happy.

4. His face looks pale, **for** he is sick / ill.

5. I have lost my job, **because** I was sick for six months.
   = **Because** I was sick for six months, I have lost my job.

6. Go at once, **or** you will be late for school / class.

7. That is **not** a dog, **but** a wolf.

8. I like him. **However** I don't want to fully support him.

9. We had a heavy rain in the morning, **so** I stayed at home.

10. Which do you like better, tea **or** coffee?

11. You don't like it, **nor** do I.

기본 예문 2

② 등위 상관접속사

(1) not A but B:　　　　　A가 아니고 B
(2) Both and B:　　　　　A와 B 도
(3) either A or B:　　　　A이든 B이든 어느 한쪽
(4) neither A nor B:　　　A도 B도 아니다
(5) not only A but also B:　A뿐만 아니라 B도

1. 그는 선생이 아니라, 사업가이다.

_____

2. 그는 키도 크고 미남이다.

_____

3. 너나 너의 누나가 회의에 참석해야 한다.

_____

4. 그녀는 아름다울 뿐 아니라, 총명하기도 하다.

_____

5. 그뿐만 아니라 그의 부인도 초대를 받았다.

_____

6. 그는 술도 마시지 않고, 담배도 피우지 않는다.

_____

7. 너는 현금으로 갚아도 되고, 신용카드로 갚아도 된다.

_____

8. 네가 아니면, 내가 잘못된 것이다.

_____

9. 그는 읽지도 못하고 쓰지도 못한다.

_____

10. 나는 차도 커피도 좋아하지 않는다.

_____

1. He is **not** a teacher, **but** a business man.

2. He is **both** tall **and** handsome.

3. **Either** you **or** your sister should come to the meeting.

4. She is **not only** beautiful, **but also** smart.

5. **Not only** he **but also** his wife was invited.

6. He **neither** drinks **nor** smokes.

7. You can **either** pay by cash **or** a credit card.

8. **Either** you **or** I am in the wrong.

9. He can **neither** read **nor** write.

10. I don't like **either** tea **or** coffee.
    = I like **neither** tea **nor** coffee.

기본 예문 3

③ 명사절을 유도하는 종속접속사

(1) that
(2) whether --or
(3) when
(4) where
(5) which
(6) why
(7) how
(8) if

1. 그가 성공할 것이라는 것은 아주 분명합니다.

_____

2. 나는 그녀가 누구인지 모른다.

_____

3. 우리는 그들이 올지 안 올지 잘 모른다.

_____

4. 나는 어디에서 저 음악이 들려오는지 모르겠다.

_____

5. 아무도 그녀가 언제 여기에 올런지 모른다.

_____

6. 누가 그 사건이 어떻게 일어났는지 아십니까?

_____

7. 당신은 몇 사람들이 올 것 같은지 예측할 수 있습니까?

_____

8. 나는 그녀가 왜 항상 늦는지 궁금하다.

_____

9. 나는 그가 우리들을 도와줄지 궁금하다.

_____

10. 이곳이 그가 태어난 장소입니다.

_____

11. 나는 그가 왜 여기에 왔는지 그 이유를 모르겠다.

_____

12. 그때가 바로 내가 그녀를 만났던 때이다.

_____

13. 이 집이 바로 내가 살고 있는 집이다.

_____

기본 예문 3의 영작

1. **It** is quite clear **that** he will succeed.

2. I don't know **who** she is.

3. We don't know **whether** they will come **or** not.

4. I wonder **where** that music is coming from.

5. No one knows **when** she will be here.

6. Does anyone knows **how** the accident happened?

7. Can you expect **how** many people are likely to come?

8. I wonder **why** she is always late.

9. I wonder **if** he will help us.

10. This is the place **where** he was born.
    This is the place **in which** he was born.
    This is the place **which** he was born **in**.

11, I don't know **the reason for which** he came over here.

12. That was **the time at which** (when) I had met her.

13. This is **the house in which** (where) I live.

기본 예문 4

④ 부사절을 유도하는 종속접속사

① '시간(time)'을 이끄는 종속접속사

(1) when / as: '…할 때, ~하면서'
(2) while: '…하는 동안'
(3) before: '…하기 전에'
(4) after: '…후에' / since: '…이래, ~부터'
(5) till /until: '…까지'

(6) once: '일단 …할 때는'

(7) since: '…한 이래'

(8) as soon as
    no sooner--than
    scarcely (hardly)--when (before)   …하자마자
    directly / instantly
    the moment / the minute

1. 눈이 올 때는, 그 노인은 항상 집에 있었다.
   _____

2. 그가 그 책을 읽는 동안, 활자가 틀린 것을 몇 개 찾았다.
   _____

3. 내가 집에 도착했을 때, 다행히도 비가 오기 시작했다.
   _____

4. 우리가 그 식당에 들어가자마자, 종업원이 우리들을 큰 식탁으로 안내했다.
   _____

5. 우리가 이 집으로 이사온 지 10년이 되었다.
   _____

6. 그가 은퇴한 지 5년이 되었다.
   _____

7. 그는 방에 들어오자마자, 그는 피곤해서 누웠다.
   _____

8. 일단 기본 규칙을 이해하면, 이 경기는 하기가 쉽다.
   _____

9. 그녀가 나를 보는 순간 나에게 미소를 보냈다.
   _____

10. 그가 연설을 시작하자마자, 전기가 나갔다.
    _____

11. 내가 시장보고 올 때까지 여기서 좀 기다려 주세요.
    _____

1. **When** it snows, the old man always stayed at home.

2. **While** he was reading the book, he found a few typographical errors.

3. **As** I returned home, fortunately it began to rain.

4. **As soon as** we entered the restaurant, the waiter ushered us to a big table.

5. Ten years have passed **since** we moved to this house.

6. It has been 5 years **since** he retired.

7. He had **no sooner** entered the room **than** he lied down because of tiredness.
   = **No sooner** had he entered the room **than** he lied down because of tiredness.
   (도치구문)

8. **Once** you learn the basic rules, this game is easy to play.

9. **The moment** she saw me, she smiled at me.

10. He had **scarcely** begun his speech **when** there was a power failure / black out.
    = **Scarcely** had he begun his speech **when** there was a power failure / black out.
    (도치구문)

11. Please wait here **until** I get back from shopping.

기본 예문 5

⑤ '원인 / 이유'의 부사절을 유도하는 접속사

(1) as, because, since: '··· 때문에 '
(2) now that: '···인 이상, 이제 ···이니까'
(3) on the ground that: '···라는 이유로'
(4) that: '···하다니 / ··· 때문에'

(5) in that: '···이라는 점에서'

(6) seeing that: '··· 이니까 / ···이므로 / ···한 것으로'

(7) in terms of '···라는 관점에서'

1. 날씨가 더워졌기 때문에, 우리는 짧은 바지를 입었다.
___

2. 그녀는 외로웠기 때문에 그녀의 40대에 늦게 결혼을 하게 되었다.
___

3. 우리는 내가 태어난 이후로 계속 여기에서 살아오고 있습니다.
___

4. 너는 너무 지쳐 보이니, 좀 쉬는 것이 좋겠다.
___

5. 이제 시험이 끝났으니까, 나는 좀 즐길 수 있다.
___

6. 이제 겨울이 왔으니, 우리는 작년에 고장 난 히터를 수리해야겠습니다.
___

7. 그는 아프다는 이유로 하루를 결근했다.
___

8. 그는 아프다는 이유로 사직하기를 원합니다.
___

9. 당신이 그렇게 생각하다니 유감입니다.
___

10. 이제 9시이니까, 우리는 공부를 시작해야 합니다.
___

11. 인간은 생각하고 말할 수 있다는 점에서 동물과 다르다.
___

1. **As** the weather was getting hotter and hotter, we wore short pants.
   = As it was getting hotter and hotter, we wore short pants.

2. She got married in her forties, because she felt herself very lonesome.

3. We have been living here **since** I was born.

4. **Since** you look so tired, you had better take a rest.

5. **Now that** the exams are over, I can enjoy myself.

6 **Now that** winter has come, we have to repair the heater
   that was out of order last year..

7. He was absent from the office **on the ground that** he got sick.

8. He wants to resign **on the ground that** he is ill.

9. I am very sorry **that** you feel that way.

10. **Seeing that** it is 9 o'clock, we have to start to study.

11. Men differ from animals **in that** they can think and speak.

기본 예문 6

⑥ '조건 / 가정'을 유도하는 접속사

(1) if:	'만일 …이라면'
(2) unless = (if--not):	'만일 …이 아니라면'
(3) in case / supposing (that) / providing (that):	'…만일 ~이라면'
(4) suppose (that):	'…만일 ~이라면'
(5) provided (that) / granted (that):	'…만일 ~이라면'
(6) on the condition (that):	'만일 …이라면 / ~이라는 조건으로'

1. 만일 내일 날씨가 좋으면, 나는 산책을 가겠다.

   _____

2. 만일 그가 우리와 동의하지 않는다면, 우리는 그 일을 포기해야 할 것이다.

   _____

3. 비가 올 경우에 대비해서, 우산을 가지고 가거라.

   _____

4. 보수를 받는 조건이라면, 나는 그 일을 할 것이다.

   _____

5. 만일 너의 일이 끝나면, 너는 가도 좋다.

   _____

기본 예문 6의 영작

1. a. **If** it is fine tomorrow, I will go for a walk.
   b. **If** the weather is fine tomorrow, I will go for a walk.

2. **Unless** he does not agree with us, we have to give up the work.

3. Take an umbrella with you **in case (that)** it rains.

4. I will do the work **on the condition that** I am paid.

5. **Provided / Providing (that)** your work is done, you may go home.

기본 예문 7

⑦ 목적 / 결과의 부사절을 유도하는 접속사

    목적 a. so that…may (can), / in order that…may: '…하기 위하여'

             b. lest…should, / for fear that …should: '…하지 않도록'

             c. in case …(should):   '…경우에 대비하여'

             d. If…be to~:   '…하기를 원한다면'

    결과 a. …, so that: '…그래서'

             b. so + 형용사/부사 + that~:   '…매우 ~하므로'

             d. such + 형용사 + 명사 + that~:   '…매우 ~하므로'

1. 그들은 더 좋은 경치를 볼 수 있도록, 더 높이 올라갔습니다.
   _____

2. 날씨기 너무 더워서 밤에 잠을 잘 수가 없습니다.
   _____

3. 그녀는 그와 같이 정직한 소녀이므로, 그녀는 모든 사람들로부터 사랑을 받았습니다.
   _____

4. 나는 전화번호를 잊을까봐, 적어 두었다.
   _____

5. 그는 그의 대가족을 먹여 살릴 수 있도록 열심히 일했다.
   _____

6. 그들은 도둑들이 침입하지 않도록, 온밤 내내 계속 감시를 했다.
   _____

7. 그 도둑은 장갑을 끼고 있었다. 그 결과 발견된 지문은 없었다.
   _____

8. 그 소년은 매우 친절해서 모두들 그를 좋아했다.
   _____

9. 나는 비가 올 경우를 생각해서 우산을 가져갈 것이다.
   _____

10. 나는 너무 지쳐서 일어날 수도 없었다.

11. 만일, 우리들이 쇠퇴하는 경제에 활력을 불어 넣고 싶다면, 우리는 현 위치에서 최선을 다해야 한다.

기본 예문의 영작

1. They climbed higher, **so that** they could get a better view.

2. The weather was **so** hot **that** we were not able to sleep at night.
   = It was so hot that we were not able to sleep at night.

3. She was **such** an honest girl **that** she was loved by everyone.

4. I wrote down the phone number **for fear that** I should forget it.

5. He worked hard **so that** he may (can) support his large family.

6. They kept watch all night <u>lest</u> robbers **should** <u>come</u>.

7. The burglar wore gloves, **so that** there were no fingerprints to be found.

8. He is **so** kind a boy **that** everybody likes him.
   = He is **such a** kind boy **that** everybody likes him.

9. I will take an umbrella **in case** it should rain.

10. I was **so** tired **that** I could hardly stand up.

11. **If we are to** invigorate our deteriorated economy, we must do our best in our positions.

⑧ '양보'의 부사절을 유도하는 접속사

(1) though / although: '…이지만'

(2) even if / even though: '…일지라도'

(3) whether--or: '…인가, …인가'

(4) whether--not: '…인가, 아닌가'

(5) 명사/형용사 + as--:   '…이지만'

(6) 의문사 + ever = no matter + 의문사: '…일지라도'

(7) while / whereas: '…인데, 이지만'

1. 그는 가난하였지만, 다른 사람들을 도와주기를 좋아한다.

   _____

2. 그는 아프든, 건강하든, 그는 항상 유쾌했다.

   _____

3. 그는 가난할 지라도, 그는 항상 행복했다.

   _____

4. 그는 어린이이지만, 그는 생각이 깊었다.

   _____

5. 당신이 무엇이라 해도, 나는 당신의 생각에 동의할 수가 없습니다.

   _____

6. 아무리 어렵다 하더라도, 당신은 그것을 금주 말까지 완성해야 합니다.

   _____

7. 그는 영어는 잘 하지만, 수학은 잘 하지 못한다.

   _____

기본 예문 8의 영작

1. **Though / Although / Even though** he was poor, he liked to help others.

2. **Whether** he is ill **or** well, he is always cheerful.

3. **Poor as** he is, he is always happy.

4 **Child as** he was, he was very thoughtful..

5. **No matter what** you say, I will not agree with you.

6.. **However difficult it may** be, you have to finish it by this weekend.
   = **No matter how difficult it may** be, you have to finish it by this weekend.

7. **While** he is good at English, he is poor at mathematics.

기본 예문 9

⑨ '양태 / 비례 / 범위'를 나타내는 접속사

a. 양태: ⓐ as:　　　　　　　　'…대로 / …처럼'
　　　　ⓑ as if / as though:　'…마치 …처럼'

b. 비례: ⓐ as:　　　　　　　　'…따라'
　　　　ⓑ according as:　　　'…에 따라서'

c. 범위: ⓐ as far as / so far as:　'…하는 한'
　　　　ⓑ as long as / so long as: '…하는 한'

1. 내가 지시하는 대로 그것을 하십시오.

2. 그는 마치 모든 것을 아는 것처럼 말한다.

> * 원어민들은 as if he **knew** 구조에서, 과거시제와 함께 **현재시제 knows**도 쓴다. 앞 424쪽, 문법
> 이론 D의 ⑾ b를 참조.

3. 그녀는 나이가 들어감에 따라, 더 아름다워졌다.

_____

4. 내가 할 수 있는 한, 나는 너를 돕겠다.

_____

5. 네가 여기에 조용하게 있는 한, 너는 여기에 있어도 좋다.

_____

6. 우리는 빈부의 차이에 따라, 사물을 보는 눈이 다르다.

> * according to에서 to는 전치사이므로, 그 뒤에 명사(구)가 온다. 그러나 according as에서 as는 접속사이므로, 하나의 문장이 따라올 수 있다.

_____

기본 예문 9의 영작

1. Please do it, **as** you are told.

2. a. He talks **as if he <u>knew</u>** everything.
   b. He talks **as if he <u>knows</u>** everything.

3. **As** he grew older, he became more beautiful.

4. I will help you, **as far as** I can.

5. You may stay here, **so long as** you are quiet. / keep quiet.

6. We see things differently, **according as** we are rich or poor.

19 전치사 (Prepositions)

A. 시간을 나타내는 전치사

(1) What do you do **on the weekend**?   (AmE)

What do you do **at the weekend**?   (BrE)

(2) at: 전치사 at와 함께 쓰이는 표현들.

at seven, at noon, at present, at night, at dawn, at midnight 등

(3) on: 날짜: on November 17th, on the evening of November 18th

(4) in: 하루의 일부분: in the morning, in the afternoon, in the evening, in the night

이렇게 in the morning이나 in the night로 표현할 때에는, **보통의 아침, 오후, 저녁, 밤** 등을 나타낸다. 그런데, 이와 비슷한 at night와 in the night와 비교하면, at night는 **평범한 밤**을 언급할 때 사용되고, in the night는 특별한 날의 밤을 의미한다. 다음 예를 보자.

a. I worked **in the night** of March 21st. (나는 3월 21날 밤에 일했다)   특별한 날의 밤

b. I often work **at night**.   (나는 종종 밤에 일한다)   보통의 밤

그러나 어느 **요일**의 아침, 오후, 저녁, 밤 등을 언급할 때에는, on을 쓴다. 그리고 그 요일의 **아침, 오후, 저녁, 밤** 등을 묘사(describe)할 때에 부정관사 'a'를 함께 사용한다. 예컨대, 따뜻한, 더운, 추운 등과 같은 형용사를 포함시켜 묘사할 때에는 'on a'를 사용한다. 이 표현은 날짜를 표현하는 경우에도 동일하게 적용된다. 다음 예를 보자,

a. We went skating **on a very cold Sunday morning** in December.

(우리는 12월 어느 추운 아침에 스케이트를 타러 갔다)

b. We met each other **on a warm spring Saturday morning**.

(우리는 따뜻한 어느 봄날 토요일 아침에 서로 만났다)

c. My birthday is **on** December 21st, in 1999.

(나의 생일은 1999년 12월 21일이다)

d. My birthday is <u>on a very cold December 21st</u>, in 1999.

　(나의 생일은 1999년 추운 12월 21일이다)

그러나 물론 뒤의 수식 어구에 의해서 수식을 받는 경우에는 정관사 the가 쓰인다.

e.　He died <u>on</u> the morning of May 22nd.

그런데, 날짜를 표시하는 방법에서는 영국영어(BrE)와 미국영어(AmE)에서 한 가지 차이점이 있다. 다음 예를 보자. 다음 c의 예는 영국영어에서 단순한 숫자로 표현한 예이다.

(BrE):　　a.　I was born <u>on the 22nd of November</u>, 2001.

(AmE):　　b.　I was born <u>on November 22nd</u>, 2001.

(BrE):　　c.　22, 11, 2001.

영국영어에서는 항상 날짜가 앞에 나타나고, 그 다음 달이 나타난다. 그러나 미국영어에서는 위 b와 같이, 월이 먼저 나타나고, 그 다음에 날짜를 표시한다. 위의 영국영어의 예에서 'on the 22nd of November'로 전치사 of가 필요하게 되나, 미국영어에서는 바로 'on November 22nd'로 표현하기 때문에 전치사 of가 사용되지 않는다.

(5) in: 월 / 계절 / 년을 표현할 때, in May, in 2013, in the 21st century.
　　　　in the winter, in summer, in spring

(6) in: (…있으면 / …지나면)　　　　　I will be back in a few days.

(7) in: (넓은 장소)　　　　　　　　　　She lives in Seoul.

(8) from: (…부터)　　　　　　　　　　since: (…이래로)
　　till / until: (…까지. 계속)　　　　by: (…까지. 완료)
　　for: (…동안. 숫자와 함께 사용되는 기간)　during: (…동안. 막연한 기간)
　　through: (처음부터 끝까지. 줄곧)　　within: (… 이내로)

B. 장소를 나타내는 전치사

(1) at: 비교적 좁은 장소　　　　　　in: 넓은 장소

　　on: 표면 위에　　◀――――▶　　beneath: 접촉한 표면 아래

　　above: 보다 높이　　◀――――▶　　below: 보다 아래로

　　over: 바로 위　　◀――――▶　　under: 바로 아래

　　up: 밑에서 위로　　◀――――▶　　down: 위에서 아래로

다음 도표를 참조합시다.

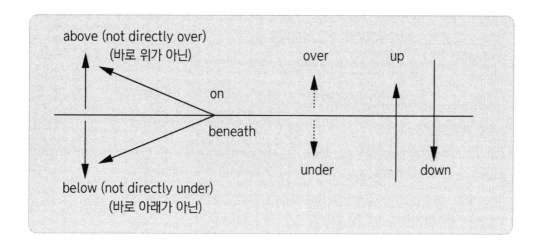

(2) in: (…의 안에), into: (…의 안으로), out of: (…의 밖으로)

across   (…을 가로 질러)
through   (…을 관통하여)
along   (…을 따라)

around (AmE) / round (BrE)   (…의 주위에 / 의 주위를 도는)
around / about는 동일한 의미로 쓰인다.

다음 도표를 참조합시다.

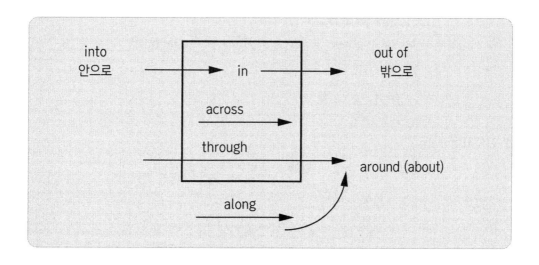

앞 442쪽, **B**의 (1)번 유형의 장소를 나타내는 전치사

a. I have bought a smart-phone <u>at</u> a smart-phone shop <u>in</u> Seoul.
   (나는 서울의 한 스마트폰 상점에서 스마트폰을 샀다)

b. Someone is <u>at</u> the door to see you.
   (누군가 당신을 만나려고 문간에 와 있다)

c. There stood a church <u>on</u> a hill.
   (언덕 위에 교회가 있었다)

d. Ice melted away <u>beneath</u> our feet.
   (우리들의 발아래의 얼음은 녹았다)

e. The ship sank slowly <u>beneath</u> the waves. (주로 문학적인 표현에 많이 나타남)
   (그 배는 천천히 파도 아래로 침몰했다)

f. His behavior is <u>beneath</u> contempt. (= really disgraceful)
   (그의 행동은 멸시를 받고 있다)

앞의 도표에서 보여준 것 같이 above는 바로 수직으로 위에 있는 것을 의미하지 않는다.

(3) above와 over의 차이점

above와 over는 둘 다 '… 보다 위에, 높은' 의 의미를 갖지만, above가 더 평범하게 쓰인다.

a. The water came up above / over our knees.
   (물이 정강이 위로 차올랐다)

b. Can you see the helicopter above / over the houses?
   (집 위로 날아가는 헬리콥터를 볼 수 있니?)

c. We've got a little house above the lake. (NOT, **over the lake**)
   (우리는 호수 위쪽에 작은 집을 하나 갖고 있다)

   *** 따라서 above는 '바로 위' 가 아닌 것을 나타낸다.

(4) 전치사 before

before가 전치사로 쓰일 때에는, 주로 **시간표현**과 **위치**를 나타낼 때 쓰인다.

a. I must move my car <u>before 9 o'clock</u>.
b. We use indefinite article "an" <u>before</u> vowels such as an apple.

(5) below와 under의 차이점

below와 under도 동일하게 '… 보다 낮은'의 의미를 갖는다. 그래서 거의 비슷하게 보인다.

a. Look in the cupboard below / under the sink.
(싱크대 아래 찬장(서랍장) 안을 보라)

b. The climbers stopped 300m **below** the top of the mountain.
(등산객들은 그 산의 꼭대기 아래 300미터 지점에서 멈추었다)

*** 그러나 위 b의 예를 보면 'below도 수직적으로 바로 아래가 아닌 것을' 나타낸다.

(6) covered와 under의 차이점

covered는 '무엇이 덮여 있다'를 의미하고, 물건이 감추어져 있을 때는, under를 더 많이 사용한다.

a. I think the cat is **under** the bed.
(나는 고양이가 침대 아래에 있다고 생각한다)

b. What are you wearing **under** your sweater?
(너 스웨터 아래에 무엇을 입고 있니?)

그런데 다음의 예에서도 under를 쓴다.

c. The whole village is **under** the water.
(온 마을이 물에 잠겨 있다) (NOT, **below water**)

d. The sun has risen **above** the horizon.
(해는 지평선 위로 떠올랐다)

e. The sun has just sunk **below** the horizon.
(해는 막 지평선 아래로 가라앉았다)

f. A flock of doves flew away **over** the houses.
(한 무리의 비둘기가 집 위로 날아갔다)

g. Someone is lying **under** the tree.
(누군가가 나무 아래에 누워있다)

h. Some squirrels went **up** and **down** the tree.
(몇 마리의 다람쥐가 나무로 올라갔다 내려왔다 한다)

앞 443쪽, **B**의 ⑵번 유형에서 장소를 나타내는 전치사

> in …의 안에   into …의 안으로   towards …쪽으로
>
> across …을 가로질러   out of …의 밖으로   beside …의 옆에
>
> around (AmE) / round (BrE): …의 주변에 / …의 주위를 도는
>
> around / about: about는 around / round와 동일한 의미로도 쓰인다.

a. Someone is <u>in</u> the room. (누군가 방 안에 있다)

b. Students <u>ran into</u> the classroom when the bell rang.
   (종이 치자 학생들은 교실로 달려 들어갔다)

c. They rushed <u>out of</u> the classroom when the class was over.
   (수업이 끝나자 그들은 교실에서 밖으로 달려 나왔다)

d. It took me about ten minutes to walk <u>across</u> the Golden Gate Bridge.
   (금문교를 가로질러 가는 데 10분쯤 걸렸다)

e. The bus passed <u>through</u> several tunnels on my way to Daegu.
   (버스가 대구로 가는 길에 몇 개의 굴을 통과했다)

f. There is a mile of tall-thick trees <u>along</u> the streets.
   (거리를 따라 1마일쯤 우거진 가로수길이 있다)

g. The moon moves <u>around</u> the earth.
   (달은 지구 주위를 돌고 있다)

h. We sat <u>around</u> the bonfire.
   (우리는 모닥불 주위에 앉아 있었다)

i. Shall we walk (around / about) the park?
   (공원 주위로 산책을 할까요?)

j. John took a seat <u>between</u> Peter and Harry.
   (John은 Peter와 Harry 사이에 자리를 잡았다)

k. She is very popular <u>among</u> her classmates.
   (그녀는 그녀의 반 친구들 중에서 아주 인기가 있다)

l. He is going to take a plane <u>from</u> Incheon <u>to</u> New York.
   (그는 인천에서 New York까지 비행기로 가려고 한다)

m. The plane took off Incheon <u>for</u> San Francisco.
   (비행기는 San Francisco를 향해서 인천에서 이륙했다)

n. She went <u>towards</u> the post office.
   (그녀는 우체국 쪽으로 갔다)

o. Who's the guy sitting __beside__ Jane?

(Jane 옆쪽에 앉아 있는 사람이 누구니?)

(7) beside, by의 의미 차이

beside는 영어로 **at the side of** (…의 옆쪽에)의 의미이고, by는 영어로 **next to**로 표현하는데, 우리말로 **바로 옆에**의 의미이다. 그리고 near는 **가까이**로 해석되는데 다음 실제의 예를 보자.

a. Who's the guy sitting __beside__ Jane?

(Jane 옆쪽에 앉아 있는 사람이 누구냐?)

b. Come and sit __by__ me.

(와서 내 옆에 앉아라)

c. We live __near__ the sea. (Perhaps three kilometers away)

(우리는 바다 근처에 살고 있다)

𝒞. 기타 여러 가지 목적으로 쓰이는 전치사

(1) 원인 / 이유

from	주로 외적인 요인	die of (from)	병 / 노년
through	부주의 / 태만	at / over	감정적 원인
for / with	행위의 원인		

a. He got sick __from__ drinking too much.

(그는 술을 너무 많이 마셔서 병이 났다)

b. She has made a lot of mistakes __through__ her carelessness.

(그녀는 부주의로 많은 실수를 했다)

c. His father died __of__ old age, not any serious diseases.

(그의 아버지는 어떤 심각한 병이 아니라, 나이가 많아서 돌아가셨다)

d. They were glad __at__ the news.   (그들은 그 소식에 기뻐했다)

e. She was grieving __over__ the death of her husband.

(그녀는 그녀의 남편의 죽음에 대해서 슬퍼하고 있었다)

f. She cried __for__ joy.   She cried __for__ mercy.

(그녀는 기뻐서 울었다 / 외쳤다)   (그녀는 동정해 달라고 애원하며 울었다)

g. The girl was shivering <u>with</u> cold.

(그 소녀는 추위로 떨고 있었다)

h. It's of no use crying <u>over</u> the spilt milk.

(엎질러진 우유에 대해서 울어보았자 소용이 없다)

(2) 목적 / 결과

for 목적,	after 추구,	to 결과,	into 변화된 결과

a. Shall we go out <u>for</u> a walk? (산책하러 나갈까요?)

b. Police are <u>after</u> the thieves.(경찰이 도둑들을 추적하고 있다)

c. What are they <u>after</u>? (그들은 무엇을 노리고/추구하고 있는가?)

d. Joan of Arc was burned <u>to</u> death. (Joan of Arc는 화형되었다)

e. Water is frozen <u>into</u> ice. (물이 얼음으로 변했다)

(3) 재료 / 수단

of / with	외형이 변화되지 않는 재료,	by	수단 / 행위자
from	외형이 변화되는 재료,	with	도구
through	방법		

a. This bridge is built <u>of</u> wood.

(다리는 나무로 만들어졌다)

b. Wine is made <u>from</u> grapes.

(포도주는 포도로 만들어진다)

c. We have built a house <u>with</u> bricks.

(우리는 벽돌로 집을 지었다)

d. She went to America <u>by</u> air.

(그녀는 비행기로 미국에 갔다)

e. He wrote it <u>with</u> a ball-point pen.

(그는 볼펜으로 그것을 썼다)

f. She looked at stars <u>through</u> a telescope.

(그녀는 망원경으로 별들을 보았다)

g. The city was destroyed <u>by</u> an earthquake.   (그 도시는 지진으로 파괴되었다)

(4) by 계측의 단위 / at 가격

of 제거:
clear something of	깨끗이 치우다
relieve something of	무엇을 감해주다
deprive something of	무엇을 박탈해 가다
rob someone of	…로부터 무엇을 훔쳐가다

a. Sugar is sold **by** the pound.
  (설탕은 파운드로 판다)
b. He bought me a smart phone **at** a high price.
  (그는 스마트 폰을 고가로 나에게 사주었다)
c. A pickpocket robbed her **of** her purse.
  (소매치기는 그녀의 지갑을 훔쳐갔다)

(5) 동시동작 및 부대상황 나타내는 with

a. Don't speak **with** your mouth full.
  (입에 음식을 넣고서 말하지 마라)
b. He sat **with** his eyes closed.
  (그는 눈을 감은 채 앉아 있다)

(6) 의문문, 관계사절, to-부정사 구문의 경우에는 전치사가 문장의 뒤에 나타날 수 있다.

a. Who(m) were you talking **to** at the door in the morning?
  (**To** whom were you talking at the door in the morning?)
  (아침에 문앞에서 누구에게 이야기 하고 있었니?)

b. She is hard to work **with**. (It is hard (for us) to work **with** her).
  (그녀는 함께 일하기가 어려운 사람이다)

c. He has no friend (whom) he can play **with**.
  (그는 함께 놀 친구가 없다)

D. 전치사가 명사를 전혀 다른 품사로 변형시킬 수도 있다.

다음 예를 보자.

> It is **of** no use crying over spilt milk. (=It is useless crying over spilt milk.)
> (엎질러진 우유에 대해서 우는 것은 소용없는 일이다)

위 문장에서 of는 소유격의 역할을 하는 것이 아닌, 특별한 역할을 한다. 즉, 뒤에 나타난 명사 use를 **no use**에 맞게 <u>useless</u>와 같은 형용사로 변형시키는 역할을 한다. 이와 같은 다른 예를 보자.

1. of importance = important
2. with fluency = fluently
3. with care = carefully
4. of value = valuable
5. in brief = briefly
6. by accident = accidently
7. of help = helpful

a. This moment is **of** great importance to me.
   (이 순간은 나에게 대단히 중요합니다)
b. He will be able to speak Korean **with** fluency in a few months.
   (몇 달만 있으면, 그는 한국어를 유창하게 말할 수 있을 것입니다)
c. Please handle that box **with care**.
   (이 상자를 조심스럽게 다루어 주세요)
d. This ring is **of great value** to me.
   (이 반지는 나에게 아주 소중합니다)
e. It was a long letter, but **in brief**, he wanted more money.
   (그것은 긴 편지였습니다. 그러나 간단히 말하면, 그는 돈을 좀더 주기를 원했습니다)
f. **By accident**, I have met an unexpected rain.
   (우연히, 나는 예상치 못한 비를 만났습니다)
g. It was **of a great help** to me.
   (그것은 나에게 큰 도움이 되었습니다)

E. 전치사를 포함하는 관용구의 유형

(1) 동사 + 전치사

a. Water <u>consists of</u> hydrogen and oxygen.
   (물은 수소와 산소로 이루어져 있다)

b. Happiness <u>consists in</u> contentment.
   (행복은 만족함을 아는 데 있다)

c. <u>result from</u>(결과로 일어나다 / 생기다 / 유래하다)
   This is the damage (which) <u>resulted from</u> the fire.
   (이것이 화재로 야기된 손해입니다)

d. <u>resulted in</u> a heavy loss (failure).
   The plan <u>was resulted</u> in heavy loss (failure).
   (그 계획은 큰 손실 / 실패로 끝났습니다)

e. <u>wait for</u>(…을 기다리다) / await는 전치사 없이 사용함.
   I am <u>waiting for</u> my friend. (나는 나의 친구를 기다리고 있는 중입니다)

f. <u>wait on</u>(…에 시중들다)
   <u>Are</u> you <u>waited on</u>? (선생님은 누구의 시중을 받고 있습니까?) = (어떤 종업원으로부터 음식을
   시켰거나, 무엇을 주문했느냐는 질문이다)

(2) 형용사 + 전치사

a. <u>anxious about</u>(…을 근심하는)
   He was <u>anxious about</u> the health of his father.
   (그는 그의 아버지의 건강에 대해서 근심스러워 했다)

b. <u>anxious for</u>(…을 열망하는)
   She was <u>anxious for</u> the safe return of his son from the army service.
   (그녀는 그녀의 아들이 군복무를 마치고 무사히 돌아오기를 열망하고 있다)

c. <u>be possessed of</u>(…을 소유하고 있는)
   He <u>is possessed of</u> large fortune. (그는 큰 재산을 소유하고 있다)
   He <u>is possessed of</u> the most brilliant talents. (그는 탁월한 재능을 소유하고 있다)

d. **be possessed with** (…에 사로잡힌)

He **is possessed with** the idea that some one is persecuting him.

(그는 누군가가 그를 괴롭히고 있다는 생각에 사로잡혀 있다)

e. **tire of**(…에 싫증이 난)

He is **tired of** eating the same food everyday. (그는 매일 꼭 같은 음식을 먹는 데 싫증이 났다)

f. **tire with**(…에 싫증이 난)

He soon **tired with** the continuous study.　　(그는 계속적인 공부에 이내 싫증이 났다)

(3) 전치사 + 명사

a. **on the street**(미국영어) / **in the street**(영국영어)　　　(거리에)

We live **on the same street**.　(우리는 같은 거리에 산다)　　　(AmE)

We live **in the same street**.　　　　　　　　　　　　(BrE)

b. **in the way**(방해가 되는 / 가로막는)

When I went to the parking lot, I found that someone had parked a car **in the way** of my car. (내가 주차장에 갔을 때, 누구의 차가 내 차를 가로막고 주차되어 있다는 것을 알았다)

c. **by the way** (화제를 바꿀 때) 그런데 / 그것은 그렇고

By the way, have you met him yesterday? (그건 그렇고, 어제 너는 그를 만났어?)

d. **for (with) the purpose of**(…할 목적으로)

He bought the land **for (with) the purpose of** building a store on it.

(그는 그 땅 위에 가게를 지을 목적으로 구입했다)

e. **out of question**(말도 안 되는 / 불가능한)

For the homeless poor people, private medical care is simply **out of question**.

(무주택 빈민에게는, 개인 병원의 치료는 단순히 불가능하게 되어있다)

(4) 동사 + '부사 adverbial particles(부사적 불변화사)' + 전치사

(1) Catch **up with** him, please.　　　(그를 따라잡으세요)

(2) We'll do **away with** the rule.　　　(우리는 그 규칙을 폐지할 것이다)

(3) She looks **forward to** your visit.　(그녀는 당신의 방문을 고대하고 있다)

(4) He cannot put **up with** her.　　　(그는 그녀를 더 이상 참을 수 없었다)

(5) We looked <u>up to</u> him. (우리는 그를 우러러 보았다. = 존경했다)

(6) They look <u>down on</u> us. (그들은 우리는 얕잡아 보고 있다)

(7) She made <u>up for</u> the lost time. (그녀는 낭비한 시간을 보충했다)

(8) She fell <u>in with</u> him in New York. (그녀는 그를 New York에서 우연히 마주쳤다)

전체적인 문법이론을 벗어나, 이제 아주 작은 구체적인 면으로 들어 가기로 한다.

① 시간을 나타내는 전치사 1

(1)
at:	정확한 시점 / 때
in:	비교적 긴 시간: 년 / 월 / 계절 / 오전 / 오후 / 저녁/
on:	특정한 날에 / ···에.

(2)
till / until:	'···까지'
by:	'···까지 ~을 완료하다'

(3)
from:	'···부터 / 시간의 출발 시점'
since:	'···이래 / 과거의 어느 시점에서 현재까지의 계속'

기본 어구

(1)
at nine: '9시에'	at sunrise: '해뜰 때'	'주말에': **at the weekend(BrE)**
at noon: '정오에'	at Christmas: '크리스마스에'	

(2)
in the morning: '아침에'	in March: '3월 달에'
in spring: '봄에'	in 2015: '2015년에'

(3)
on Sunday: '일요일 날에'	'주말에': **on the weekend:(AmE)**
on a warm spring morning: '따뜻한 봄날 아침에'	
on September 17th: '9월 17일에'	

(4)
till (until) now / then: '지금/그때까지'	till ten o'clock: '10시까지'
by tomorrow: '내일까지 ···을 완성하다'	

(5)
from morning to night:	'아침부터 밤까지'
since last month:	'지난 달 이래로'
since then:	'그 이후로'

기본 예문 1

1. 나는 보통 아침 7시에 일어난다.

_____

2. 그녀는 1996년, 3월 1일에 태어났다.

_____

3. 그들은 모두 크리스마스에, 집으로 돌아올 것이다.

_____

4. 미국에서는 신학기가 9월에 시작된다.

_____

5. 당신은 주말에 무엇을 하십니까? (영국영어)

_____

6. 당신은 주말에 무엇을 하십니까? (미국영어)

_____

7. 우리가 학교에서 돌아올 때까지 여기서 기다려 주십시오.

_____

8. 너는 그 숙제를 오늘 저녁 9시까지 끝내야 한다.

_____

9. 그녀는 아침부터 저녁까지 일하곤 했다.

_____

10. 우리들은 그를 봄 방학 이후부터 볼 수가 없었습니다.

_____

11. 너는 어제 저녁 식사를 집에서 했니, 아니면 가족과 함께 외식을 했니?

_____

12. 너는 어제 오후 방과 후에 무엇을 했니?

_____

13. a. 너의 생일은 언제니?

_____

b. 나의 생일은 2002년 4월 7일이다.

_____

기본 예문 1의 영작

1. I usually get up **at** seven o'clock.

2. She was born **on** March 1st, **in** 1996.

3. They all will be home **at** Christmas.

4. In America, a new semester begins **in** September.

5. What do you do **on** the weekend?   (BrE)

6. What do you do **at** the weekend?   (AmE)

7. Please, wait here **until** we get back home from school.

8. You must finish the homework **by** 9 o'clock **in** the evening.

9. She used to work **from** morning **to** night.

10. We've not seen him **since** spring vacation.

11. Did you have your dinner **at** home yesterday, or

    eat out **with** your family?

12. What did you do after school **in** the afternoon?

13. a. When is your birthday?

    b. My birthday is **on** April **seventh, in** 2002.

② 시간을 나타내는 전치사 2

(1)
- for: '…하는 동안 (숫자 1, 2, 3 등이 포함되는 경우)'
- during: '…하는 동안'
- through: '…계속/줄곧 …하는 경우'

(2)
- in: '시간이 지나서, 시간이 지난 후에 / 시간에 늦지 않게'
- within: '…시간 내에'

(3)
- after: '…한 후에'
- about / around: '…경에, …할 무렵'

기본 어구

(1)
for a month (1개월 동안)	for a long time (오랫 동안)
during the night (밤 동안)	during the vacation (방학 동안)
through one's life (…의 일생을 통해)	throughout the year (그 해 내내)

(2)
- in a week (1주일 지나서 / 후에)   in time (시간에 맞추어)
- within a month (1개월 내에)
- within five minutes (5분 내에)
- after a week (1주 후에)
- after a break (휴식 후에)

(3)
- about / around / round the end of April (4월 말 경에)
- about midday (한낮 무렵)
- toward noon (정오 무렵)

기본 예문 2

1. 그녀는 학교에서 하루 3시간 동안 영어를 가르칩니다.

---

2. 그의 아버지는 여름 내내 병원에 입원하고 있었다.

___

3. 비는 밤 동안 지속되었다.

___

4. 그는 곧 돌아올 것이다.

___

5. 너는 너의 점심을 30분 이내에 마쳐야 한다.

___

6. 그는 수술 후에 그의 건강을 완전히 회복했다.

___

7. 우리는 오늘 정오경, 일련의 지진에 모두 놀랐다.

___

8. 나는 올 한 해를 통해서 나의 건강에 별 문제가 없기를 바란다.

___

9. 우리는 모닥불 주위에 앉아 있었다.

___

10. 우리는 15분간의 휴식 후에 다시 공부를 계속했다.

___

11. 너는 여름방학 동안에 계속 집에 있을 것인가?

___

12. 아니요. 나는 시골에 있는 할아버지 할머니 댁을 방문하려고 합니다.

___

13. 오후 5시 경에 와서 나를 만나라.

___

기본 예문 2의 영작

1. She teaches English **for** three hours a day at her school.

2. His father was in hospital **during** the whole summer.

3. The rain lasted **through** the night.

4. He will be back **in** a minute.

5. You have to finish your lunch **within** 30 minutes.

6. He has fully recovered his health **after** an operation.

7. We were shocked at a series of earthquakes **toward** noon
   today.

8. I hope that there won't be any serious problems **on** my health **throughout** this year.

9. We sat **around** the bonfire.

10. We resume our study **after** a fifteen minute break.

11. Are you going to stay home **during** the summer vacation?

12. No. I'm going to visit my grandparents **in** the country.

13. Come and see me **around** 5 **in** the afternoon.

③ 장소 또는 위치 및 연령을 나타내는 전치사 1

(1)
- at: ···에. 비교적 좁은 장소를 의미한다.
- in: ···에. 비교적 **넓은 장소 / 좁은 장소도** 의미한다.
- on: ···위에. 표면에 닿는 위.

(2)
- in: ···안에. 장소 안을 의미할 때.
- into: ···안으로. 운동의 방향을 표시함.
- out of: ···의 밖으로. 운동의 방향을 표시함.

(3)
- over: ···의 바로 위에.   under: ···의 바로 아래
- above: ···위에, 수직으로 위가 아닌 높이의 위쪽.   / 연령으로 위
- below: ···아래. 수직으로 아래가 아닌 높이의 아래쪽. / 연령으로 아래
- up: 위쪽으로.   down: 아래쪽으로.

기본 어구

(1)
at the station (역에) | at the bus stop (버스 정류장에)
at the door (문앞에/현관에) | at 32 West street (West street 32번지)
at the North Pole (북극에)

(2)
in Seoul (서울에) | in the village (마을에)
in the office (사무실에) | **in the same street (같은 거리에): 영국영어 (BrE)**

(3)
on the play ground (운동장에) | on the grass (풀밭에)
on the desk (책상위에) | **on the same street (같은 거리에): 미국영어 (AmE)**
in the classroom (교실 안에)

(4)
into the auditorium (강당 안으로)
out of the room (방밖으로)

(5)
over the house (집 위로) | under the bridge (다리 아래에)
above the horizon (수평선 위로) | below the sea level (해면 아래로)

기본 예문 3

1. 나는 시카고(Chicago)시의 Maple Street의 35번지에서 태어났다.

   _____

2. 그녀는 발티모어(Baltimore)시, West Street에 살고 있다.

   _____

3. 그는 London의 Downing Street에 살고 있다.

   _____

4. 그 선수들은 운동장에서 연습을 하고 있다.

   _____

5. 그녀는 New York의 한 호텔에 머물고 있는 중이다.

   _____

6. 그 학생은 교실 안으로 들어갔다.

_____

7. 학생들은 끝나는 종이 울렸을 때, 교실 밖으로 뛰어 나왔다.

_____

8. 해는 막 수평선 아래로 졌습니다.

_____

9. 달은 그 마을의 동쪽 동산 위에 떠오르고 있는 중이다.

_____

10. 나의 반려동물 강아지가 나의 침대 아래에서 자고 있습니다.

_____

기본 예문 3의 영작

1. I was born **at** 35, Maple Street **in** Chicago.

2. She lives **on** West Street in Baltimore.   `AmE`

3. He lives **in** Downing Street in London.   `BrE`

4. The players are practicing **on** the play ground.

5. She is staying **at** a hotel in New York.

6. The student went **into** the classroom.

7. The students rushed **out of the classroom** when the end of class bell rang.

8. The sun <u>has</u> **just** <u>set down</u> **below the horizon.**   `BrE`
   (제14장 부사어구 361쪽의 (32) 및 367쪽 부사 just의 용법 1-2에서 언급한 것임)

   The sun <u>just set</u> (과거) <u>down</u> **below the horizon.**   `AmE`
   (제14장 부사어구 361쪽의 (32) 및 367쪽 부사 just의 용법 1-2에서 언급한 것임)

9. The moon is being risen **above the east mountain** of the village

10. My pet puppy is sleeping **under my bed.**

④ 장소 / 목적을 나타내는 전치사 2

(1)
- around: '···의 주위에. 주위를 둘러싼 상태' `AmE`
- round: '···의 주위에. 주위를 둘러싼 상태' `BrE`
- about: '···의 주위에. 주변 / 여기저기'

(2)
- to: '···에. 도착 지점을 표시'
- toward: '···의 방향으로'
- for: '···의 행, ···를 향하여' / '···의 목적으로' / '···로'"

(3)
- along: '···을 따라서, 같은 방향으로'
- across: '···을 가로질러, ···을 건너서'
- through: '···을 통해서'

기본 예문 4

1. 학생들은 모닥불 주위에 둘러 앉아 교가를 불렀다.

_____

2. 달은 지구의 주위를 돈다.

_____

3. 그녀는 친구들과 함께 공원의 주변을 걸었다.

_____

4. 졸업반 학생들은 수학여행으로 Washington 특별시로 갔었다.

_____

5. 이 KTX 열차는 부산행이다.

_____

6. 그녀는 반려동물 강아지와 함께 보도를 걸어가고 있었다.

_____

7. 그는 성공적으로 Dover 해협을 헤엄쳐서 건넜다.

_____

8. 한 학생들 집단이 산 정상에 있는 옛 성터 주변을 거닐었다.

_____

9. 그는 60대 이상의 나이가 많은 남자인 것 같다.

_____

10. 그녀는 40대 이하의 젊은 여성인 것 같다.

_____

기본 예문 4의 영작

1. The students sat **around** the bonfire /campfire and sang their school song.

2. The moon moves **around** the earth.

3. She walked **about** the park with her friends

4. The senior students went to Washington D. C. **for / on** their school excursion.

5. This (KTX) train is **for** Busan.

6. She was walking **along** the sidewalk with her pet puppy.

7. He has successfully swan **across** the Strait of Dover.

8. A group of students walked **about (around)** the old fortress on the top of the mountain.

9. He seems to be an old man **above** sixties

10. She seems to be a lady **below** forties.

⑤ 군(群) 전치사(A group of Prepositions)

여러 개의 낱말이 결합되어 만들어진 전치사

① in front of:　　　　…의 앞에
② in the middle of:　…의 도중에
③ in spite of:　　　　…의 임에도 불구하고
④ by means of:　　　…에 의해서
⑤ on account of:　　…때문에
⑥ on the ground of:　…의 이유로
⑦ in place of:　　　　…를 대신해서
⑧ for the purpose of:　…의 목적으로
⑨ for sake of:　　　　…을 위해
⑩ instead of:　　　　…대신에
⑪ by way of:　　　　…를 경유해서
⑫ as of:　　　　　　…부로 /부터
⑬ as to:　　　　　　…에 관하여 / …에 대해서
⑭ put into practice:　…규칙 / 규정 / 법률 등을 시행하다.

기본 예문 5

1. 나는 영화관 앞에서 그들을 만나기로 약속했다.

_____

2. 그들은 지금 식사 중입니다.

_____

3. 비가 오는데도 불구하고, 우산도 없이 그녀는 외출했다.

_____

4. 우리들의 생각은 말에 의해서 표현된다.

_____

5. 소풍은 비 때문에 연기되었다.

_____

6. 그녀는 건강을 이유로 사직하기를 원한다.

_____

7. 그는 그의 여동생 대신에 그 일을 해야만 합니다.

_____

8. 그는 그 땅 위에 가게를 세울 목적으로 그 땅을 매입했다.

_____

9. 그는 그 자신의 차를 살 목적으로 충분한 돈을 벌었다.

_____

10. 나는 그에게 돈 대신에 몇 가지 충고를 했다.

_____

11. 그는 하와이를 경유해서 한국으로 돌아왔다.

_____

12. 그 새로운 규정은 다음 달 1일 부로 시행된다.

_____

13. 그는 언제 올 것인가에 대해서는 아무 말도 하지 않았다.

_____

기본 예문 5의 영작

1. I promised to meet them **in front of** the movie theater.

2. They are **in the middle of** dinner now.

3. **In spite of** the rain, she went out without carrying an umbrella.

4. Our thoughts are expresed **by means of** words.

5. The picnic was **put off** because of rain.

6. She wants to resign **on the ground of** her health.

7. He must do the work **in place of** his sister.

8. He bought the land **for the purpose of** building a store on it.

9. He has made enough money **for the purpose of** buying his own car.

10. I gave him some advice, **instead of** money.

11. He came back to Korea **by way of** Hawaii.

12. The new regulation wil be **put into practice, as of** the first of next month.

13. He said nothing **as to** when he would be come.

윤만근

학력
· 경북대학교 사범대학 영어교육과
· Victoria University TESL. Diploma
· East-West Center TESL
· 연세대학교 교육대학원 석사
· Ball State University 대학원 석사
· 서울대학교 대학원 박사

경력
· 청주대학교 교무처장 역임
· 청주대학교 국제협력실장 역임
· Fulbright 교환교수로 Central Connecticut State University에서
       1년 간 한국학 (문화, 역사, 한국어) 강의
· 청주대학교에서 정년퇴임

저서
· 『정확한 영문법, 완벽한 5형식』, 글로벌콘텐츠, 2015년
· 『(개정판) 새로운 5형식 새로운 영문법』, 글로벌콘텐츠, 2014년
· 『새로운 5형식 새로운 영문법』, 글로벌콘텐츠, 2013년
· 『새로운 문의 5형식』, 글로벌콘텐츠, 2012년
· 『최소이론의 변천』, 경진문화사, 2006년
· 『(개정판) 최소이론의 변천』, 한빛문화사, 2005년
· 『알기 쉽게 요약된 최소이론의 변천』, 한빛문화사, 2003년
· 『Chomsky 생성문법의 변천』, 경진문화사, 2001년
· 『최소이론의 변천』, 경진문화사, 2001년
· 『지배결속이론』, 경진문화사, 2001년
· 『영어통사론』, 경진문화사, 2000년
· 『최소이론의 변천』, 경진문화사, 1999년
· 『생성문법론』, 한국문화사, 1997년
· 『생성통사론 입문』, 한국문화사, 1996년
· 『생성통사론』, 한국문화사, 1996년
· 『영어통사론』, 형설출판사, 1991년
· Richards and Rogers, *Approaches and Methods*. 2nd Edition:
       윤만근 외 3인, 『영어교수법』(번역서), 캠브리지, 2001년.